提高任务成熟度的模型与方法
——保障绩效的执行力提升技术

卢锡雷 著

中国建筑工业出版社

图书在版编目（CIP）数据

提高任务成熟度的模型与方法：保障绩效的执行力提升技术 / 卢锡雷著. —北京：中国建筑工业出版社，2024.5

ISBN 978-7-112-29871-6

Ⅰ.①提… Ⅱ.①卢… Ⅲ.①管理学 Ⅳ.①C93

中国国家版本馆CIP数据核字（2024）第103298号

完成任务实现目标是组织运营的基本逻辑，任务则是贯穿全程执行的基本单元。本书深入研究任务的内涵、对执行力的影响、任务成熟度及其评价方法，提出提高任务成熟度从而提升组织执行力的途径、方法和模型，是一本深入组织管理核心基本单元的创新著作。

全书3篇10章2附录。第一篇阐述任务、要素与执行力，详细讨论任务、任务要素、任务成熟度及其要素体系和执行力等概念与内涵，并阐述任务成熟度与执行力的关系。第二篇阐述任务成熟度评价与用人策略，指出对成熟度进行评价以更好地匹配执行任务的人，提出了任务成熟度模型和匹配原则。第三篇提供评价方法（流程）、提出提高任务成熟度路径以及保障执行效率的途径和方法。附录分析了4个案例，辨析了56个相关术语。

本书可供所有管理学者、业界管理工作者、各界各层次决策者参考或参照。

责任编辑：朱晓瑜　张智芊
文字编辑：李闻智
书籍设计：锋尚设计
责任校对：芦欣甜

提高任务成熟度的模型与方法——保障绩效的执行力提升技术
卢锡雷　著

*

中国建筑工业出版社出版、发行（北京海淀三里河路9号）
各地新华书店、建筑书店经销
北京锋尚制版有限公司制版
建工社（河北）印刷有限公司印刷

*

开本：787毫米×1092毫米　1/16　印张：17　字数：403千字
2024年8月第一版　2024年8月第一次印刷
定价：69.00元
ISBN 978-7-112-29871-6
（43020）

版权所有　翻印必究
如有内容及印装质量问题，请与本社读者服务中心联系
电话：（010）58337283　QQ：2885381756
（地址：北京海淀三里河路9号中国建筑工业出版社604室　邮政编码：100037）

推荐序

锡雷拿他的新作,邀我为这本学术专著写个序言,是我没有想到的,因为作为从事竹工艺美术的一名"老艺人",跟学术研究是相距"遥远"的。就在2024年元月6日我的"从艺六十周年艺术作品展"活动时,锡雷送了我一套四部著作,使我对他"刮目相看"。当然作为他初三时的数学老师和长辈,我是看着他成长、长大的,这也成为我无法推辞的缘由。牵强地说,工程与工艺美术在用"工"的实践性很强、"动手"能力要求很高方面是相同的,精益求精的"工匠精神"也是相通的。鉴于几十年来的人生职业体验,尽管不从事建筑行业,也没有研究管理,但在"百工之乡"(东阳以"百工之乡"闻名)的观察、实践和体悟,且粗浅理解本书的初衷和内容之后,动笔做个创新尝试,就三个方面写点感想。

第一,能够发现被忽略的问题,需要有敏感性,做有心人。能够在资讯发达、研究人员众多的工程管理中发现一些大家熟知、熟视却被忽略的事情,是非常了不起的。任务是家喻户晓的概念,人们普遍在使用。在读到这本书之前,我也觉得好像没有什么可研究的,随着深入了解,还真是发现别有天地,不仅内涵需要厘清,而且内容十分丰富,尤其对管理中执行力的影响非常大,是个值得细致研究的课题。推而广之,在其他领域,也有很多看似已经普遍应用的知识、普遍知道的现象,实际上可能似是而非。我们工艺美术界,也同样值得注意。

第二,基础性研究的重要性。高端的竹编工艺作品,程序很多:构思作品、设计绘图、选择竹/木原材、预处理、剖竹、成片、成丝、蒸煮增韧、竹丝染色、设模、编创、防护、整边配框、成型。研究了解不同类型竹子的性能、特征,解剖粗细篾丝的技法和使用工具,掌握染色温度与其对效果的影响等都属于基础性研究,对作品的成功与否，有决定性影响。管理上，道理也应当是相同的。一个企业、一项工程，情况非常复杂，但是基本的元素具有相同规律，要做好管理工作，取得预期的成效，怎么布置任务、布置给什么人更合适，也属于基础性工作，这就是本书研究的深层次意义和价值，也可能是影响工程项目进展、艺术作品成功、企业生存发展的关键。"任务管理"的基础性研究，成为取得综合成绩的关键性工作。我想，这个道理普遍适用。

第三，跨界创新融合，这个趋势会越来越强烈，出成果的机会也多。最近30年来，我将《兰亭序》《洛神赋》《百马图》等书画名作与竹编工艺融合，并跨越竹工艺、木雕工艺、书画界进行创新，创作出了一些不同以往的作品，赢得了社会相当的肯定。这些经历中，体会到跨界融合创新的乐趣，体验到产生作品的成就感。我曾经说："创新费脑力、精力、财力，但是认准了的事情我就一定要做，哪怕会撞南墙，我也要千磨万击还坚韧。"竹工艺事业是如此，我想在工程建设管理研究上，锡雷也应当是有同样体验的。自己的体会，对于创新，热爱是最好的老师，之所以能够潜心60年，以饱满的热情从事竹工艺美术创作、科普、带徒弟培养新人等工作，内在动力还是热爱。这一点锡雷在他从事的工程行业各项工作中，体现得十分明显，工程技术员16年、企业管理员11年直到现在的大学教练员10年的经历，没有对工程建设管理事业的热爱，是不可能在每一个阶段都取得好成绩的。

从锡雷策划的五部著作（四部已经出版）来看，他有比较开阔的视野，知识面也宽广，构思体系比较完整、严谨，对于管理是有较为深入思考的。我衷心期待，这些好作品能够为国家、为社会、为企业管理水平的提高，为新质生产力建设、管理效率提升发挥强劲的助推作用。当然也希望，能够进一步完善和开发出实用工具，把思想融入实践，取得直接和现实的实效。

卢光华
亚太地区手工艺大师　中国工艺美术大师　亚太地区竹工艺大师
卢光华艺术馆馆长

自序

记得2013年初秋,同济大学出版社赵泽毓博士陪同我去拜访工程管理界老前辈同济大学丁士昭先生,他从进门迎接的询问到出门送客的叮嘱都是要我好好关注与学习"组织行为学",从而引起我的警觉,也自然更深入地阅读了相关的书籍、资料,为后来要为组织行为学增补"行为方式"的重大知识体系埋下伏笔,也是我继续深入探究组织行为效率的源动力,这一次的"心路历程"使我印象深刻,造成巨大冲击。

我自己从学理工到从事工程建设,再到如饥似渴地补习管理学知识,是一个认知视野扩展和水平提升的过程,尽管已认识到技术要素的单纯与局限因素,但更多的是基于理性的对管理学的巨大功用与现实需要的认识,才会下大决心补充管理知识。后来的工作都是在这种"复合"状态下开展的,有时候以技术为重,有时候以管理为多,常常难以区分技术和管理,实际上本也是该浑然一体的。

撇开更多的细节,正是下述两本著作的研究与编写,使我对管理的思考、研究、验证,有了明确的题材,以及前瞻的方向和持久的热情。我们先后构想、编创并出版了《流程牵引目标实现的理论与方法——探究管理的底层技术》《精准管控效率达成的理论与方法——探索管理的升级技术》,前者对于实现目标的组织本质有了原创性的表达,后者对更有效地贯彻"全员参与、减少浪费、持续改进、高效运营"的组织效率理解更深,两者都在理论、技术和应用方法及工具上有所探索。而本书,更针对组织运营管理的基本单元,尤其是如何保证其运营过程的执行开展了深入的探讨:具有普遍意义、普适价值。这既有流程牵引理论的深化,也有独辟蹊径的发现。任务管理作为组织运营内容的核心单元,内涵十分丰富、复杂,择其高度概括力的"要穴"——"任务成熟度"开展研究讨论,既避开已经熟知的话题,也可换个话术自辟蹊径,论述新的观点和方法。

任务管理涉及任务的知识体系,关于任务需要讨论的论题有不少,如图1所示。

尽管针对任务九要素的任务成熟度及评价不是任务管理的全部,其他还有比如任务来源、任务与战略关系、任务逻辑与传递等,但是以任务成熟度为思想契口,可以贯穿运营的核心:执行力高低以衡量组织绩效,从而影响目标实现程度。不以偏概全,但又聚焦功效。

四年内团队出版的四部专著,每一部基本完整地表达了一些独立观点,约250万字,成体系地展现了"三论一识"思考——"流程牵引""精准管控""敏捷教育"和"工程认知"。在热衷考核指标和小品论文且受众聚于国外的时代,系统巨论是不讨巧的,这是当前急需的一种考核体制设计,影响将深远!是使命、经历与机缘,促成我"反悔"封笔而继续创作这部专著,它虽消耗了团队的一部分创造力,但也将使基于行动的管理本质思考版图更加完整,也更完整地构成了组织、行为、岗位以及认知和人才培养的运营思想体系,如图2所示。

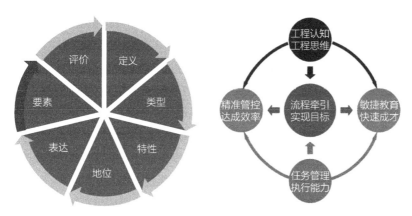

图1 任务知识体系构成　　图2 基于流程的思想体系

本书共3篇10章,主要聚焦任务成熟度的概念、要素体系,任务成熟度的评价方法,任务成熟度的应用技术三大内容;构建了任务成熟度模型(TMM),其由上述三部分/子模型组成:TMFS(任务成熟度要素体系)、EMoTM(任务成熟度评价方法)、TMAT(任务成熟度应用技术)。第1篇阐述任务、要素与执行力,详细讨论任务、任务要素、任务成熟度及其要素体系和执行力等概念与内涵,并阐述任务成熟度与执行力的关系。第2篇阐述任务成熟度评价与用人策略,对成熟度进行评价是为了更好地匹配执行任务的人,人与任务匹配是管理的根本任务。第3篇提供评价方法(流程),提出提高任务成熟度的途径以及保障执行效率的途径和方法。

参加本书创作的有:杨志元、陈炫男、吴高贤、潘瑞耀、朱夏毅、包敏霞、刘艳红、叶芷含、王立、李俊豪。尤其是杨志元，其硕士论文研究的主题为本书奠定了基础，担任本次编创的"主编"。呈现的著作，是共同创作的成果。西安交通大学梁军教授赞许的"成效是管理出来的"观点，真切地描述了团队的前行轨迹：历经数年构思、半年立题规划、两轮撰写、三轮自审互审、一轮成初稿，从2023年11月27日启动到2024年1月17日完成初稿，激辩、蹙眉、开怀，再经三轮修改提升，成就终稿，"管理"轨迹历历在目。阅读者见到的虽然是一本不够完美的书稿，但对我和弟子们而言，则是一段难以忘怀的探索历程和历练。

感谢亚太地区手工艺大师卢光华为本书作序，他多才多艺，是国际上用精细竹编艺术表现书法绘画作品的第一人。感谢中国建筑工业出版社朱晓瑜、李闻智等，感谢杭州熙域科技吴小菲、王秋菊、孙圆。

本书出版得到绍兴文理学院"优秀学术著作出版基金"资助。

前言
研究逻辑与成果预想

本研究的核心是在布置任务之前，如何把任务整理成"任务"，使得组织可以因之大大提高效率，获得满意的绩效。

一、组织效率与管理理论原始创新

1. 认识组织效率三层次

岗位强调执行力，部门强调协同力，组织强调系统力，这是一个组织基本的能力结构。执行力应关注贯穿组织的基本单元，即任务，以及其构成、要素、评价与考核；协同力则依赖流程的协同运作能力，任务有序构成的时空节点、资源配备、责任分工；系统力则强调组织体系性规划、总体规则设计和偏差管控能力。这与当前对企业管理战略管控、管理协同、任务执行的认识有相似之处；与《流程圣经》[①]所指出的岗位、流程和组织绩效的论点，也有异曲同工之处。流程型组织的研究与"为什么需要中层"的质疑，都强调了"任务"而淡化组织的理念，尽管多数认为，广义的组织还是会在相当长时间内存在，即使改变也还不至于消亡。此前出版的流程级著作——《流程牵引目标实现的理论与方法——探究管理的底层技术》（2020年第二版）和组织级著作——《精准管控效率达成的理论与方法——探索管理的升级技术》（2022年第一版），加上这本《提高任务成熟度的模型与方法——保障绩效的执行力提升技术》，正是岗位级研究成果的汇集。组织的效率是由执行力、协调力、系统力立体交织构成的，不是单一、孤立的人、事和物组成的。这成为理解组织效率的根本基点。

---

① 吉尔里·A. 拉姆勒，艾伦·P. 布拉奇. 流程圣经 [M]. 王翔，杜颖，译. 北京：东方出版社，2014：29.

2. 管理学的发展趋势与忧虑

1）管理学基础研究的深化

管理学基础研究并非已经完善到"没有新意"而"不用研究"了。如流程管理在组织行为学中的重要地位；如任务管理的研究——任务要素体系以及任务成熟度评价，都是崭新的论题。如同管理学科知识从被认可和接受到广泛传播，经历了漫长的过程[1]，管理学的理论、方法在深化和融合应用过程中总体上是相当缓慢的，不能满足日新月异的新科技带来的对管理知识体系的构建与更新要求。组织生存和竞争方式，动态地、激烈地发生着变化，组织形式和管理模式本应自然地顺应这种变化。深入基本单元的任务管理研究，是管理基础研究深化的需要，将会产生积极的影响。

2）管理学融合新技术的发展

相比新技术对管理学的推动，基础研究的力量要微弱得多。融合新技术将导致管理学的发展产生较大影响的趋势有以下几项：①系统化综合。从各自爬坡到学科交叉，是知识体系融合、功用集成和规模建/制造应用的内生和外需所致。系统化的综合趋势越来越明显。②智能化。RPA、GPT、自动化快速推进。RPA是流程机器人自动化，对于诸多重复、枯燥而必需的任务，模块化自动执行可以大幅度提高效率、减少差错率。GPT则能够进行大规模数据基础上的自动生成式创新，文本、图片、视频交互的形式越来越丰富，不仅影响个体的执行效率，也将颠覆组织的内在维系准则，管理方式的变革也将"水到渠成"地发生。③集成应用工具。ICT技术支撑强度增大。新型的大型、超大型集成信息系统，强力地支撑复杂商业、科技、生产活动，也将带来多维度超复杂的管理模态，而ICT技术成为必不可少的支撑核心。④量化趋势。尽管管理并非都能量化，甚至无形的、自觉的经验往往更为重要，但是"用数据说话""数字化决策"等理念开始深入人心，定性、半定量、量化成为阶段性的强化趋势，"精准管控"也成为企业组织追求的目标。详细的阐述在后面进行。

3）我国管理学理论与实践发展忧虑

《组织管理学》[2,3]的研究表明：数智时代和本土管理实践，都强烈地冲击着我国对管理理论原始创新速度缓慢的担忧。这里的忧虑，

---

[1] 彼得·德鲁克. 管理：任务、责任和实践（第一部）[M]. 余向华，陈雪娟，张正平，译. 北京：华夏出版社，2008：76.

[2] 张志学，井润田，沈伟. 组织管理学：数智时代的中国企业视角[M]. 北京：北京大学出版社，2023.

[3] 陈树文. 组织管理学[M]. 大连：大连理工大学出版社，2005.

并非只论及管理理论的研究和发展。实际上,数十年来,如此蓬勃发展的中国社会经济,很少产生从传统管理文化里挖掘出来的"本土"管理理论与技术方法,也很少产生由"洋为中用"的消化吸收而创生出来的理论与方法。在管理工具方面,无论思想表达、图形模型、软件应用,同样令人忧虑。仅仅是管理学阵地的浸润:管理就是应用于社会实践的,这个层面也是让人担忧。学科分化加重了疑虑与不易合作,高速发展掩盖了管理的基本规律和复杂环境中涌现的问题。学者刘文瑞①也指出了国际主流管理呈现蓬勃生机与国内在面对剧烈不确定性和复杂性解决中国特有情景问题方面缺乏有效方法的担忧。

(1)"谁都可以做管理"这是我国社会上一个普遍的"潜认知",现实中从事管理工作的庞大队伍,只有极少部分受过专业管理训练,自我摸索型、胡乱拼凑型普遍存在,这种"管理职能的普及"拉低了管理学作为知识体系的实践理性、体系系统性、思维和应用工具专业性的水准。对管理专业性的漠然,源于分科、考核导向、管理学普及性,管理意识、水平、素养的实质低下,令人担忧,危机也正并将严重危害从国家治理到生产细节的如产品质量管控、城市内涝防范等,正如管理无时不在、无处不有,对管理轻视的危害也无时不在、无处不有。管理行为和水平是无形的,即使未将管理行为显化表达和管理水平可测量化,但其危害却可感、可触、极大、深重……与过度强调科技作用的论调截然不同,作者甚至认为我国各方面的发展存在巨大追赶空间的原因是与管理实践的落后密切相关的。

(2)我国的管理思想史长得令人惊叹不已。皇朝部隶和郡县制的组织管理、官僚服装鞋帽的等级管理、科举制度与实施运作管理、种植业的可视化(流程化)管理、建筑规制的规定与执行、嫁娶祭祀礼仪行为管理、集权分权的中央地方授权管理、营造制造设计生产的法式模型管理……作为一个极致成熟的农耕型社会文明,管理的成熟也是细致、繁杂、成体系、到边到底全覆盖社会的方方面面的。然而,由于未能与"科学"的思潮接轨,没有能够成功将系统思维规范化、规模化、标准化,未能适应大规模生产、大量人口增长的工商社会生存模式转变,尤其是工业化加速之后,在追求效率的规模化、标准化潮流之中,历经长久积累的管理经验,边缘化而"落伍"了。及至当代,仍然没有构建出从本土地壤发芽生长的具有茁壮生命力的管理理论与方法工具。

---

① 刘文瑞. 管理学在中国 [M]. 北京:中国书籍出版社,2018:50,64-67.

（3）我国管理文化环境的异乎寻常的独特性来自于农业文明的极致生存方式和悠久绵长的循环改朝换代历史，管理场景是独特的，文化心理特质是独特的，缺乏信任的高度疑虑感、缺乏规制的高度灵活感、潜/现规则熟/生关系的高度分裂感，现实地存在于正式和非正式组织之中。作为管理学科和管理目标追求的高效率低消耗，以及充分结合创新、研发、生产（建造/制造）、营销等执行场景，倒不失为加速理解和应用现代管理理论方法的敏捷接口。以事为牵引，在追求实现目标的过程中，消解过度"特色化"的积淀和包袱，可能对新一代管理人带来突破的新机遇。尽管在全面自动化之前，面对的总是文化浸染的人，之后也会是这样的人，一直纠缠其中不得解放，但是突破口可能来自"事"的逻辑优化和自动化，而非"人"本身，这与"人本"无关，是场景规定了管理的需求导向。

（4）除了上述进路一是沿着西方管理学进行挖掘（如组织行为学中的流程、任务管理的成熟度），进路二是ICT新技术环境的融合交叉创新、反思改进外，进路三则是深刻掌握管理学科内涵基础上的中国场景结合，把中国的人、思考方式、决策与执行的灵活性、宗族村落文化遗存的行为方式，以及对于西方式管理基础的重塑与动摇挖掘出来，原创性地构建自己的管理理论分支甚全主干，更重要的是，融合技术、方法和工具手段，充分体现管理学实用性的一面，这本身就是中国式思维的根源：实用主义思潮的流行近乎沉淀在人们的基因之中。人们不能期望一个规制习惯缺乏、契约精神淡薄的管理环境一夜之间长出绚烂的果实，但是管理作为具有科学性与艺术性、审美观与实用性、理论性与实践性等多重属性的知识、能力体系，相信凭借实用主义的器用取向，管理学也能够在中华大地更深地扎根、开出更绚丽的花朵、结出更丰硕的果实。

4）新质生产力发展的需要

新质生产力是创新起主导作用的先进生产力质态，由"技术革命性突破、生产要素创新性配置、产业深度转型升级"催生，也就必然依赖这三者的"突破、配置和转型升级"。而一切技术革命的实现，生产过程要素的优化整合和调度配置以及各个产业的深度转型和升级，都依附于将愿望及目标付诸行动，取得成效，其背后是组织的绩效得到保障，本质上是执行力的极大提升。"劳动者、劳动对象、劳动资料及其优化组合的跃升和全要素生产率大幅提升"最终将落实到新的管理方式和创新模式的执行上。这就需要从根本上寻找大幅度提高组织效能的途径和方法。这是新时代赋予的新"任务"。本研究切中时代脉搏。

二、为什么研究任务管理

之所以必须研究任务,首先在于任务是贯穿于组织运营的基本单元,其导向成果、集成资源、保障效率的载体作用无可替代。深入任务的研究和管控,是一个关键的组织管理颗粒度或细度等级。而事前提升任务的"成熟程度"(通过改进系统性、完整性、关联性达到合理、可靠),能够避免事中的无序救火和事后的"后悔"返工。研究任务、任务管理毫无疑问是一件预见性的可以降低成本的重要"任务"。任务—执行力与绩效(任务及组织的绩效)的关系,如图1所示。该逻辑关系图,只是复杂关系中简单抽取影响因素的表达,不能僵化地理解成不变的、固定的或者单一的线性关系。

本研究着重关注图中任务相关的概念、影响因素、成熟度评价及改进方法部分。其次是与执行力的关系,影响因素和执行者匹配选择,经由社会惰化与流程绩效,方能体现组织绩效,构成完整的组织运营效果链。该图构成了全书的基本思想内核。本书探究和论证的"任务成熟度",对任务要素的要求,一般表述为:"明确、可视、描述成果;依据:稳定、确定;资源:平均消耗;角色定位:可决策范围;职责:详细要求;遇到不同类别问题,找不同人协助;信息:既成的范本;格式化的表单;逻辑关系图:流程图。"评价标准将归纳于后文。

组成任务管理的基本内容有以下12项:①将理念和目标任务化。②构建任务及任务体系。③评测任务环境。④剖析任务结构。⑤提高任务成熟度。⑥优化匹配任务。⑦为任务最优配置资源。⑧选择和研发有效推动任务的工具。⑨进行仿真试验验证。⑩监测、监督

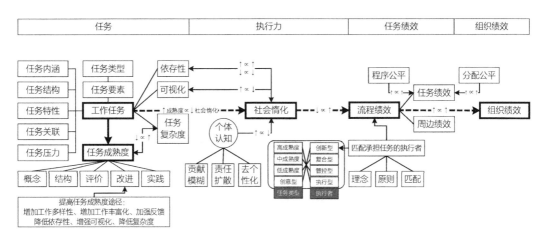

图1 任务—执行力与绩效(任务及组织的绩效)的关系(参考孙利虎创编)

任务进程。⑪纠正任务执行偏差。⑫评价任务完成成效并实施反馈。关于任务的主题研究，是任务管理以达成任务目标的基础。以流程形式的展现，将更清晰地阐述于后文。

三、任务成熟度模型TMM

本书的核心研究成果将包括四个方面：论证研究理念、构建任务管理理论、阐述管理模型、发明技法工具。

（1）理念：任务是组织运营的基本单元，提高任务成熟度可以提升执行力。

（2）理论：通过改进任务构成的内在要素，改善任务要素的整体性、系统性、关联性，提升任务执行可靠度，提高执行力，获得组织的更高绩效。

（3）模型：任务成熟度模型TMM（Task Maturity Model），由三部分构成，如图2所示。

模型内容包括：概念体系+要素体系+等级划分方案+评价指标体系+评价方法（AHP—熵权法+云模型）+有效性验证+应用技术，这构成了完整的任务成熟度模型，即TMM=TMFS+EMoTM+TMAT。任务成熟度要素体系（TMFS：Task Maturity Factor System）+任务成熟度评价方法（EMoTM：Evaluation Method of Task Maturity）+任务成熟度应用技术（TMAT：Task Maturity Application Technology）。

（4）主要技术方法和工具：①任务要素体系（九要素图）；②任务评价表；③评价模型；④压力分析方法；⑤P-GPT（流程—GPT）；⑥任务考核表；⑦任务化；⑧任务管理流程等。

上面就是本研究的逻辑与成果预设，全书围绕这些核心内容展开。

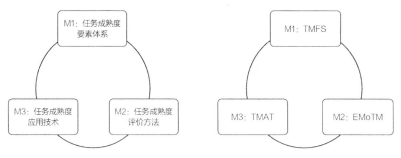

图2 TMM的构成

目录

第 1 篇 任务及成熟度、要素与执行力

第1章　任务内涵与组织 2
　　本章逻辑图 2
　　1.1　任务内涵 2
　　1.2　任务特性 11
　　1.3　任务来源 15
　　1.4　任务逻辑与任务的组织 22
　　1.5　任务与工作、项目的区别与联系 36

第2章　任务成熟度 38
　　本章逻辑图 38
　　2.1　成熟度 38
　　2.2　任务成熟度 45
　　2.3　任务成熟度模型——概念 48

第3章　任务要素体系 50
　　本章逻辑图 50
　　3.1　任务要素内涵及类型 50
　　3.2　任务（成熟度）要素体系 63

第4章　执行力 65
　　本章逻辑图 65
　　4.1　执行力内涵 65
　　4.2　执行力与绩效 66
　　4.3　任务成熟度与执行力 71

第2篇　任务成熟度评价与用人策略

第5章　组织管理与成熟度评价 …………………………………… 78
　　本章逻辑图 …………………………………………………………… 78
　　5.1　组织评价要素辨析 ………………………………………………… 78
　　5.2　成熟度评价思想方法及工具 ……………………………………… 88

第6章　任务成熟度评价与模型 …………………………………… 91
　　本章逻辑图 …………………………………………………………… 91
　　6.1　任务成熟度评价意义 ……………………………………………… 91
　　6.2　任务成熟度评价方法 ……………………………………………… 92
　　6.3　任务成熟度模型 …………………………………………………… 98

第7章　评价结果与用人策略 ……………………………………… 106
　　本章逻辑图 …………………………………………………………… 106
　　7.1　任务成熟度评价结果类型 ………………………………………… 106
　　7.2　用人策略：匹配原则 ……………………………………………… 117

第3篇　提高任务成熟度保障执行效率

第8章　任务成熟度评价实践 ……………………………………… 124
　　本章逻辑图 …………………………………………………………… 124
　　8.1　评价任务成熟度流程 ……………………………………………… 124
　　8.2　任务成熟度评价实践 ……………………………………………… 128

第9章　提高任务成熟度路径 ……………………………………… 138
　　本章逻辑图 …………………………………………………………… 138
　　9.1　任务管理流程与预期效果 ………………………………………… 138
　　9.2　借助新技术应用 …………………………………………………… 141
　　9.3　改变任务布置方式 ………………………………………………… 155
　　9.4　前沿组织管理理论与技术 ………………………………………… 159

第10章　任务绩效考核 …………………………………………… 170
　　本章逻辑图 …………………………………………………………… 170
　　10.1　简化任务考核表 …………………………………………………… 171
　　10.2　智能考核 …………………………………………………………… 174
　　10.3　和谐的内部管理环境 ……………………………………………… 178
　　10.4　和谐与冲突：稳定中的创新 ……………………………………… 184

附录1　案例分析 187
　　　案例1：国网供电项目前期审批 187
　　　案例2：建筑施工成本管理 197
　　　案例3：保障施工组织设计质量 206
　　　案例4：工程招标投标实训软件的成熟度分析 214
附录2　任务相关术语辨析 223

结束语 251
致谢 253

全书逻辑图

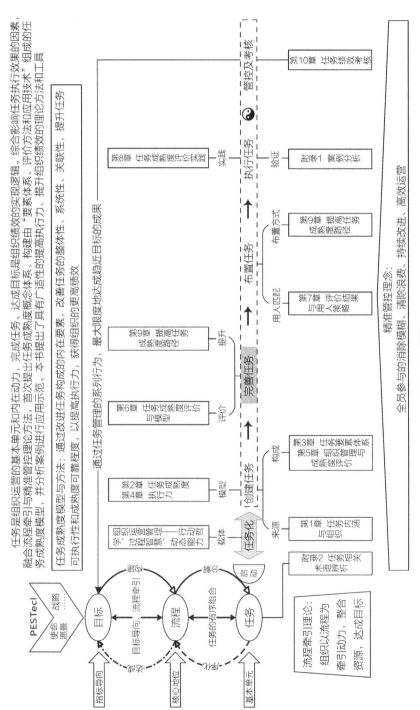

图 1 全书逻辑图

第 1 篇

任务及成熟度、要素与执行力

第1章
任务内涵与组织

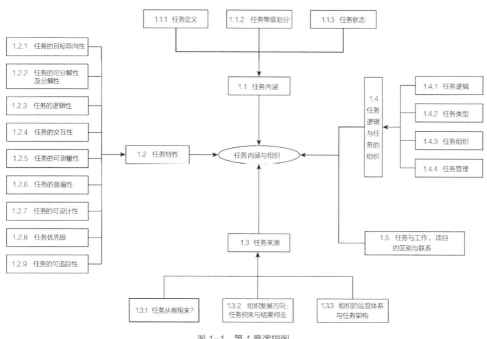

图 1-1 第1章逻辑图

本章从国内外各领域任务的内涵入手,讨论任务具有的特性和任务来源,重点阐述任务的逻辑性与任务是如何组织的,指出了任务与日常工作和项目的区别及联系。这是开启任务研究的关键内容。

1.1 任务内涵

1.1.1 任务定义

"任务"一词内涵丰富、应用领域广泛,成为思考、组织和管理的工具,因此广为使用。

人们通常将管理作为"完成任务"的艺术，也可以认为"管理是在组织中通过人及人群有效完成任务的学问"。工作泛义地包括了一切组织的作为。任务在指导工作行为、提高效率、实现组织目标、促进团队协作上起着重要作用。任务能够将目标转化为实际行动，推动工作有序进行和高效完成。一方面，任务是工作的基本单元，通过任务的划分和安排，可以合理组织工作流程，分配资源和责任，提高工作效率和实现更好的效果；另一方面，任务也是绩效评估的依据之一，通过完成任务情况的评估，能够判断绩效的好坏，并进行改进与调整。任务更是明确职责、激发工作动力以及实现进步和发展的基础。著名管理学家戴维·艾伦[①]在高效时间管理模型中，将任务作为基础摆在了模型的最底端，如图1-2所示，可见任务的重要程度。

因此对任务的研究和深入理解，不仅有利于优化流程、提高工作效率，从而更好地高质高效完成目标，也可以在知识进步、问题解决、能力提升和合作促进等方面做出积极贡献。在当前快速发展的信息时代，越来越多的任务需要进行处理和执行，对任务的研究和优化也将成为提升工作效能、推动创新发展的关键驱动力。同时，随着国际竞争和社会发展，我们也面临着越来越复杂多样的任务和挑战，对任务的研究和探索也将成为未来必要的工作之一。

任务这一概念历史悠久，起源于心理学领域。德国心理学家赫尔曼·艾宾浩斯（Herman Ebbinghaus）在1885年的著作《关于记忆的研究》（*Über Das Gedächtnis*）中首次提出了"任

图1-2 高效时间管理模型

---

① ALLEN D. Getting things done: the art of stress-free productivity [M]. Penguin, 2015: 97-102.

务"(Task)这一概念,他将任务定义为"用来评估人类感知、注意和认知的能力"[1],并将其应用于对人类记忆和学习能力的研究中,提出了著名的艾宾浩斯遗忘曲线。此后任务这一概念开始在其他领域应用。1911年,科学管理之父弗雷德里克·温斯洛·泰勒(Frederick Winslow Taylor)出版了《科学管理原理》(*The Principles of Scientific Management*)[2],提出了对任务进行科学分析和规划的理念,对科学管理理论的发展产生了深远影响。20世纪30年代,美国管理学家埃尔顿·梅奥(Elton Mayo)和他的团队引入了任务的概念,在霍桑实验中,他们研究了工作环境对员工行为和生产力的影响。通过改变工作条件、任务要求和工作场所等因素,探究员工对这些变化的反应。实验结果为后来的任务设计和人为对象的生产效率研究提供了重要的理论基础。20世纪40年代,随着第二次世界大战爆发,在军事领域对任务的定义和理解变得更为重要,美国陆军乔治·马歇尔将军于1941年制定的《战争部长的职责和职权》中提出了任务这一概念,并将其定义为"确定清晰的目标,制定详细的计划和指导,以及有效地执行和评估",进而提出了"任务导向"(Mission-oriented)的作战计划理念。在上述理论的基础上,任务研究快速发展,1976年管理学家理查德·哈克曼(Richard Hackman)在他的著作《工作设计:员工满意与绩效的关键》(*Work Design: The Key to Employee Satisfaction and Performance*)中对任务做出如下定义:"任务是指一个明确的、可衡量的工作单元,它是为实现特定目标而进行的活动或一系列活动"[3],并在此定义基础上提出了任务特征模型(Job Characteristics Model)。

在语言以及教育学领域,1983年,印度语言学家Prabhu在进行为期5年的强交际法实验后,提出了任务型教育法(Task-based Approach),其中的任务就是要求学生"在课堂上用目的做一件事,涉及对语言的理解、操作、运用",即任务被定义为一个具有明确目标的活动,要求学生运用已学的知识、技能和策略来解决问题或完成具体的任务。这些任务通常是与学生生活和实际需求相关的,可以是现实生活场景中的情境、项目、角色扮演、讨论等[4]。进入21世纪,随着技术和信息的发展,任务的概念又开始被重新审视和定义。例如,在人机交互领域中,任务通常被定义为一个用户与系统之间的交互过程,旨在实现某个目标或完成某项工作。

通过对任务的定义、相近词语和英文对照的研究,可以更深入地理解任务的本质含义。中文里,任务的近义词包括"工作、使命、委派"。《现代汉语词典》[5]将"工作"解释为"人们为谋生或为实现某种目标而付出的努力和行动",例如做工作、找工作等。将"使命"解

---

[1] EBBINGHAUS H. Über das gedächtnis: untersuchungen zur experimentellen psychologie [M]. Duncker & Humblot, 1885: 47-49.

[2] F. W. 泰勒. 科学管理原理 [M]. 马风才, 译. 北京: 机械工业出版社, 2021: 3.

[3] DZIUBA S T, INGALDI M, ZHURAVSKAYA M. Employees' job satisfaction and their work performance as elements influencing work safety [J]. System Safety: Human-technical Facility-environment, 2020, 2 (1): 18-25.

[4] 魏永红. 外语任务型教学研究 [D]. 上海: 华东师范大学, 2003: 12-13.

[5] 中国社会科学院语言研究所词典编辑室. 现代汉语词典(第7版)[M]. 北京: 商务印书馆, 2016: 462-463.

释为"托付于某人肩上完成的任务或责任",例如接受使命、完成使命、把使命执行到底,或是强调充满使命感和责任感的任务,例如肩负着保卫国家安全的使命。将"委派"解释为"上级或组织授权、指定某人担任特定职务、任务或工作",例如委派代表参加会议、委派专人负责调查等,或者"泛指将任务、职责交给他人去完成",例如委派工作、委派管理权力等。对"任务"的解释是"指定担任的工作,指定担负的责任",例如完成任务:按照要求,把工作做好;分配任务:将工作分派给相应的人或组织。

英文语境中与任务相对应的主要有Duty、Task、Mission和Assignment四个单词,含义分别如下:

(1) Duty(名词):①职责;②义务,本分;③税收(牛津词典,2004)。①义务;②职责,责任;③关税(剑桥词典,2004)。①义务,职责,责任;②工作量;③负载(21世纪中型英汉词典,2005)。

(2) Task(名词):①工作,任务;②派给;③差事(牛津词典,2004)。①工作,任务,作业;②劳役,艰苦的工作(剑桥词典,2004)。①任务;②工作职责;③作业,功课(21世纪中型英汉词典,2005)。

(3) Mission(名词):①任务(尤指军事);②使命;③天职(剑桥词典,2004)。①使命;②天职(剑桥词典,2004)。①任务;②工作职责;③天职(21世纪中型英汉词典,2005)。

(4) Assignment(名词):①任命,选派,委派,指派(牛津词典,2004);②分配(剑桥词典,2004)。①分配(或指定)的东西;②工作;③(分配的)职位(21世纪中型英汉词典,2005)。

比较而言,与中文"任务"含义对应度由高到低排序为:①Task;②Duty;③Assignment;④Mission。

Task与中文"任务"含义最为接近或对应。牛津词典(2004)中"Task"解释为"A piece of work that somebody has to do, especially a hard or unpleasant one"即"一件有人必须要做的工作,尤其是一件艰苦或不愉快的工作",其揭示了任务的使动性和难度的实质。

任务是一个复杂的概念,不同学者可以根据自己的研究背景、理论框架和关注点,提出不同的观点和定义。周翔翔等(2011)认为任务是组织为完成使命而实施的一次行动,是资源的某一种或几种功能协同执行的行为集合[1];丁照攀(2021)从政府职能角度将任务定义为组织行动者为实现目标、履行相应职责而执行的具体的有明确行动指涉的工作[2]。Long(1985)把任务定义为自己或他人从事的一种有偿或无偿的工作,是人们日常生活、工作、玩耍中所做的各种各样的事[3]。这些表明了任务内涵的丰富性,甚至复杂性。

---

[1] 周翔翔,姚佩阳,王欣,等. 战役任务规划的有效测度及设计[J]. 电光与控制,2011,18(12):14-20.

[2] 丁照攀. "任务决定职能":重新发现地方政府的职能履行[J]. 甘肃行政学院学报,2021(3):71-81.

[3] LONG M H, PORTER P A. Group work, interlanguage talk and second language acquisition[J]. TESOL Quarterly, 1985, 19(2): 207-228.

上述各项定义体现了任务的两个要点：一为目标。任务区别于"目标"；任务是实现目标所需完成的具体步骤和行动计划，而目标则是想要达到的结果或成果。"任务"是客观施加给主观的要求及其行为指令，并引起主观的意识及行为的作用；而"目标"则是主观意识引起行为的作用。可见，目标是任务的方向，任何组织在管理中都需设立目标以强化工作追求；即使不同目标的完成时间、投入资源等不尽相同，但在消除工作漫无目的、不求效率等现象时所起作用一致。二为执行。通过执行任务才可能进行调配任务相关资源、传递任务相关信息等活动，缺少执行的任务只会是空中楼阁。卓越的执行力可使任务保质保量完成，而执行力高低的衡量在一定程度上能反映任务设置合理与否，为改善任务本身提供重要信息。这也印证了目标、任务、执行三者的关系。组织运营过程中，管理者较为注重目标达成情况与绩效卓越度，而员工更关注日常泛化的日程安排——工作，具体、细致，不那么像任务的压迫感；但目标制定与日常工作执行之间往往缺乏紧密的连贯性，工作的结果也无法直接反映目标的实现情况。任务作为衔接目标与工作的桥梁，将目标和工作"任务化"，是完成目标、实现绩效的基本步骤与方式。"任务化"，即将文本、口述、图片、意图，转化为能够被执行的一个工作、动作，并能得到合理的结果。行动哲学认为，只有任务化，才能高效地得到结果。管理上的逻辑，则是"完成任务实现目标"。在这种方式下，需要从清晰的目的来定义具体工作，明确阐述该工作的内容、要求、执行方式以及执行者等，才可保证高效的执行力，以更好达成目标，这也正是各位学者对任务思考的核心。

本研究将任务定义为：依照特定逻辑、整合相关要素用于执行并获得结果以达成组织目标的基本单元。任务可以是自身，也可以是他人"使动"：是他人或自身委派/分配/指派给自身或他人需要得到结果的"工作、任务、作业、差事、职责"。

1.1.2 任务等级划分

任务等级划分是将任务的优先级和重要性进行分类或分级的过程。不同领域任务等级划分的方式也不同，例如在项目管理领域，任务等级划分的方法通常有优先级矩阵法（Priority Matrix Method）、ABC分级法（ABC Classification Method）等；在服务业领域，任务等级划分的方法包括服务级别协议（Service Level Agreement，SLA）、问题严重性评估法（Issue Severity Assessment Method），以及客户价值评估法（Customer Value Assessment Method），旨在通过任务等级划分来帮助团队优化资源分配、提高服务效率，从而满足客户需求。尽管不同领域任务等级划分的方式不同，但是其核心思想都是帮助管理者和团队成员更好地管理时间、资源和工作流，确保关键任务得到适当的重视和优先处理。通过对任务进行分类和排序，明确任务的优先缓急顺序，从而更好地提升任务执行效率，获得组织的良好绩效。通常，任务的等级划分包括以下几个原则：

（1）紧急性（Urgency）：任务需要在短时间内完成，否则会产生严重后果或影响工作流程。紧急性高的任务需要及时处理。

（2）重要性（Importance）：任务对于实现个人或组织长期目标的贡献程度。重要性高的任务对整体目标具有显著影响。

（3）优先级（Priority）：根据任务的紧急性和重要性确定其在整体工作中的优先级顺序。

（4）时间管理（Time Management）：任务等级划分是时间管理的一部分，它帮助人们更好地规划和安排时间，确保首先处理最重要的任务。

由于任务等级划分存在于各个领域，因此划分方法也多种多样，**重要紧急度矩阵模型是最为常用的一种**。重要紧急度矩阵模型将任务分为四个象限，如图1-3所示。

（1）紧急且重要（Urgent and Important）：这些任务需要立即处理，因为它们对目标的实现或工作流程有重大影响。通常这些任务是紧急的，并且与长期目标直接相关。（第一象限）

（2）重要但不紧急（Important but Not Urgent）：这些任务的长期目标很重要，但并不需要立即处理。它们可能需要长期规划和准备。（第二象限）

（3）紧急但不重要（Urgent but Not Important）：这些任务看似紧急，但对长期目标的贡献较小。可以考虑委派或简化这类任务。（第四象限）

（4）不紧急且不重要（Not Urgent and Not Important）：这些任务既不紧急也不重要，最好避免花费过多时间和精力在这些任务上。（第三象限）

根据上述划分，任务可以根据其紧急性和重要性进行排序，帮助人们更好地管理时间和注意力，确保首先处理紧急且重要的事务，其次是重要但不紧急的事务，以此类推。这种方法有助于减轻时间管理上的紧迫感和焦虑，使个人或团队能够建立任务执行的秩序，更加有效地安排工作。

除了重要紧急度矩阵模型外，常见的任务等级划分方法还有ABC分级法、RICE模型和ROI法则。

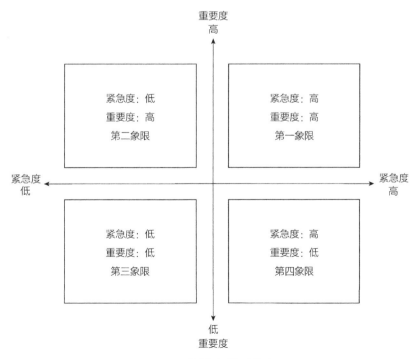

图1-3 重要紧急度矩阵模型

（1）ABC分级法：将任务分为A、B、C三个等级。A等级任务为高优先级，需要立即处理；B等级任务为中等优先级，需要在A等级任务完成后尽快处理；C等级任务为低优先级，可在空闲时间处理。ABC分级法能够帮助管理者更好地理解和把握不同产品或任务的重要性，同时通过将产品或任务划分为不同级别，ABC分级法还可以帮助管理者优化资源分配。例如A级产品通常需要更多的资源和时间，而C级产品可以通过自动化或外包等方式简化处理，从而节约资源成本。但与此同时，ABC分级法也存在不足，ABC分级法的划分依赖于管理者的主观判断，可能存在主观偏差和误判，且只是将产品或任务简化为三个级别，可能无法准确反映其真实的复杂性和关联性。在实际应用中，需要根据具体情况进行灵活调整，并结合其他管理方法来提高效率。

（2）RICE模型：将任务按照四个关键指标进行划分。R（Reach）指标表示任务影响范围的大小；I（Impact）指标表示任务的重要程度；C（Confidence）指标表示对任务成功的信心程度；E（Effort）指标表示完成任务所需的工作量。根据这四个指标对任务进行打分，优先处理综合得分高的任务。相较于其他复杂的优先级评估模型，RICE模型的优势在于简单易懂，从而可以快速应用到实际项目中，且RICE模型中的每个因素都可以根据具体情况进行调整和权衡，能够更好地适应不同的项目需求和目标。与此同时，RICE模型中的受众规模、影响范围、投入成本和期望效果都可以量化，从而能够进行数据分析和决策支持。但是RICE模型也存在一定的缺陷，RICE模型并不适用于所有的项目类型，例如一些艺术性或创新型项目，其价值和优先级可能不易被量化和衡量。RICE模型中的某些因素，如任务成功的信心程度，比较主观，因此可能存在一定的误差和不确定性。而且RICE模型需要有足够的数据支持，以便进行各项因素的量化和分析，如果项目缺乏足够的数据支持，则可能无法准确评估优先级。

（3）ROI法则：ROI法则是通过评估任务的投资成本和预期回报来确定任务的优先级，进而进行任务等级的划分。它能够帮助识别判断哪些任务对于实现目标最为重要，并帮助合理安排时间和资源。使用ROI法则确定任务优先级的步骤如下：

①识别目标：明确目标和期望结果，可以是个人、项目或组织的目标；

②列出任务：列出与目标相关的所有任务；

③评估投资成本：评估每个任务所需的资源、时间和精力等成本投入，考虑需要投入的时间、金钱和其他资源；

④评估预期回报：评估每个任务完成后可能带来的效益、成果等，考虑任务完成后可能实现的目标、提高的生产力、创造的价值或其他积极影响；

⑤计算ROI值：计算每个任务的投资回报率，一般而言，ROI值可以通过（预期回报—投资成本）/投资成本来计算；

⑥确定优先级：根据任务的ROI值，将任务排序，优先处理具有较高ROI值的任务，通常情况下，具有更高ROI值的任务被认为是优先级较高的任务。

ROI法则是一种任务优先级法则，常用于任务等级划分。其优点在于能够量化投资回报，它通过计算每个任务的ROI值，使人们能够更全面地了解任务所需的资源成本和可能产生的效益,帮助确定任务的优先级,并提高经济效益。当然,ROI法则也存在一些缺点,例如忽略其他因素、难以比较不同类型任务的ROI值以及缺乏主观判断。因此,在使用ROI法则时,需要综合考虑其他因素,以做出更准确、全面的任务优先级决策。

以上方法都有各自的优缺点,可以根据具体情况选择适合的方法或结合多种方法进行任务等级划分。

1.1.3 任务状态

任务状态也是任务内涵的属性之一,它可以提供任务的进展情况、完成时间,任务的负责人和参与优先级等重要信息,从而了解任务的整体进度和完成情况,识别任务中的问题和困难,并及时采取措施解决或调整任务计划。在不同的领域,任务状态的划分也是不同的,在"自由实时操作系统"[Free RTOS(Free Real-Time Operating System)]领域,任务的状态被划分为就绪态、运行态、阻塞态、挂起态和已中断,如表1-1所示。

Free RTOS任务状态分类表　　　　　　　　　　　　　　　　表1-1

任务状态	具体内容
就绪态	任务已经准备好并且具备运行的条件,只需等待调度器分配处理器时间片给它,便可立即执行
运行态	任务正在执行,占用CPU时间并执行其指定的操作
阻塞态	任务因为某些原因而无法执行,例如等待一个事件发生、等待一个消息队列等。在这种情况下,任务会被阻塞,直到执行任务的条件得到满足才能切换到就绪态
挂起态	任务被挂起,暂时停止执行,不会参与调度
已中断	任务因为某些原因暂停。这种状态下,有可能是任务因为外部原因(例如人员调动、机器损坏等)而无法继续执行,也可能是任务内部原因(例如需求变化等)导致需要暂停任务

Free RTOS对任务状态的划分,使其能够广泛用于嵌入式系统的开发。而在实时计算领域,采用多任务实时系统将任务状态划分为以下四种:执行状态(Execute),表示正在执行中,这种状态的任务只能有一个,由任务序列决定。挂起状态(Suspend),表示暂时停止,机器正在进行输入输出等待或事件等待,所有任务一旦处于挂起状态,机器就在操作系统内暂停循环,直至调度器信息分配后进入就绪状态。就绪状态(Ready)包括两种,一种表示任务执行所具备的条件已就绪,等调度器信息分配即可继续执行;另一种则是由于优先级高的任务先执行,因此优先级低的任务不得不处于执行等待状态。静止状态(Dormant)或称潜伏状态,作为任务已经消除,不能执行的状态,当所有的任务都处于静止状态时,表示该程序执行完毕。

在项目管理中,常用的任务状态划分方法有看板法等。看板法是一种敏捷项目管理方法,通过可视化任务流程并将任务划分为不同的状态来跟踪和管理项目进度。使用看板法进行项目管理的任务分配首先需要定义一组任务状态列,每个列代表一个特定的任务状态。常见的任务状态列(Columns)包括:待办(To Do),在这个列中,任务被定义并等待分配给团队成员。进行中(In Progress),在这个列中,团队成员正在处理任务,但尚未完成。测试中（Testing），在这个列中，任务完成后需要经过测试才能被标记为已完成。已完成（Done），在这个列中，任务被标记为已完成，可以交付给客户或其他团队成员使用。项目管理者可以根据项目的需求和团队的工作流程进行自定义。在定义任务状态列后，即可创建任务卡片（Cards），每个任务都被表示为一个任务卡片，包含任务的相关信息，如标题、描述、负责人和截止日期等。任务卡片通常以可移动的形式存在，可以在不同的任务状态列之间移动，提供了实时的任务状态跟踪和流转。总而言之，看板法通过可视化任务流程和限制任务数量来鼓励团队合作、持续改进和高效交付，帮助团队更好地管理项目任务状态。由此可见，任务的状态在不同领域依据其需求与特点，呈现出不同的分类方式，但是其分类的底层逻辑都是相似的。因此，在对以上多种任务状态的划分进行归纳后，任务状态类型的普适性理解如表1-2所示。

任务状态类型的普适性理解表 表1-2

任务状态	具体内容
未开始	任务还没有被开始执行。任务可能是计划中的，但是还没有被分配给任何人员
待执行	任务执行所具备的条件已就绪，但任务还没有被开始执行
进行中	任务正在被执行中。任务已经被分配给具体的人员，并且正在按照计划进行
已完成	任务已经完成。任务已经达成预期目标，可以被归档或者关闭
已中断	任务因为某些原因暂停。这种状态下，有可能是任务因为外部原因（例如人员调动、机器损坏等）而无法继续执行，也可能是任务内部原因（例如需求变化等）导致需要暂停任务
未完成	任务出现了问题，没有按照计划完成。这种状态下可以将任务重新分配，修改计划，重新开始
已取消	任务因为某些原因被取消。这种状态可能是任务已经不再需要，或者任务的预期目标发生变化，需要取消任务

不同领域对任务可能有不同的需求和特点，因此需要采用不同的任务状态来适应这些特定情况。例如，在制造业中，可以根据产品类型、生产线或工艺流程进行任务状态划分；在零售业中，可以根据商品类型、店面位置或销售渠道进行分类。管理者可以根据具体情况选择最适合的分类方式，以达到有效管理和组织的目的。这种灵活性使管理者能够根据需要进行调整和优化，从而提高工作效率和组织的整体运行效率。通过合理管理和利用任务状态，组织可以更好地控制和调度任务，从而提高项目的执行效率和质量，提升组织的可靠性和响应能力，实现组织的目标。可见，任务是一个具有抽象意义的族类概念，具有基本单元性质。

任务的定义、任务的分类方式以及任务的状态等都是任务内涵的重要组成部分。理解任务内涵对于实现任务管理和团队协作的成功非常重要。讨论任务内涵可以帮助更好地掌握任务的全貌，明确任务的目标和要求，细化任务的执行计划和时间表，以及跟踪任务的进度和完成情况。这样可以提高任务的透明度和可视化管理，促进团队成员更好地协作和沟通，保证任务按时完成，并及时发现和解决问题。同时，理解任务内涵还可以帮助对任务进行评估和总结，总结经验教训，为类似任务的执行提供参考和指导，提高任务执行的效率和质量。

1.2　任务特性

任务特性泛指任务本身所具有的属性、特点或特征，是组织管理理论研究的重要内容，它描述了任务的各个方面和属性。任务特性对任务和组织的有效管理至关重要。从任务本身来看，任务的特性首先可以帮助明确任务的目标和价值，为制定合理的任务执行策略提供基础。其次通过分析任务的特性，可以将复杂的任务分解为可管理的子任务，进而更好地组织和安排任务的执行流程。从任务相关条件的角度来看，对任务特性的研究也有助于确定所需资源和人力，并进行合理的分配和调度，提高任务执行效率和质量。从组织管理的角度来看，深入了解任务的特性还能识别和评估可能存在的风险和障碍，并采取相应的措施进行风险管理，确保任务的顺利完成。因此，了解任务特性可以帮助组织更好地进行任务分配、制定工作计划、激励员工和提升绩效，深入理解任务特性对任务执行和组织管理具有重要意义，组织应当重视任务特性的分析和认知，在任务执行过程中加以考虑和应用。

正是因为任务特性在任务执行和组织管理中起重要作用，所以对任务特性的研究广泛存在于不同的领域中。在心理学领域，任务特性被理解为任务本身所具有的或者外部环境所限定的特征。在前瞻性记忆力发展领域，对任务特性的研究包括前瞻性任务自身的特性以及进行中任务的特性[1]两个方向。在企业管控机制研究领域，任务特性被视作管控机制的重要前因[2]。在组织效能研究领域，组织任务特性可以分成"内容导向"的任务，以及"程序导向"的任务[3]。尽管对任务特性的研究广泛存在于不同的领域中，但是其对任务特性的理解以及定义大多局限于各自的情境，没有概括出完整的任务特性，因此也没有体现出任务特性的普适性。随着组织管理理论的不断进步和发展，管理学领域的学者们对任务特性的研究也越来越深入。在对流程特性的研究中，流程16特性被广泛用于描述和识别流程的各个方面和属性。而由于流程是任务的有序组合，其特性具有很多相似之处，它们在组织管理中是相互关联的概念，都是组织实现工作目标和任务的基本手段和方式。流程16特性和任务特性都具有描述工作过程和工作要求的内涵。它们都关注工作的目标、要求、控制和反馈等内容。可以说流程16特性和任务特性具有一定的共性。流程16特性可以作为任务特性的一种维度，用于描述和识别任务的各个方面和属性。本书借鉴流程16特性的成果并将其引入任务特性的研究。

流程的目的性是指任何一条流程的设计或执行都需要首先明确目标，通过导向目标，真正实现流程的价值。而因为流程与任务相互关联，因此任务也有目标导向性。

---

[1] 潘玲. 基于任务特性的前瞻记忆发展研究 [D]. 天津：天津师范大学，2010：11-12.
[2] 张启航. 基于任务特征的对外承包工程企业管控机制研究 [D]. 天津：天津大学，2020：4-5.
[3] 陈元嘉，陈国嘉. 建构任务特性、组织知识能力与组织效能之关系架构 [J]. 生产力研究，2006（5）：201-203.

1.2.1 任务的目标导向性

任务的目标导向性指的是研究任务与组织目标之间的关系，探讨任务如何与组织战略和目标相匹配，并且如何设置明确的任务目标来提高绩效。这个概念强调了任务与组织目标之间的一致性和协调性，以及如何通过设定明确的任务目标来实现组织绩效的提升。任务的目标导向性包括以下内容：①明确的任务目标，为每个任务设定明确的目标和可衡量的标准，以便员工清晰地了解自己的工作职责和目标，并能够根据这些目标衡量和评估自己的绩效。②与组织目标的一致性，每个任务都应当与组织的长期战略目标相契合，确保整个组织在各个层面的工作都朝向共同的目标。③可衡量的绩效指标，为了确保任务目标实现度量和评估，需要制定相应的绩效指标，可以是时间、质量、数量等方面的衡量标准，以便对任务的完成情况进行评估。只有通过目标导向，才能实现任务的价值。

1.2.2 任务的可分解性及分解性

任务的可分解性和任务的分解性是两个相关但不完全相同的概念。

任务的可分解性是指一个任务是否能够被有效地拆分成独立的子任务，且这些子任务可以独立完成并合并成最终的结果。任务的可分解性有以下特点：①独立性。可分解的任务应该具有相对独立性，即每个子任务的完成不依赖于其他子任务的状态或结果。②明确性。可分解的任务应该有明确的目标和要求，以便可以清楚地确定每个子任务的范围和完成标准。这样可以避免任务的二义性和模糊性，进而提高任务执行的准确性和效率。③可管理性。可分解的任务应该能够方便地进行任务分配、进度追踪和资源管理。通过将任务拆分成独立的子任务，可以更好地掌握任务的执行情况，及时调整资源分配和解决问题，从而更好地控制任务的整体进度和质量。可见只有当任务具有以上特性时，任务才具有可分解性，才能够进行有效的任务分解。

任务的分解性指的是将一个复杂的任务拆分成多个更简单、更易管理的子任务或步骤的能力。这种分解可以按照不同的层次进行，从整体到逐步细化，直到每个子任务或子项目都足够明确和可操作。这一概念在项目管理和工作任务安排中非常重要，通过将复杂的任务分解成可管理的子任务，更好地进行分配、追踪和控制，可以使任务执行更加规范化和标准化，避免由于任务结构不清晰而引起混乱和错误。然而在实际生产中，不同任务需要分解的程度是不同的，较为复杂的任务若分解不够细致会对任务的执行造成影响，简单的任务若分解得过于细致则会造成资源的浪费，因此需要补充任务细度的概念。任务细度指的是任务或子任务被分解，从而得到的对任务描述的详细和具体程度。任务的细度取决于对任务执行的要求和需要达到的结果的精确程度。较高的任务细度意味着任务描述更具体，包含更多细节和子任务；而较低的任务细度则表示任务描述可能较为宽泛，需要更多的解释和讨论才能明确执行。

任务的分解性与任务细度之间是一种相互促进的关系，其对任务执行与实现目标有着重要意义。从管理的角度来看，通过将大任务分解为小任务，首先可以更容易地对各个子任务进行管理和监督，确保任务按时完成，并及时发现和解决问题。其次将任务分解成"小块"可以减小整体任务失败的风险。即使其中的某个子任务出现问题，也不至于对整体任务产生灾难性影响。最后通过明确任务细度，可以更好地了解到底需要哪些资源来完成任务，从而更好地进行资源分配和利用。从任务执行人的角度来看，任务分解可以让每个执行者清晰地了解自己需要完成的具体工作内容和目标，有利于减少误解和偏差，提高沟通效率。将任务分解成相对独立的子任务，可以使多人同时开展"协作"工作，提高整体的执行效率。

1.2.3 任务的逻辑性

任务的逻辑性是指任务在执行过程中是否具有合理的逻辑顺序和步骤，以确保任务能够按照预定的目标和要求进行并有效完成。任务的逻辑性是确保工作按照合理的顺序和步骤进行，以达成明确的执行目标和取得可靠结果的重要手段。逻辑包括时序逻辑、产品逻辑、要素逻辑、管控要求逻辑等，逻辑具有客观性、主观性或综合特点。具有良好逻辑性的任务应遵循各自领域知识所要求的逻辑，这类任务一般包括：①合理的步骤。任务应该被划分为一系列合理的步骤，每个步骤都应该有明确的行动和执行方法。这些步骤应该按照一定的逻辑顺序排列，并且彼此之间具有必要的关联性。②清晰的依赖关系。任务之间存在着依赖关系，即某些任务的完成可能依赖于其他任务的结果或输出。在任务的规划和执行过程中，需要清楚地定义和管理任务的依赖关系，以确保任务能够按照正确的逻辑顺序进行。良好的任务逻辑性可以帮助执行者清晰地理解任务的执行路径，从而有效规划工作流程、优化资源利用、降低错误风险，并最终提高工作的效率和质量。避免盲目行动和浪费，使工作更加系统化、有条理，有助于获得可靠的成果并推动任务进展。

1.2.4 任务的交互性

任务的交互性是指在任务执行过程中，不同执行者之间进行信息传递、讨论和合作的程度。良好的任务交互性能够促进参与者之间的有效沟通和合作，从而提高任务执行的效率和质量。通过共享信息，参与者可以增加对任务的理解，避免信息孤岛和重复努力。任务的交互性还可以促进问题的讨论和解决，有助于发现问题、改进任务流程，通过集思广益找到更好的解决方案，提高工作的质量和效率。良好的交互性还可以加强团队成员之间的联系和信任，提高团队的凝聚力和协作能力。为了实现良好的任务交互性，可以提供适当的沟通工具和平台（如电子邮件、在线会议工具等），明确任务目标和角色责任，鼓励开放性和积极的沟通氛围，合理安排任务时间和优先级，并引入协同工具和技术来促进交互和协同。总之，任务的交互性是任务执行过程中必不可少的要素，对于任务的高效完成和团队的协作至关重要。

1.2.5 任务的可测量性

任务的可测量性是指任务能够通过明确的指标和度量方法进行评估和衡量。任务的可测量性的要素包括：①目标设定。一个可测量的任务必须有明确的目标或预期结果。目标应该具体、清晰，并且能够被具体的指标衡量。②可量化指标。任务的可测量性要求将目标转化为可量化的指标或度量标准。这些指标能够定量地衡量任务的执行情况和结果。③标准设定。任务的可测量性需要建立合适的标准或基准来比较实际执行结果与预期目标之间的差距。这些标准可以是过去的绩效数据、行业标准或内部设定的目标等,也可以是完成新任务而设定的指标。④分析和解读。通过对收集的数据进行分析和解读,可以评估任务的执行情况、效果和影响,为任务管理和决策提供依据,并持续改进任务的执行效率和效果。可见,任务的可测量性对帮助执行者了解任务要求、管控执行过程、衡量执行效果,并采取相应的改进措施,以提高任务执行的准确性、效率和质量有着重大的影响。任务的可测量性中可以测量的内容应该包括任务的完成时间、任务的资源使用、任务的进度管理、任务的成本控制、任务的风险管理、任务的客户满意度、任务的绩效等。

1.2.6 任务的普遍性

任务是工作和生活中普遍存在的一种组织形式,几乎所有的工作和活动都可以划分为不同的任务。任务的普遍性体现在工作、生活、学习、项目、家庭和社会等各个方面,是日常生活和社会运转不可或缺的一部分。

1.2.7 任务的可设计性

任务的可设计性指任务具有可设计、可规划的特点。组织是人工的社会性聚集,目标具有主观设定性,任务也必然有可设计性。任务的可设计性包括任务是可规划的、可设置控制性环节、可分解层级。任务的可规划性是指任务可以被规划和安排。以建造房子为例,在建造一座房子的过程中,需要规划和安排各个小任务的时间和地点,以确保能够按照正确的顺序进行。任务的规划和安排需要考虑任务之间的关系、资源需求以及时间限制等因素,以确保任务在正确的时间和地点得到执行。在建造一栋房子的过程中,需要对各个小任务的执行情况进行监控和管理,及时发现问题并采取相应的措施。任务的控制包括对任务进度、成本、质量和风险等方面进行监控和管理,以保证任务能按时完成,并达到预期的效果。可设计性与考核密切相关。

1.2.8 任务优先级

任务优先级是指在多个任务同时存在时,确定任务执行的顺序和重要性的程度。前面已经讨论任务优先等级的划分方法,此处不再赘述。任务优先级通常根据任务的紧急程度、重要程度和依赖关系等因素进行评估和确定。通过设置合理的任务优先级,可以确保重要和紧急的任务得到及时处理,优化资源利用,提高任务执行的效率和获得更好的成果。合理的任务优先级应该考虑以下因素:①任务的紧急程度。任务的紧急程度指任务需要尽快完成的程度。如果一个任务有紧迫的截止日期或者对其他任务有直接影响,那么它的优先级较高。②任务的重要程度。任务的重要程度指任务对项目或目标的贡献程度。如果一个任务对项目的成功或目标的达成具有重要性,那么它的优先级较高。如制定项目计划、核心功能开发等。③任务的依赖关系。任务之间存在依赖关系,需要考虑前置任务和后续任务的优先级。

前置任务的完成可能是后续任务开始的前提，因此前置任务的优先级应该高于后续任务。例如，在软件开发中，编码任务可能依赖于需求分析和设计任务。合理的任务优先级的设定能够帮助人们更好地组织和安排工作，提高效率，降低风险，并确保最重要的任务得到及时处理。这对个人和组织的工作管理都具有重要的意义。

1.2.9 任务的可追踪性

任务的可追踪性是指在任务执行过程中，能够清晰地了解和跟踪任务的进度、状态和结果，测量任务在各时间片段所处于的状态，形成追踪性。连续追踪构成完整的任务历时过程，间断则成为任务的断续状态。任务是可以被追踪的，通过明确任务目标和要求将任务分解和细化，使用项目管理工具或软件对任务进度跟踪和报告，并通过对问题的评估进行风险管理，可以实现对任务的全面追踪和管理。任务的可追踪性是实现任务管理和团队协作的关键，它能够帮助团队及时发现和解决问题，保证任务按时完成，并提供对任务执行过程的透明度和可视化的管理，提高任务执行的效率和质量。设计、测量、追踪、考核，有关联也有区别。

1.3 任务来源

1.3.1 任务从哪里来？

"任务从哪里来"简单来说就是任务的来源，或者就是任务的发起缘由。任务的来源对组织而言就是实现目标的开始。通过分析和评估任务的来源，组织可以更好地了解客户需求，优化资源配置，解决问题，支持决策，从而实现组织的长期成功和可持续发展。在感知心理学和管理学领域对任务的来源都有研究。这些研究旨在探讨个体、团队或组织如何识别、规划和完成任务。在感知心理学领域，任务的来源被定义为对外界信息的感知和认知过程，任务来源的感知和认知可以来自外界的刺激、个体的内部期望和经验以及个体对环境中特定的任务或目标的需求[1]。在管理学领域，任务的来源研究包括组织目标和战略、组织结构，以及任务来源复杂程度对绩效和工作满意度的影响[2]。综上所述，任务来源是指组织或个人为实现特定目标而制定和发起的具体工作或行动。明确任务来源，从而高效地执行任务使组织目标得以实现，以保持组织的活力并延续组织生存，是研究任务来源的意义所在。

对于组织而言，任务的来源至关重要。一个组织不明确任务来源，便无法正确认识任务，使组织缺乏动力和凝聚力，导致竞争力的缺乏，并最终面临困境乃至衰退。厘清任务来

---

[1] CALLAHAN J S, BROWNLEE A L, BRTEK M D, et al. Examining the unique effects of multiple motivational sources on task performance [J]. Journal of Applied Social Psychology, 2003, 33 (12): 2515-2535.

[2] GRIFFIN R W. Supervisory behaviour as a source of perceived task scope [J]. Journal of Occupational Psychology, 1981, 54 (3): 175-182.

源的作用体现在：①明确任务目标和需求。任务来源能够帮助团队明确任务的目标和需求，通过与客户进行充分的沟通和了解，团队能够清楚地知道客户的期望、要求和目标，从而能够更好地规划、执行和交付任务。②减少误解和问题。通过与客户进行有效的沟通和需求收集，可以减少误解和问题的发生。团队能够更好地理解客户的期望，避免偏差和错误的发生，确保任务能够按照客户的要求和期望完成。③提高客户满意度。将客户置于中心地位是判断任务来源的重要方向。通过提供高质量的服务和产品，超越客户的期望，可以增加客户的满意度。这对于团队的声誉和业务增长至关重要。

任务来源是组织确定目标和方向、了解客户需求、优化资源配置、解决问题和支持决策的重要途径。因此，组织应该高度重视任务的来源，积极进行任务来源的分析和评估，并据此制定合理的战略和计划，以实现组织的长远目标和愿景。

常见的任务来源包括以下几类：①客户需求。客户需求是最常见的任务来源之一，通过与客户进行充分沟通和了解，组织能够清楚地知道客户的期望、要求和目标，从而能够更好地规划、执行和交付任务。②内部业务需求。任务来源也可以来自组织内部，即组织提出新的项目或任务，需要其他成员的支持和协助。例如，在市场营销团队中，一个成员可能会提出需要创建一个新的广告系列，需要其他成员提供相关支持。③管理层需求。任务来源也可以来自组织的管理层，这些任务通常与公司目标和战略相关，需要组织全力以赴来实现。例如，在一个销售团队中，管理层可能会要求制定一个新的销售计划来提高销售额。④竞争对手活动。组织也可以从竞争对手的活动中获得任务来源。例如，奥迪、宝马、奔驰等豪华汽车品牌，在国产新势力电动汽车的冲击下销量大幅下降，在强大竞争对手的影响下，这些豪华品牌也开始下达"降价"这一需要组织进行反应和决策的任务，以实现"降价换销量"的目标。⑤外部市场环境。外部市场环境也是任务来源之一，其对于公司的发展和业务增长至关重要。

市场机会来自以下几个方面：①新兴市场。一些新兴市场在经济发展和消费能力方面呈现出快速增长的趋势。这些市场拥有庞大的人口基数和潜在的消费需求，为企业提供了扩大业务和开拓新客户群的机会。②技术创新和数字化转型。随着科技的不断进步和数字化转型的加速，市场上出现了许多新的技术和解决方案。这些技术创新可以帮助企业提高效率、降低成本，并满足市场的不断变化的需求。③消费者行为和消费趋势变化。消费者的行为和偏好不断变化，团队需要密切关注市场趋势和消费者需求的变化。通过了解消费者行为和消费趋势，团队可以调整产品或服务的定位和开发策略，以满足市场需求并获得竞争优势。任务的来源是目标、需求和客户的一致性，是组织成功的关键因素之一。当组织的目标与客户的需求保持一致时，组织可以更好地满足客户的期望，实现持续发展。客户需求的理解和满足应当成为组织目标的重要组成部分，以确保组织与客户之间的一致性和紧密联系。通过不断强调这种一致性，组织可以建立起与客户之间更紧密的关系，从而提升客户满意度，并在市场中取得竞争优势。

任务执行的成功与否往往受任务来源的直接影响，它提供了信息支持以及资源支持，为任务的实施和完成提供基础。合理选择和充分利用任务来源，可以提高任务执行的效率和质量，减少风险和错误。任务来源的多样性和广泛性也意味着有更多的选择和机会来满足任务的需求，因此，必须充分地了解任务的来源，并在任务规划和执行过程中给予足够的关注和重视。只有正确追溯任务的来源，才能更好地理解和完成任务，实现预期目标。

1.3.2 组织发展方向：任务何来与结果何去

前文介绍了搞清楚"任务从哪里来"即任务来源的作用、类型和意义。那么如何理解"任务为何而来以及任务的结果何去"呢？这就要提到任务的发起者——组织。首先解释说明"任务为何而来"。前文已将任务来源的内涵理解为组织或个人为实现特定目标而制定、发起的具体工作或行动，任务被执行使目标实现且保持组织或个人的活力，是任务来源的意义所在。由此可见，组织目标是任务内在驱动的，任务是组织实现目标的具体行动。组织通过任务的分配、协调和评估等任务引领方式来管理和推动任务的执行，以实现组织的整体发展和成功。这便是"任务为何而来"。从组织的角度思考，要实现组织目标，必须以需求为发心、以客户为重心、以产品为核心、以在控为中心，归纳起来就是，组织设计、生产满足客户有效需求的产品，实现生存和发展的目标。任务的来源在于此，依存也在于此。

组织以产品为核心是满足客户需求、推动产品创新的基础。组织以产品为核心意味着将产品的设计、开发和优化置于最高优先级，以此来指导组织的经营和决策。以产品为核心使企业能够提供卓越的产品质量，满足客户的需求和期望，建立良好的品牌声誉和客户忠诚度。并且注重产品创新和不断改进，能够使企业创造出与竞争对手不同的独特产品，建立差异化的竞争优势，从而在市场中脱颖而出。此外，以产品为核心还有助于拓展市场份额和增加销售额，吸引更多的客户并实现销售额的增长。同时，这种理念能够激发员工的创造力和工作动力，提高团队合作精神，推动组织的创新和发展。组织以产品为核心的重要性在于提供卓越的产品质量，创造差异化竞争优势，拓展市场份额和增加销售额，激发员工创造力和工作动力，实现企业的可持续成功和发展。

以产品为核心的思维方式关注产品本身的特性和功能，不能忽视客户的真实需求和期望。以客户为重心的思维方式能够深入了解客户，把握它们的痛点和诉求，将客户放在业务决策的核心位置，从而更好地满足客户的需求。客户，泛指的是组织或企业的产品或服务的终端用户，也被称为消费者。他们是购买产品或使用服务的人群，通常有需求或问题需要解决，并通过购买或使用产品来满足这些需求或解决问题。常规对客户的理解主要涉及市场营销、产品设计、售后服务等方面，以提供符合客户需求的产品和优质的客户体验。但是在组织任务中，客户是下一个任务的执行者，是在任务型组织中负责接收并执行下一个任务的成员或团队，客户与组织之间的关系是一种相互依存、互惠互利的关系。在这种关系中，客户是组织的重要资源和利益相关者，其购买决策和消费行为直接影响组织的收入和利润。客户通过购买产品或使用服务提供经济支持，帮助组织实现盈利和增长。同时，组织则通过提供有价值的产品和服务来满足客户需求。

组织以客户为重心是实现企业长期稳定发展和竞争优势的关键。自改革开放以来，我国经济社会发展取得了巨大的成就，人民的生活水平得到了显著提高，客户的需求变得多样化。倘若客户复杂且多样的需求让组织无所适从，从而无法满足客户的需求，则会失去其信任。为了更好地应对这种情况，组织需要对客户的需求任务化，即根据需求与要求首先使之结构化，其次加以时序和使动结构，最后理顺逻辑，构成任务体系，也即流程，由此形成组织的行为方式。具体步骤如下：①需求收集和分析。与客户进行充分的沟通和交流，了解他们的需求、期望和目标，确保团队能够全面地了解任务的具体要求、范围和限制条件。②任务规划和优先级确定。将客户的需求和期望纳入任务规划的考虑因素中，并根据客户的优先级和需求确定任务的优先级和计划安排。③任务分配和资源调度。根据客户的需求和期望，将任务分配给适合的团队成员，并合理安排资源，以确保任务能够按时完成且达到客户期望的质量标准。④任务执行和监控。团队成员执行任务时，应根据客户的需求和期望进行监控和跟踪，及时发现和解决任何潜在的问题，确保任务按时、高质量完成。⑤任务验收和交付。在任务完成后，应与客户进行验收，确保任务符合客户的期望和要求。如果有需要，可能还需要进行修正和修改。⑥客户反馈和维护。与客户保持良好的沟通和联系，接受客户的反馈和建议，并在需要时提供维护和支持，确保客户满意度。

组织以生存发展为衷心/初心的重要性不可忽视。其含义是在组织与客户的关系中，组织应当关切追求组织的利益，而不仅仅专注于满足客户需求。任务的执行也应当更多地围绕如何最大化利润、降低成本等目标展开，更侧重于在合法依规前提下，实现组织自身的利益和目标，体现组织责任的方式是为社会创造就业和纳税。这一初衷对组织自身的发展是有益的，优势如下：①有利于鼓励员工自主决策和创新，使他们能够发挥个人的才能和创造力。②促进员工的积极参与和投入感。员工可以参与制定目标、规划工作，因此更容易产生对组织的认同感和责任心，进而提高工作积极性和团队合作精神，促进员工提高能力水平。③快速决策，提升组织灵活性。

尽管关切生存发展的组织模式有其优点，但也需要注意平衡与产品、客户之间的关系。组织过分强调自我利益可能会导致客户的需求和体验受到忽视，从而使组织、任务和客户之间的关系发生扭曲。组织更多地关注自身利益和目标的实现可能带来短期内的利润增长，但长期来看可能会损害客户关系、品牌形象和市场地位。因此，在实践中，组织需要认真权衡自身利益与客户利益，确保客户价值始终处于组织战略决策的核心位置。

有来就有去，任务也是如此。任务的结果是指任务完成后所得到的成果或效益，这些成果或效益应该是为了实现组织的战略目标和使命。任务的结果是对组织目标的贡献，是衡量任务成功与否的重要标准之一。任务的结果有多种去向，可以是产品或服务交付给客户，满足其需求并获得收益，也可以是解决组织内部或外部的问题，消除障碍或提高工作效率。通过任务的执行，组织可以识别和解决存在的问题、难题或挑战，进而提高工作效率和生产力。这些改进和优化有助于组织更好地应对市场竞争，提升绩效和效益。此外，任务的结果还可以通过数据和信息的分析，为组织提供决策支持和业务洞察等。通过收集、整理和分析相关数据，组织可以了解市场趋势、客户需求、竞争对手情况等信息，从而在决策制定和战略规划中做出明智的选择。然而，最重要的任务结果去向是实现组织的目标。组织的目标是组织长期发展的愿景和方向，包括经济、社会和环境等多个方面。因此，任务的结果应该与组织的目标相一致，对组织的战略和长远发展产生积极影响。无论是提供产品和服务、解决问题、改进效率还是提供决策支持，任务的结果都应该为实现组织目标做出贡献。由于任务是组织根据"以客户为重心，以产品为核心，以在控为中心"布置的，所以任务的结果对组织目标的实现也以"三心"为核心思维。以客户为重心的任务，能够帮助组织更好地了解客户的需求，改进产品和服务，提高客户满意度和忠诚度，建立良好的口碑，吸引更多的潜在客户，并提高市场竞争力，最终增加市场份额和盈利能力，更好地实现组织的商业目标。以产品为核心下达的任务，能够提高产品的竞争力，降低制造成本，增强产品创新，提高市场占有率，并在市场上赢得更多的认可和信任。任务结果的取向应该紧密围绕产品特性进行，以实现产品为中心的商业目标。以在控为中心，意味着注重组织内部的运营、管理和发展等方面的改进。这种取向有助于提高组织的效率、透明度和责任感，加强内部团队的凝聚力和合作精神，推动组织向着更加健康、可持续和成功的方向发展。任务因为组织需要满足"三个中心"而来，在任务完成后义对组织起着调整作用，使得客户满意，实现组织目标，这便是"任务何来与结果何去"。

1.3.3　组织的运营体系与任务架构

组织的运营体系和组织的任务架构是组织的两个核心构成要素。组织的运营体系包括组织的管理结构、流程和制度等方面，其主要关注的是如何有效地实现组织的目标和使命。而组织的任务架构则是指组织内部各项任务的划分和分工，明确每个部门和员工应该完成的具体任务和目标。

组织的运营体系与任务架构是相互作用、相互影响的。一个有效的组织运营体系能够为任务架构提供必要的支持和保障，确保组织内部各项任务能够顺利进行。反之，组织的任务架构也可以为运营体系提供重要的支撑，确定管理层的职责和角色，协调各部门之间的协作关系，提高组织的整体效率和效益。运营体系的设计和实施会影响到任务架构的划分和分工，而任务架构的变化也会对运营体系的调整产生一定的影响。组织的运营体系和任务架构共同为组织的战略目标提供支撑，确保组织能够顺利实现目标和使命。

1. 运营、体系与组织目标的实现

探讨组织的运营体系，首先要了解运营体系。了解运营体系首先要知晓运营。运营是一个广义的概念，包括组织、规划、协调和控制企业各项活动，以实现其目标并使其保持正常运转。运营的核心是通过有效管理资源、优化流程、提高效率和质量，以满足客户需求、实现盈利和可持续发展。简单介绍运营体系。一个成知识体系的内容，一定是把很多东西关联在一起的。系统强调要素、连接和功能组成。如果说单点的运营知识是要素，那么将单点的运营知识（要素）通过某种方式连接起来，最终实现为自己服务的目的，这便是体系。所以运营体系的普适定义应该为：采用人工干预的方式将单一的运营要素（产品、客户等）连接起来，并进行监测与评估，最终达到自我的追求。遵循"人理、物理、事理"（WSR），挖掘人的智慧，消耗多元同质或异质的资源，完成错综复杂的任务（事务），构成运营体系。

运营体系的最终目的是实现组织的自我追求。组织的追求可描述为：使命、愿景、目标、战略和计划。通俗地比喻：愿景是河的对岸，使命是为什么过河，战略就是过河的策略，目标是到达河对岸，计划是细致的具体安排。其具体内容如下：①使命。组织的使命是组织存在的根本原因，描述了组织的核心追求和存在意义。组织的使命是组织对外宣告的宗旨，它可以概括为组织所追求的最高价值和持续的社会责任。②愿景。愿景是组织与未来对话的方式，是未来组织所能达到的一种状态的蓝图，它体现了企业组织所追求的长期目标和理想状态。与使命不同的是，愿景确立的是组织的主体、本源，而使命确立的是主体的目标。愿景是解决"企业是什么"，告诉人们企业将做成什么样子，是对企业未来发展的一种期待和描述，可以激励组织成员朝着共同的愿景努力，并为组织提供未来发展的方向。③目标。组织的目标是衡量组织成功的具体指标或结果，包括短期目标和长期目标。其中，长期目标通常指的是组织在未来相对较长的时间跨度内（通常是3年以上）所希望达到的具体成果或状态。这些目标通常与组织的使命和愿景紧密相关，是对组织未来发展方向的具体描述，也可以看作是组织长期战略规划的体现。而短期目标则是在较短的时间跨度内（通常是1年以内）所设定的具体、可操作的目标。这些目标通常是为了支持长期目标的实现而设定的，是组织战略规划的具体落实。目标应该是明确、可衡量和可实现的，能够引导组织成员的行动，并为组织的各项决策和资源分配提供依据。④战略。组织的战略是组织实现目标的规划和方法，定义了组织如何利用自身的资源和能力来应对内外部环境的挑战，以实现目标。战略需要考虑市场需求、竞争环境、资源配置和组织能力等因素，以确保组织能够在不同的市场条件下取得成功。⑤计划。计划是具体实施战略的规划和安排。计划将战略转化为可操作的具体步骤和时间表，包括资源分配、任务分工、进度管理等方面。计划需要与目标相一致，并根据实际情况进行不断调整和优化，以确保组织能够按计划实现目标。组织追求的落实，在于任务的完成。而因为任务具有可分解性、可分配性、可追踪性和作为绩效评估的依据等特点，因此被视为组织中最基本、最小的工作单元，通过有效的任务管理，可以确保工作有序进行，目标得到实现，从而推动整体组织的发展和成功。

2. 组织运营的任务结构

组织运营体系中的任务结构是指将各个部门或职能之间的任务和责任进行合理的分工和划分，以便协调和推动整个组织的工作。组织运营体系的结构一般由多个部门组成，其结构会根据企业的规模、行业特性、战略地位等因素有所不同，但通常包括如下的关键部分：

（1）高层管理层，由执行董事、总裁或首席执行官等高级管理人员组成，负责制定组织的战略目标和方向，并监督整个运营体系的运营。

（2）部门及其执行团队，包括但不限于：①产品开发部门（负责新产品的推广，并且根据市场需求调整已有产品）；②供应链管理部门（负责与供应商之间的合作和协调，确保物料供应充足，同时优化物流和仓储流程）；③生产制造部门（负责制造和分配产品，控制生产成本和提高生产效率）；④市场营销部门（负责市场营销策略的制定和实施，通过广告、促销、公关等手段提高品牌知名度和产品销售量）；⑤财务部门（负责预算和成本控制、财务报表的编制和审计等财务工作）；⑥客户服务部门（负责客户服务，处理客户投诉和建议，提供优质的售后服务）。通过任务结构的建立，可以确保不同部门或职能之间的工作互相配合、协调一致，从而提高整体的效率和绩效。任务结构为绩效评估和激励机制提供了基础，通过明确每个部门或职能的任务和责任，可以更容易地对其进行绩效评估，并根据评估结果给予相应的激励和奖励，以增强员工的积极性和工作动力。

由此可见，组织运营体系的任务结构能够有效地分工、协调和优化资源，提高工作效率和绩效，并为绩效评估和激励机制提供基础。一个合理有效的任务结构有助于组织实现整体目标，增强竞争力，适应变化，并最大限度地发挥每个部门和员工的能力和潜力。

组织的任务结构是指将组织所面临的任务按照一定标准和规则进行划分、分类、层级关系的建立，以及在此基础上对任务资源进行统筹协调和分配的一种任务组织结构形态，是虚拟形式的结构。其包括组织自身的任务结构以及任务的表达结构。组织的任务结构包括以下三部分：①任务的划分。任务划分是任务结构的第一步，它是将组织的使命、愿景、战略等目标转化为可具体执行的任务。任务划分通常涉及任务的细化、分解、分类和编制任务清单等方面，以便组织能够更好地了解任务的性质、范围和要求。②任务的层级关系。任务的层级关系是指在任务划分的基础上，按照任务的重要性、紧急性、优先级等因素进行归类和排序，从而构建一个任务层级体系。任务层级体系可以帮助组织更好地管理任务，明确各项任务之间的相互关系，确保任务之间的协调和配合。③任务的分配方式。任务的分配方式是指在任务划分和层级关系的基础上，按照组织的结构和人员的职责分配各项任务，其分配方式通常包括集中式、分散式、委托式等多种形式，可以根据组织的特点和工作需要进行选择。

组织的任务结构对于组织的有效运作和持续发展具有重要的意义。通过任务结构，组织能够清晰地明确使命、愿景、战略等目标，并将其转化为具体可执行的任务，了解自身所面临的任务范围和要求，从而更好地制定和实施相关的工作计划。同时，任务结构可以将组织的任务按照一定的层级关系进行分类和排序，明确各项任务之间的优先级和依赖关系。这有助于组织合理安排资源，避免重复劳动和资源浪费，提高工作效率；有助于促进不同部门或个体之间的协作与配合，提高整体协调性。通过任务结构的划分，组织能够将任务分解为更小的部分，并根据员工的能力和职责进行分配。这有助于员工更好地理解自己的工作职责，明确任务目标，激发其工作的积极性和主动性。同时，任务结构也能够明确责任与权利的对应关系，增强执行者的责任感。任务结构还能够帮助组织合理配置不同类型的资源，包括人力资源、物质资源、财务资源、信息知识资源等。通过任务结构，组织可以更好地了解各项任务所需的资源投入，从而进行有效的资源分配和决策制定，提高资源利用效率。任务结构可以在一定程度上影响运营体系，通过建立任务型组织和任务为中心的思想，组织可以激励员工的主动性和创造力，促进团队合作和知识分享，提高组织的生产力和竞争力。

在把组织的任务结构化后，需要对任务结构进行表达。任务的表达结构是指将任务进行具体描述和组织的方式。它包括任务的分解、任务的安排和任务的执行三个方面。①任务的分解：任务的表达结构首先需要对任务进行逐层分解，将整体任务分解为更小的子任务或工作包。通过任务的分解，可以清晰地了解任务的具体要求、目标和范围。②任务的安排：任务的安排是指将分解后的任务进行合理的组织和安排。这包括确定任务的顺序和优先级、分配任务的责任人和资源、制定任务的时间计划和里程碑等。一个合理的任务安排能够充分利用资源以及人员的能力和经验，计划好任务之间的依赖关系。③任务的执行：任务的表达结构还需要明确任务执行的方法和工具、建立有效的沟通渠道和协作平台、设定任务进展和结果反馈的机制，确保任务按时完成且达到预期效果。结合三方面内容，将任务的表达结构规定为"v+n"，即动词＋名词的结构，这种结构通过动词来描述任务所需的具体行动，再通过名词来说明任务的目标和结果。使用动词加名词的结构能够让任务更容易分解和安排，有助于制定合理的任务计划和管理。同时，"v+n"的结构使得任务更加清晰、具体和易于理解，避免模糊、抽象的表述，让组织成员更快地理解任务的要求和目标，进而提高沟通效率，减少误解和不必要的沟通、协调，确保任务的执行，达到组织预期的目标效果。与此同时，对任务进行编码。任务编码是将任务进行代码化标识，用于进行任务的跟踪和管理。任务编码通常采用数字、字母或符号的组合来表示任务的唯一标识，通过任务编码，可以方便地查找和管理任务，也可以提高任务跟踪的准确性和效率。将任务编码与"v+n"的表达结构结合，构成完整的任务表达结构。

1.4 任务逻辑与任务的组织

1.4.1 任务逻辑

1. 任务逻辑与内容

逻辑是一种思考方式，用于分析和推理关于事物的正确性或合理性。在哲学中，逻辑是研究正确推理和论证的原则和方法的学科。在数学中，逻辑是研究形式化推理、证明和演绎的分支。在常规的语言使用中，逻辑也可以指一个事件或行为的顺序和关系。生活中逻辑无处不在，自然而然地，逻辑也存在于任务中。宏观上，任务的逻辑可以被视为任务生成、排布并执行的逻辑，其主要内容如下：

（1）任务分解：将大型任务拆分为更小、更具体的子任务。这有助于更好地理解任务的不同组成部分，并使其更易于管理和执行。

（2）优先级确定：确定任务的优先级顺序，以确定哪些任务应该首先完成。这可以通过任务的重要性、紧急性或其他相关因素进行决策。

（3）资源分配：确定在执行任务过程中所需的资源，如人力、时间、财务和物质资源。合理分配资源可以确保任务能够顺利进行并按时完成。

（4）执行计划：制定详细的执行计划，包括任务开始和结束的时间、里程碑、关键路径等。这有助于指导任务的执行和监控进展。

（5）监督和协调：对任务的执行进行监督和协调，确保任务按计划进行并与相关方进行有效的沟通和协作。

（6）问题解决：处理任务执行过程中出现的问题和挑战。这可能涉及识别问题、寻找解决方案并采取行动来解决问题。

（7）进度管理：跟踪任务的进展情况，确保任务按时完成。这可能需要进行进度更新、调整计划和资源重新分配。

（8）评估和反馈：对任务执行的结果进行评估，并提供反馈。这有助于了解任务的成果和效果，并根据反馈进行必要的改进和调整。

仅从宏观上分析的任务逻辑容易忽略任务逻辑内部的细节和个体差异。因此在微观角度，根据任务的特性，任务的逻辑应该包括任务自身的逻辑以及任务之间的逻辑。Japaridze（1998）在逻辑学领域提出了"任务逻辑"这一概念，他认为以任务为基本对象进行研究的逻辑叫任务逻辑[1]。研究、确立、理顺任务逻辑的目的是确保任务能够高效、有序地执行，最大限度地提高任务的完成质量和效率，从而最终实现预期的目标和要求。

可以认为，任务逻辑的相关研究起源于逻辑学。其后建立了谓词逻辑框架下任务逻辑语义和语构理论（经典任务逻辑）[2]。在经典的命题逻辑中，命题就是陈述句，如"今天是星期二""16是偶数，且16是素数"等，它们都可看作"事实"，因而称其为"事实逻辑"。然而在现实生活中除了这样的"事实"之外，还有许多这样的命令句（祈使句），如：

（1）"打扫房间"；

（2）"打开电视或打开收音机"；

（3）"整理草坪"；

（4）"不要去锄草"。

它们都可看成是"任务"。它把任务的构成分为目标、资源要素。从语义上讲，"事实"有"真"值或"假"值，而对于"任务"则应当称其是"被完成的"或"未被完成的"。这就是最基础的任务逻辑。在这之后，王国俊与许文艳提出命题框架下的任务逻辑（命题任务逻辑）语义和语构理论，并证明了体系的完备性和可判定性[3]。命题任务逻辑，关注的是命题的真值和命题之间的推理关系，而不涉及命题所表示的具体内容。核心思维是用命题逻辑来分析任务。其命题是陈述句或表达某种思想的句子，可以被判定为真（True）或假（False）。命题任务逻辑使用符号和规则来描述命题之间的逻辑关系。常见的命题逻辑符号和概念如下：

（1）命题变元：表示命题的符号，通常用大写字母（如P、Q、R）表示。

（2）逻辑连接词：用于连接命题的符号，常见的有合取（∧，表示"与"）、析取（∨，表示"或"）、蕴涵（→，表示"如果……那么……"）、等价（↔，表示"当且仅当"）等。

（3）否定：用符号¬或～表示，表示对一个命题的否定。

（4）真值表：列出了所有可能情况下命题和逻辑连接词的真值。

这样也许太过抽象，举一个例子：

在这个例子中，使用了命题逻辑的符号和推理规则，通过将任务描述转化成命题逻辑的

---

[1] JAPARIDZE G. The logic of resources and tasks [M]. University of Pennsylvania, 1998: 3–10.

[2] 王国俊，许文艳. 从事实逻辑到任务逻辑 [J]. 模糊系统与数学，2004, 18（1）: 1–8.

[3] 许文艳，荆云鹏. 任务逻辑中的定理 [J]. 模糊系统与数学，2006（6）: 15–20.

> 令P表示"天晴",Q表示"我去公园",R表示"下雨",S表示"我在家看电影"。
> 根据任务描述,可以建立两个条件:
> 如果P,则Q(天晴就去公园);
> 如果R,则S(下雨就在家看电影)。
> 根据任务要求,今天我去了公园,即Q为真。
> 现在需要使用命题逻辑来判断今天是晴天还是下雨天。
> 如果今天是晴天(P为真),则根据第一个条件,Q为真,也就是我去了公园。
> 如果今天是下雨天(R为真),则根据第二个条件,S为真,也就是我在家看电影。
> 因此,通过命题逻辑推理,可以得出结论:今天是晴天。

形式,从而对具体情况进行推理和分析。这展示了如何将命题逻辑应用于解决实际生活中的任务和问题。

2006年,张会与李思昆针对任务逻辑存在的两个缺点:①不可判定,无法保证推理过程都能在有限的时间内结束;②任务的定义局限于抽象的、逻辑的定义,无法描述任务的属性和任务之间的关系,将描述性结构引入任务逻辑,构造了一个可描述具体属性的、可判定的任务逻辑系统——描述任务逻辑[①]。其原理是将知识表述和推理系统常用的描述性结构与任务逻辑的任务语义结合起来,构造了一个可以描述具体属性的、可判定的任务逻辑系统。任务逻辑可描述、可判定等属性的存在,使得描述任务逻辑的要素自然显现,包括目标、时间限制、资源、执行人、反馈与评估等。这些要素能够有效帮助组织明确目标和资源分配,更好地进行组织协调,提升工作效率且可以更容易地对任务的执行情况进行评估和监控,及时发现问题并进行调整,从而及时完成组织的任务,满足客户要求,实现组织目标。

2. 任务间的SSFF逻辑关系

逻辑学上任务逻辑的研究多是源自任务的内部,但是从任务逻辑的目标以及内涵来看,任务的逻辑不仅仅是任务内部,不同任务之间也是有不同的逻辑的,再次举经典任务逻辑的例子:

(1)"打扫房间";

(2)"打开电视或打开收音机";

(3)"整理草坪";

(4)"不要去锄草"。

完成以上四个任务,可以是第一个、第二个、第三个、第四个这样的顺序,以这种顺序完成任务,就要在"打扫房间"完成后才能进行"打开电视或打开收音机"。或者,假设有两个主体可以完成任务,那就可以"打扫房间"和"打开电视或打开收音机"同时进行。这种思维,最具有代表性的便是任务与任务之间的逻辑关系——SSFF,以两个任务A、B为例,其逻辑关系如图1-4所示。

---

① 张会,李思昆. 描述任务逻辑及其应用[J]. 计算机学报,2006,29(3):488-494.

图 1-4　任务的 SSFF 逻辑模型

（1）Start-to-Start（SS）：表示两个任务的开始时间有依赖关系，即第一个任务必须在第二个任务开始之时开始。

（2）Start-to-Finish（SF）：表示两个任务的起始时间和结束时间之间存在依赖关系，即第一个任务必须在第二个任务结束之时开始。

（3）Finish-to-Start（FS）：表示两个任务的结束时间和起始时间之间存在依赖关系，即第一个任务必须在第二个任务开始之时结束。

（4）Finish-to-Finish（FF）：表示两个任务的结束时间存在依赖关系，即第一个任务必须在第二个任务结束之时结束。

在现实工程实践中，任务之间的关系往往更加复杂，可能存在任务A、B并非同时开始、同时结束，或者并非A开始B刚好结束、B开始A刚好结束等多种情况，也就是任务开始，B可能提前或者推后开始或结束等非整数情况。事实上，这种情况是更为普遍事实。为此，考虑在两个任务之间加入一定时间空余量，用 ±n 表示，其中 n 表示时间（通常为天数），+表示延后，−表示提前，$n=0$ 时，就是上述图示的整数（刚刚好）开始或结束的情况。这样可以更好地适应实际情况，提高SSFF模型的普适性和实用性。通过引入时间空余量，可以更好地解决任务之间的交错问题，避免任务之间的冲突和延误，从而提高工程项目的进度控制和管理效率。则上述四种关系表达为 "$SS_{\pm n}$" "$SF_{\pm n}$" "$FF_{\pm n}$" "$FS_{\pm n}$"。

任务与任务之间的逻辑关系（SSFF）在管理学对任务的研究上有重大意义，它明确了任务之间的优先级和顺序，从而正确地定义和管理任务之间的逻辑关系，确保项目按照既定的目标和时间进行，避免任务之间的冲突和延误。通过明确任务之间的逻辑关系，可以更好地预测和规划项目中的关键路径，以及确定哪些任务需要并行执行以优化项目时间。同时还有助于在项目中更好地管理项目资源，合理分配人力、物力和财力，确保项目的顺利进行。

同时，通过任务之间的逻辑关系，还可以评估项目的风险和不确定性，以便采取相应的措施进行管理和控制。这有助于提高团队的协同能力，减少工作延误和错误，从而保证任务能够按照预期进行。

"SSFF" 的任务逻辑与并行工程联系密切。并行工程（Concurrent Engineering，CE）这一概念由美国国家防御分析研究所于1988年提出。其将并行工程定义为"集成地、并行地设计产品及其相关过程（包括制造过程和支持过程）的系统方法"。这种方法要求产品开发人员在一开始就考虑产品整个生命周期中从概念形成到产品报废的所有因素，包括质量、成本、进度计划和用户要求等。并行工程的追求目标是：提高质量、降低成本、缩短产品开发周期和产品上市时间。并行工程的具体做法是：在产品开发初期，组织多种职能协同工作的项目组，使有关人员从一开始就获得对新产品需求的要求和信息，积极研究涉及本部门的工作业务，并将所需要求提供给设计人员，使许多问题在开发早期就得到解决，从而保证设计质量，避免大量返工导致浪费。并行工程有两个特性：第一个特性是并行交叉，强调产品设计与工艺过程设计、生产技术准备、采购、生产等种种活动并行或交叉进行；第二个特征是并行工程强调面向过程（Process-oriented）和面向对象（Object-oriented）。并行工程特别强调设计人员在设计时不仅要考虑设计，还要考虑这种设计的工艺性、可制造性、可生产性、可维修性等，工艺部门的人员也要同样考虑其他过程，设计某个部件时要考虑与其他部件之间的配合，所以整个开发工作都是要着眼于整个过程（Process）和产品目标（Product Object）。而这两个特性的本质特征，就是任务之间的逻辑关系。任务之间的逻辑关系是整个目标进程的纽带，在并行工程中，可能存在大量的任务需要同时进行，并且这些任务之间可能存在着各种不同的逻辑关系。合理规划和管理任务之间的逻辑关系可以决定它们是否可以同时进行，以及它们之间的先后顺序，从而帮助项目团队更好地协调工作、提高效率和减少风险。

除了"SSFF"外，任务与任务间的逻辑还有循环逻辑，通过定义一个循环体，其中包含需要重复执行的步骤，然后设定一个终止条件，当条件满足时跳出循环，以确保任务能够按照预期顺序和方式执行。例如戴明环经典的PDCA循环就包含了这种思想。在处理循环逻辑时，首先需要确定循环的范围和次数，以确保任务能够顺利进行。在确定循环范围和次数时，需要考虑任务之间的依赖关系和执行顺序，避免出现死循环或任务无法完成的情况。在确定循环范围和次数后，需要依据考虑任务之间的逻辑关系和数据传递方式，设计合理的迭代过程，确保每次迭代都能顺利进行。在循环过程中，还需要不断优化流程和反馈机制，以提高任务的执行效率和准确度。

管理任务的逻辑关系也是组织管理的重要一环，任务之间的逻辑关系可以通过项目管理工具、甘特图/网络图、流程图等方式进行可视化和管理，这些工具和方法可以帮助团队成员更好地理解任务之间的依赖关系和执行顺序，从而有效地规划和安排任务的执行。①项目管理工具在这里特指一种集成了任务、进度、资源、成本等信息的软件，如Ms Project、Asana、Trello等。通过在项目管理工具中创建任务并设定其逻辑关系，可以清晰地展示任务之间的先后顺序和依赖关系。项目管理工具还提供了任务的进度追踪、资源分配、预算控制等功能，方便项目经理对任务进行综合管理和监控。②甘特图/网络图是一种以时间为基准的任务计划表，能够直观地展示任务的起止时间和持续时间。通过绘制甘特图，可以清楚地看到各个任务的开始和结束时间，并根据任务之间的逻辑关系确定它们的相对位置。单双代号网络图还可以标注关键路径和关键任务，帮助项目团队识别出任务的重要性和优先级。③流程图是一种图形化的表示任务执行过程的工具。通过绘制流程图，可以将任务的执行步骤和决策点清晰地展示出来，帮助团队成员理解任务之间的前后关系和执行流程。流程图还可以标注任务的输入和输出，帮助团队了解任务之间的信息传递和沟通方式，流程管理的流程图方法已经有诸多成熟软件工具。通过项目管理工具、甘特图/网络图和流程图等可视化方法，团队成员可以更好地理解任务之间的逻辑关系，避免任务冲突和延误，并能够更加高效地协同工作。这些工具不仅有助于任务的规划和执行，也为项目管理者提供了全面的项目管理视图，使其能够及时调整任务安排和资源分配，确保项目按计划顺利进行。同时，项目管理工具也能明确地展示任务的前置条件、执行步骤和结束条件等内部逻辑因素，其直接影响着任务的优先级、难度、成本和风险等方面。因此，在项目计划中必须充分考虑任务内部逻辑，合理分配资源和时间，并制定相应的管理和风险控制策略，以确保任务能够按时完成，达到预期目标。

1.4.2 任务类型

分类是一切研究和工程开展的基础，是认识事物复杂性的开端。任务分类是将任务按照一定的标准进行分类和划分的过程，合理、精细的分类是快速认识、有效管控和充分利用的出发点和落脚点。

诸多学者对任务分类有所研究，Pica[1]根据完成任务过程中所产生的互相影响把任务分为五类：①拼板式任务；②信息差任务；③解决问题式任务；④做决定式任务；⑤交换意见式任务。Steiner[2]提出了一种分类方法，将任务分成四种主要类型：加和性、连接性、析取性和互补性。

任务类型由任务的不同变量决定[3]，研究者多数是根据不同的任务变量或变量的组合架构将任务划分为不同的类型（表1-3）。

任务类型划分　　　　　　　　　　　　　　　　　　　　表1-3

Marchionini[4]	Kim[5]	Liu 等[6]	任俊等[7]
封闭式任务	事实性任务	简单性任务	利他型任务
开放式任务	解释性任务 探索性任务	垂直性任务 水平性任务	利己型任务

---

[1] PICA T. Research on negotiation: what does it reveal about second language learning conditions, processes and outcomes?[J]. Language Learning, 1994.

[2] STEINER I D .Models for inferring relationships between group size and potential group productivity[J]. Journal of Behavioral Science, 1966, 11(5): 273-283.

[3] PHARO N, JÄRVELIN K.The SST method: a tool for analyzing web information search process[J]. Information Processing and Management, 2004, 40(4): 633-654.

[4] MARCHIONINI G.Information seeking strategies of novices using a full-text electronic encyclopedia[J]. Journal of the American Society for Information Science, 1989, 40(1): 54-66.

[5] KIM J . Modeling task-based information seeking on the web: application of information seeking strategy schema[J]. Proceedings of the Association for Information Science & Technology, 2010, 44(1): 1-13.

[6] LIU C, GWIZDKA J, LIU J, et al. Analysis and evaluation of query reformulations in different task types[C]// Association for Information Science and Technology. Learned Information, 2010.

[7] 任俊, 李瑞雪, 詹鋆, 等. 好人可能做出坏行为的心理学解释——基于自我控制资源损耗的研究证据[J]. 心理学报, 2014, 46(6): 841.

目前对任务类型的划分没有统一标准，因此对任务类型的研究都是探索性的。建筑工程具有认知的普及性、系统本身的完整性和任务组织的复杂性，以此对象为例说明任务类型，按照不同特征进行的划分方法。从任务进程的角度来看，常常将工程划分为连续任务、平行任务、流水任务，具体内容如下：

（1）连续任务：是指按顺序执行且连续的一系列任务，前一个任务的完成是下一个任务的触发条件。例如，在房屋建筑工程中，施工顺序可能是基础施工、结构施工、装修施工等，每个任务的顺利进行都依赖于前一个任务的完成，因此需要严格地协调与管理。

（2）平行任务：在同一时间内执行多个任务的方式。这些任务可以同时进行，而不需要等待一个任务完成后再开始下一个任务。在建筑工程中，有些子系统可以同时进行施工，例如电气系统和给水排水系统可以在结构施工的同时进行，可以缩短整个项目的工期，提高效率。

（3）流水任务：流水任务是指各个任务之间存在一定的时间间隔，并且每个任务在前一个任务完后才能开始。在建筑工程中，每个工序完后，需要等待验收或下一个工序准备才能进行下一步施工，属于流水任务。例如，多层房屋建筑工程施工项目中，一层的"支架、钢筋、模版、混凝土"任务，与二层、三层……的"支架、钢筋、模版、混凝土"任务，构成流水任务，其组织涉及"流水段、流水节拍"等知识。

总之，任务的类型多种多样，不同分类维度下会形成不同的分类结果，连续任务、平行任务和流水任务是建筑工程常见的任务类型划分方式，了解这些任务类型的特点和特征，有助于提高工程进度的安排和管理，有效协调各个任务的顺序和关联。应当根据组织运营的具体需要划分任务类型。

1.4.3 任务组织

任务的组织是为了实现一个目标将不同类型任务以不同逻辑进行组合以达成目标的一项活动，也就是组织任务。通过任务的组织，将任务拆分后，组合成可管理和可执行的子任务，以构成与实现更高效和有序的工作流程，可以帮助团队更好地分工合作，提高工作效率，确保任务按时保质保量完成。不容忽视的是，任务组织是极其复杂的，任务组织的复杂性源于任务组织运营管理、组织结构以及组织运营环境的复杂性。

组织运营管理的复杂性，指的是在管理组织运营活动时所面临的各种挑战和复杂的情况。由于新业务的不断扩展、新技术的不断使用、新管理模式的不断涌现，使运营管理的复杂程度进一步加大，主要表现为多样性的人员构成、流程和业务的复杂性，以及信息和技术的复杂性。具体内容如下：

（1）多样性的人员组成：组织内部的人员来自不同的背景、文化和专业领域，具有各种不同的技能和经验，这种多样性给组织管理带来了挑战，需要进行有效的管理才能发挥每个人的才能。

（2）流程和业务的复杂性：组织的运营活动通常涉及多个流程和业务部门，这些流程和业务之间相互关联，因此，需要对整个组织的运营进行全面的规划和协调。

（3）信息和技术的复杂性：随着科技的发展，组织运营活动越来越依赖于复杂的信息和技术系统，管理这些复杂的信息和技术需要具备相应的技术知识和管理能力。

组织结构的复杂性是指组织内各部门、职能、角色、层级等相互关系和交互的程度和难度。一个组织的结构复杂性取决于其成员之间的互动方式、权力分配、任务分工、沟通流程等因素。在一个结构复杂的组织中，部门之间的联系和协调困难，导致决策过程变得缓慢，信息流动受到阻碍，继而部门之间的沟通和协作受到挑战。此外，随着组织成员数量的增加和各种角色和层级的增加，管理和领导也变得更具挑战性。具体内容如下：

（1）分工与协作：组织结构往往由不同的部门、团队和角色组成，分工明确但也需要协同合作，以达到组织的整体目标。在复杂的任务结构下，不同部门、团队之间的职责和权限划分可能不清晰，造成任务的分工不明确，继而导致任务的重复执行或遗漏，减慢任务的进展。

（2）层级关系：组织通常有多层次的管理结构和权责分配，需要在层级间协调和沟通，以保持信息的流动和决策的高效。复杂的组织结构可能增加沟通的困难，信息在不同部门、团队之间传递需要经过较多的层级，导致信息传递不及时或失真，从而影响任务的协调与合作。

（3）资源分配：资源分配对于组织的运作至关重要。一个成功的组织需要有效地分配有限的资源，包括资金、人力、设备和时间，以实现组织的目标和任务。复杂的组织结构会造成资源分配不当，不同部门和团队竞争有限资源，或者资源分配不平衡，导致有些部门或团队缺乏足够的资源来完成任务。此外，由于组织结构的复杂性，资源的调配需要多级审批，延缓了资源分配的速度。

组织运营环境的复杂性是指组织所处的外部环境的多样性、不确定性和动态性。这种复杂性源于各种因素，如市场竞争、法律法规、政策环境等，组织需要适应和应对这些复杂性，以保持竞争力和可持续性。具体内容如下：

（1）多变的市场竞争：组织运营往往在竞争激烈的市场环境中进行，需要不断关注市场动态、竞争对手和客户需求的变化，做出相应的调整和决策。

（2）多样化的利益相关者：组织运营涉及多个利益相关者，包括员工、客户、供应商、股东、政府等。这些利益相关者可能有不同的利益诉求和期望，需要平衡和满足各方的需求。

（3）复杂的法律和政策环境：组织运营需要遵守各种法律法规和政策要求。这些法律和政策可能涉及税务、劳动关系、环境保护等方面，需要组织具备相应的合规能力。

从上述任务组织的复杂性进行分析，可见具备灵活性、适应性和协作能力，是应对不确定性和变化，并在竞争激烈的环境中取得成功的关键。

Pica的研究中提倡信息交流并强调任务互补中的协作[①]。其中，任务型组织所承担的任务可能会表现出三种情况：其一，是单一的任务；其二，是多元的任务；其三，是延展性的任

---

① PICA T. Second language acquisition, social interaction and the classroom [J]. Applied Linguistics, 1987（8）: 3-21.

务。依据任务来考察任务型组织，相应地，也就可以把任务型组织分为三类：①单一任务组织；②多元任务组织；③延展任务组织[①]。此外，研究认为，常规组织自身的存续是第一位的，而任务型组织把完成任务放在首位，任务型组织的全部工作都不可能采取常规组织的思路；任务型组织会打破官僚层级；在资源获取上任务型组织表现出很强的资源获取能力；任务完成后组织就归于解散是第一位的，一切活动围绕任务展开[②]。简而言之，任务型组织是一种围绕解决某一些特定任务而建立起来的组织形式，在任务完成的时候，就应当解散。由此可知，任务型组织与任务的组织是有区别的，任务型组织可以理解为是任务组织的一种形式，具有临时性。

任务的组织可能是简单的直线式、循环式，更多的是复杂的网式和链式。

（1）网式组织形式：网式组织形式也称为平面式组织形式，在网式组织中，每个任务节点可以与其他节点相互关联，形成一个复杂的任务网络。这种组织形式适用于任务之间存在多个并行路径或相互依赖的情况，它允许并行进行多个任务，以提高工作效率。网式组织注重协作与创新，有助于促进横向沟通和知识共享，适用于创造性和灵活性较高的工作环境。

（2）链式组织形式：链式组织形式是基于职能组织形式的，一种分工明确、流程连贯的任务组织架构。在链式组织中，任务按照线性序列依次进行，每个任务的输出作为下一个任务的输入，这种组织形式适用于任务之间具有明确的先后关系或依赖的情况，它能够实现任务的有序进行，简化流程，同时也易于管理和监控，如IPD、SCM等。在链式任务组织中，出入口是流程的关键节点，决定了任务的起点和终点，它代表任务的开始和结束，包括对任务的输入数据进行处理和产生输出结果的过程。而拐弯处表示可能会出现需要改变方向或采取不同策略的情况，其决定了任务的进一步发展方向，是关键决策点。在链式组织中，由于不同环节有不同的职责和要求，难免会出现需要调整方向的情况，拐弯处的作用是在流程进行过程中，根据实际情况灵活调整流程走向，以便更好地适应变化的需求和环境。此外，流程中可能存在一些特殊情况或特殊处理的环节，在链式组织中，特殊处的可能是某些关键决策的环节、异常情况的处理环节或重要的沟通环节等，特殊处的作用是确保特殊情况得到合理处理，并避免对整个流程造成负面影响，同时特殊处的设置需要考虑各种可能的情况，并制定相应的应对方案和处理流程，以确保链式组织可以有效应对各种变化和挑战（图1-5）。

总之，任务应根据具体需求和情况选择合适的组织形式。在流程中，需要特别关注关键节点，包括出入口、拐弯处和特殊处，以确保任务能够高效、有序地进行。

---

① 张康之，李圣鑫. 任务型组织及其研究的现实意义［J］. 南京农业大学学报（社会科学版），2007，7（3）：55-61.
② 李妮. 任务型组织的产生与运作——基于"社工委"的观察与分析［J］. 广东行政学院学报，2021，33（1）：29-37.

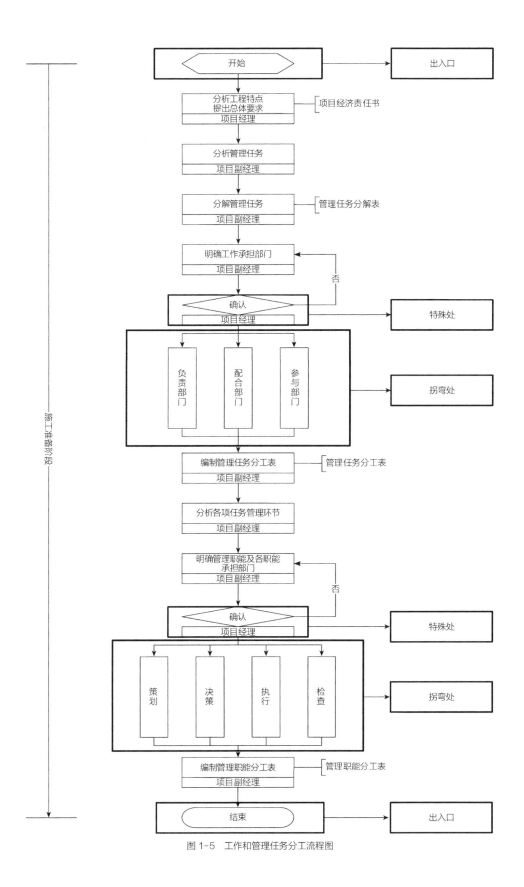

图 1-5 工作和管理任务分工流程图

1.4.4 任务管理

1. 任务管理职能

任务管理是指对任务的计划、分配、执行、监督、反馈以及整体管理的过程。良好的任务管理有助于更好地掌握工作进度，有效地组织和管理工作，实现高效、高质的工作结果。

1）任务计划

任务计划的制定需要综合考虑任务的复杂性、资源约束、风险因素等多个因素，并灵活调整以适应实际情况的变化，管理者需通过了解任务的目标、基本内容和要求，正确理解任务的性质、类型、组织方式、内在逻辑，对任务进行分解，将任务分解为更小的子任务，并为每个子任务制定详细的工作计划，这有助于团队成员更好地理解任务的具体步骤，并能更好地评估所需的工作量和时间。有效的任务计划可以提高任务执行的效率和质量，帮助团队快速达成预期目标。因此，在任务管理中，首先需要对任务进行计划，确定任务的目标、时间和资源等方面的要求。动态滚动任务计划技术是当下逐渐成熟的计划技术。

2）任务分配

任务分配是指将一个或多个任务分配给个体或团队，以完成特定的工作，它是决定任务执行效率的重要一环。任务分配通常包括确定任务内容、工作的标准和要求、工作的时间安排以及资源的分配等，目的是将工作合理分配给适当人员，以提高工作的效率和质量。

不论是简单任务还是复杂任务，都应该在任务上有明确的分配要求，并确保每个管理者和员工都完全知晓任务且按照要求发布和接收任务，任务传达要尽量简洁、明确，最好用书面形式表达，责任落实到人，交代任务的时候，一定要明确这个事情的负责人，落实到每件任务，有且只能有一个责任人。同时，任务需要分配给合适的人员，确保每个人都清楚自己的任务和责任。如果的确要多人负责，也要明确每个人具体负责哪个细分事项。在企业中，大部分任务都取决于多个员工甚至多个部门的合作，因此除了选择匹配的执行人员外，管理者还需要协调不同员工的任务量、工作关系和资源。

3）任务执行

任务执行阶段是任务实施的过程，需要确保任务按时完成，并且达到预期的质量标准。在任务执行过程中，可能会遇到各种问题和风险，执行人员需及时发现、分析和解决问题，以降低任务执行的风险，并保证任务按时完成，同时，团队之间需要有畅通的沟通渠道，以便及时共享信息、解决问题和协调工作，比如定期的会议、电子邮件，以及专门的协作平台等。此外，在任务执行过程中，需严格遵守规范准则，员工执行任务有操作规范，管理者开展管理活动有管理规范，作为行为标准，这些规范起到了指导和约束的作用。执行是任务得到结果的最关键阶段，对执行状态的侦测、数据归集、分析和处理，需要站在高度动态的视角进行，所有疏漏、矛盾、缺陷，都会反映在执行阶段。

4）任务监督

任务监督是确保任务按时完成并达到预期目标的手段和过程。在任务开始之前，监督者与执行者需明确任务的具体目标，并设定合理的完成期限，继而，在任务执行中，通过定期检查，跟踪任务的进度，确保任务按计划进行。在实现目标的进程中，持续的任务跟踪成为确保每一步都坚定而清晰的关键。定期地对任务状态进行分析、查验，不仅可以精准掌握当前的完成情况，更能在必要时调整战略，优化执行路径；借助进度反馈，能确保每一项任务都能不偏不倚地按计划前行，最终达到既定的宏伟目标。

5）任务反馈

当任务完成后，并不意味着工作就此结束。事实上，完成任务后的评价和分析是确保不断进步、不断提高的关键步骤。因此，最后任务管理还需要及时收集和整理反馈信息，以评估任务执行的效果和问题，并做出相应的调整和改进，这为今后不断提升任务管理的水平和效果，确保任务顺利完成，打下坚实的基础和经验支持。过程反馈意味着能够及时调整执行进程，结果反馈意味着对下一次任务的改进和完善起到"持续改进"的作用。

6）任务整体管理

任务整体管理是指对上述各方面进行综合管理，保证任务能够按计划顺利进行，以实现预期效果，主要包括对任务的全面把握和统筹安排，对任务整体进行管理和协调，确保各个任务之间的协调和衔接，以及对团队成员、任务执行情况、资源分配等进行综合考虑和管理。此外，还需要对任务的优先级和依赖关系进行合理的安排和调整，以达到整体目标的最佳效果。整体管理是系统思想的体现。

2. 任务管理技术与工具

1）单双代号任务管理网络图

有效的任务管理，离不开任务管理方式（技术）以及工具的支撑。任务管理方式最常用的是采用网络图的形式。网络计划技术是一种以网络图形来表达计划中各项工作之间相互依赖、相互制约的关系，分析其内在规律（逻辑），寻求其最优方案的计划管理技术。网络图由箭线和节点组成的，用来表示工作的开展顺序与相互依赖、相互制约关系的有向、有序的网状图形。常见的表现形式有单代号网络图和双代号网络图，考虑到复杂性和实用性，本节重点阐述后者。

（1）单代号网络图（Single Activity Network Diagram，SAND）：单代号网络图是最简单直观的任务管理方式之一。它使用一个代号来表示任务，并使用箭头表示任务的先后关系。单代号网络图适用于简单的项目，没有涉及任务的并行和重复，其表示方法如图1-6所示。

（2）双代号网络图（Dual Activity Network Diagram，DAND）：由工作、节点、线路三个基本要素组成，如图1-7所示。这里的工作等同于任务理解。工作是指可以独立存在，需要

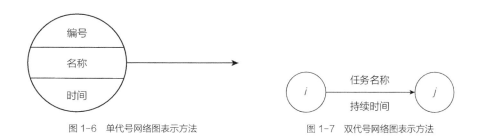

图1-6 单代号网络图表示方法　　　　图1-7 双代号网络图表示方法

消耗一定时间和资源，能够定以名称的活动；或只表示某些活动之间的相互依赖、相互制约的关系，而不要消耗时间、空间和资源的活动。工作分为三类：①需要消耗时间和资源的工作；②只消耗时间而不消耗资源的工作；③不需要消耗时间和资源，不占用空间的工作。它使用两个代号来表示任务的先后关系。该方法适用于复杂的项目，可以处理并行和重复任务。箭线指独立存在，需要消耗一定时间和资源，能够定以名称的活动；或只表示某些活动之间的相互依赖、相互制约的关系，而不需要消耗时间、空间和资源的活动。在图中，每一条箭线表示一项工作。箭线的箭尾节点 i 表示该工作的开始，箭线的箭头节点 j 表示该工作的完成。工作的表示方法有：①实工作。它是由两个带有编号的圆圈和一个箭杆组成。在图中，任意一条实箭线都要占用时间、消耗资源。②虚工作。在图中，为了正确地表述图中工作之间的逻辑关系，往往需要应用虚箭线。虚箭线是实际工作中并不存在的一项虚设工作，故它们既不占用时间，也不消耗资源，一般起着工作之间的联系、区分和断路三个作用。节点又称结点、事件，是指网络图的箭杆进入或引出处带有编号的圆圈。它表示其前面若干项工作的结束或表示其后面若干项工作的开始。每项工作应当只有唯一的一条箭线和相应的一对节点，且要求箭尾节点的编号小于其箭头节点的编号，即 $i<j$，网络图节点的编号顺序应从小到大，可不连续，但不能重复。双代号网络图中有三个类型的节点：①起点节点，即网络图的第一个节点，它只有外向箭线，一般表示一项任务或一个项目的开始。②终点节点，即网络图的最后一个节点，它只有内向箭线，一般表示一项任务或一个项目的完成。③中间节点，即网络图中既有内向箭头，又有外向箭线的节点。线路指网络图中从起点节点开始，沿箭线方向连续通过一系列箭线与节点，最后到达终点节点的通路。在一个网络图中可能有很多条线路，线路中各项工作持续时间之和就是该线路的长度，即通过线路上的节点代号来记述。在网络图中线路持续时间最长的线路，称为关键线路，关键线路的线路时间代表整个网络计划的计划总消耗时间（工程上称总工期）；关键线路上的工作都称为关键工作；关键线路没有时间储备，关键工作也没有时间储备；在网络图中关键线路至少有一条；当管理员采取某些技术组织措施，缩短关键工作的持续时间就可能使关键线路变为非关键线路。其他线路长度均小于关键线路，称为非关键线路。非关键线路的线路时间只代表该条线路的计划工期；非关键线路上的工作，除了关键工作之外，都称为非关键工作；非关键线路有时间储备，非关键工作也有时间储备；在网络图中，除了关键线路之外，其余的都是非关键线路；当管理人员由于工作疏忽，拖长了某些非关键工作的持续时间，就可能使非关键线路转变为关键线路。

2）任务管理工具

任务管理工具有许多，本节介绍以下四种：

（1）GTD（Getting Things Done）工作流：这是美国著名时间管理大师戴维·艾伦总结出来的一套世界范围内最全面、系统、广泛使用的时间管理方法。按照人生的50000m高空分为6个层次（地面：当前行动；1楼视野：当前项目；2楼视野：职责或角色；3楼视野：目标；4楼视野：愿景；5楼视野：原则和价值）检视自己的工作（图1-2）。

GTD核心理念是要求使用者清空大脑，将任务分解和具体化，然后专注投入，完成任务，其本质上是一种注意力管理方法，不过由于其提出了一套完整的工作流程，经常也被用于进行任务管理。GTD追求的是心如止水的境界。为了达到这个境界，人们需要借助清单，为大脑减负，每次只专注一件事。具体的方法是通过收集（Capture）→厘清（Clarify）→组织（Organize）→回顾（Reflect）→执行（Engage）。核心是永远问自己下一步行动是什么，借助各类清单，管理自己的事务。

（2）甘特图（Gantt Chart）：甘特图又称为横道图、条状图，以图示的方式通过活动列表和时间刻度，形象地表示特定项目的活动顺序和持续时间，是能够帮助工作者提高工作效率和时间管理能力的一种图表，能够可视化地将规定时间内需要完成的任务以直观图的形式表示出来。甘特图以时间为横轴，以任务为纵轴，通过条形的长度和位置，展示任务的开始时间、结束时间和持续时间，计划和实际的活动完成情况。一份完善的甘特图，能使工作者同时管理多件事情，有步骤、有计划地完成它们。向上级汇报工作内容的时候也能清晰可视化地展现；另外在团队管理方面，也能清晰地对每个人的任务进行正确分配，并实现全过程监督管理，同时便于管理者弄清项目的剩余任务，评估工作进度；并且结合甘特图的亮点，这种工具还适用于各种项目管理场景。

（3）看板（Kanban）：看板是一种敏捷项目管理工具，旨在实现工作可视化、限制进行中的工作数量并最大限度地提高工作效率，是一种视觉化管理工具，用于追踪工作流程和任务状态。David Anderson将看板系统中的板分为五个部分：视觉信号、栏、在制品限制、承诺点和交付点。标准的看板需要具备这五个要素，但最关键的其实是两个原则：限制正在进行的工作并可视化操作者的工作。看板方法适用于许多场景，从生产制造到人力资源，再到敏捷项目和DevOps软件开发。不同的使用场景可以决定采用实体板还是虚拟板。①实体板：最简单的看板是划分垂直列的实体板。团队在白板或黑板上做标记，并将便签粘贴其上，通过这些便签在工作流程中移动来展示工作进度。实体板的一个优点在于它"永远在线"，易于设置并且易于向他人展示，通常是与其他团队沟通的最佳方式。②虚拟板：随着看板工具越来越受到软件和工程团队的青睐，看板开始经历数字化转型，虚拟板的优点是设置速度快、易于向他人分享，以及可随着项目进展进行跟踪，及时对话和评论，无论团队成员何时何地登录看板，都可以看到项目的最新状态。看板使团队成员能够清晰地了解任务的状态和流程，并提高工作效率和协作能力。本书第5.1.2节还将讨论看板管理。

（4）OA（Office Automation）软件：是一种用于办公自动化的软件系统。它通过计算机技术和信息管理技术，实现办公室场景中的日常工作自动化，包括文档处理、文件管理、流程管理、协同办公、电子邮件、日程安排、会议管理等功能。任务管理和OA软件是天然融合的，因为OA软件从某个角度来讲就是一个任务管理软件，其中邮件、流程待办、会议纪要、日程安排……都是任务。OA软件能够提高办公效率，简化流程，提高工作质量和精确度，可以实现电子化文档存储和管理，通过自动化的流程设计和协同工作功能，提高办公室效率，节省人力和物力资源。常见的OA软件有Ms Office、Google Docs、WPS Office等。这些软件提供了文档编辑、电子表格、幻灯片演示等功能，并且支持云端存储，方便用户随时随地访问和编辑文档。除此之外，一些高端的OA软件还可以进行客户关系管理、人力资源管理、财务管理、项目管理等方面的工作,正因如此,OA软件具备更广泛的应用场景和更全面的功能支持,满足不同行业和企业的需求。

以上是一些常用的任务管理工具,此外,还有JIRA、Trello、Basecamp等任务管理工具,在此不做详述。

1.5 任务与工作、项目的区别与联系

鉴于任务、工作、项目的常用性和通用性,尤其在语义特别是习惯用法上无法界定和区分,或者一些场景没有必要严格界定和区分,稍加论述,做出一些略显"模糊"的辨析以供参考。

任务与工作、任务与项目之间既有包含、混同的内涵外延的不明确关系,也有层次、内容、范围等方面的差异。首先对任务、项目、工作三者进行概念界定,本书第1.1节中已对任务内涵进行详细解读,此处仅做简要分析以和工作、项目展开对比分析。

任务是依照特定逻辑、整合相关要素而用于执行的以达成组织目标的基本单元。通常是指所在岗位分派的具体事务,目标明确、表达简明、责任明晰,既具有作为单项事务的独立性,又与其他任务存在逻辑关联。

项目是为创造独特的产品、服务或成果而进行的临时性工作[①]。项目的临时性表明项目工作或项目工作的某一阶段会有开始也会有结束,指的是项目的参与程度及其长度。项目所创造的产品、服务或成果一般不具有临时性。开展项目是为了通过可交付成果达成目标。目标指的是工作所指向的结果、要达到的战略地位、要达到的目的、要取得的成果、要生产的产品,或者准备提供的服务。可交付成果指的是在某一过程、阶段或项目完成时,必须产出的任何独特并可核实的产品、成果或服务能力。

工作,即劳动生产。通常理解为三种含义:①泛指体力和脑力劳动活动;②专指职业;③狭义上的"工作"特指若干项专门任务。工作作为一种持续性的劳动活动,包括起止时间、持续周期、信息和依据等基本元素,匹配到具体对象,具备较强的可执行性,以完成特定的活动和职责。工作通常是有组织和有目的的,可以是一种全职或兼职的职业,也可以是一项个人或团队的事务。

依据对任务、项目、工作的系统认知,对三者之间的关系再做进一步讨论:

1)任务与工作

任务是强目的性的工作,以强化工作的追求和消除工作的"目的性不强,效率观念淡薄"。任务具有既定的目标或指要完成的特定事项,而工作则是为实现这些任务而付出的精力或所承担的具体工作内容。任务为工作提供了明确的目标和期望结果,工作对于任务而言有更加明确的针对性和指向性,通过将任务细化为具体的实施步骤和要求,使工作呈现出系

---

① 项目管理协会. 项目管理知识体系指南(PMBOK指南)(第6版)[M]. 北京:电子工业出版社,2018:4.

统性和连续性。任务的性质和要求会影响工作的方式和方法，同时工作的实际进展和结果也会反作用于任务的设计和变更。凭借任务执行的标准和依据，工作可以进行调整和评价。任务和工作之间需要保持一定的动态平衡，使目标和结果的匹配度不断提升。

2）任务与项目

项目是一种完成任务集的组织方式，包括项目组织、项目目标、项目资源、项目绩效等。任务则一般局限于单个事项，更加短期而具体，责任在为数不多的个体或少数，基本元素包含任务名称、任务信息、任务资源、任务依据等。项目可划分为启动、计划、执行、控制、收尾五个阶段，它将完成可交付成果所需进行的所有内容都聚集在内。每一阶段规划内容按照一定依据分为若干个任务集，这些任务集可能因为项目规模不同而进一步被细分为子任务集，体现项目的系统性和层次性。将任务集中的单个任务按照目标逻辑有规则有条理地排列，然后按部就班地交付实施，以达到阶段性目标。逐层实施子任务、任务、任务集，追求最终目标的实现。不同项目之间存在体量、类型、领域等方面的差异，但无论哪类项目，完成以任务为基本单元的任务集达成目标的定理不变。

3）任务与目标

完成任务是实现项目目标的基本保障。项目目标被逐层逐级任务化到可执行的标准，任务经过被设计、调整、评价、执行，能够助益项目持续改进，提高效率，实现目标。项目不同阶段不同层级设有不同目标，在人财物、知能、渠道、思想等资源得到均衡调配的情况下依照计划井然有序地实施任务实现各个分目标，从而使项目的总目标得以实现，以此构成目标体系。目标体系亦可作为对任务需求和要求的表达，为任务提供反馈机制。

如图1-8所示，归纳起来，项目是组织为达成特定目标而进行的完整、全部的实践活动，以及管理过程和创造结果的总和；任务是项目各阶段细分之下为达成阶段目标而被有逻辑分配或自主承担的各项事务；工作是完成整个项目所有需要具体执行的活动、工序、作业。任务与项目、工作始终保持着紧密的内在逻辑关系。

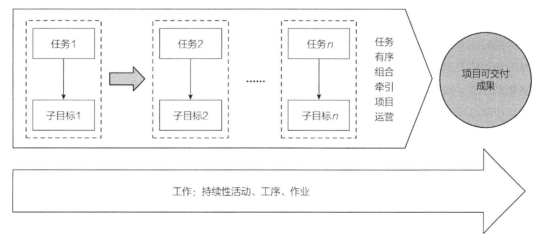

图1-8 任务、项目、工作之间的联系

第 2 章
任务成熟度

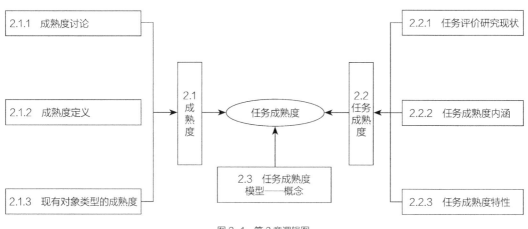

图 2-1　第 2 章逻辑图

2.1　成熟度

2.1.1　成熟度讨论

1. 成熟度思想的起源

随着社会的进步与时代的发展，人们对于美好事物的追求与向往不断提升，使人们对待事物更加精益求精，为追求更高的质量、提高效率，从而勇于创新，成熟度的思想也在这样的思潮环境下开始出现。成熟度思想开始于有着60多年历史的质量管理实践。美国贝尔电话实验所的休哈特博士将数理统计运用到质量管理中，提出了统计过程控制法（SPC），并发明了控制图工具。该工具通过区分质量波动是偶然还是系统的原因来判断生产过程是否受控。控制图依从流程理念，通过降低工艺不确定性来提高生产效率。降低工艺不确定性在成熟度模型中通常通过系统化的管理和持续改进来体现组织或系统的成熟度。故从以下几个方面进行具体分析：

（1）标准化工艺流程：在较低的成熟度水平，工艺可能是非正式的、不一致的，或依赖于个人知识。随着成熟度的提升，组织会定义、记录和标准化其工艺流程。这包括创建详细的工作指南、标准操作程序（SOPs）和质量标准，确保每个步骤都能可靠且一致地执行。

（2）持续改进：成熟度模型鼓励持续改进的文化。这意味着组织不仅在发现问题时才响应，而且会主动寻找提升效率、质量和可预测性的机会。通过定期审查和优化工艺，组织可以逐步降低不确定性和错误概率。

（3）风险管理：更高级别的成熟度模型包括复杂的风险管理策略。组织会识别潜在的风险点，评估它们对工艺稳定性和产出质量的影响，并制定预防措施。这可能包括冗余设计、应急计划或预测性维护等策略。

通过这些方法，组织可以逐步提升其工艺的成熟度和可靠性，降低不确定性，提高效率和质量。这不仅有助于提升产品或服务的质量，还能提高客户满意度，最终促进组织的持续成功和发展。成熟度思想是在质量追求思潮、学科发展知识和实践体验受益中形成和"成熟"起来的。

菲利浦·克罗斯比（Philip Crosby）在1979年出版的《质量免费》中，提出了著名的质量成熟度方格理论。萌发成熟度思想，与克罗斯比早年从事外科医生的经历有很大关系，在医生的眼中，一个企业的质量现状相当于病人的状态，是处于重症阶段，还是护理阶段？还是康复阶段？借鉴病人康复的过程，克罗斯比首次将一个企业的质量管理水平阶段化：不确定期、觉醒期、启蒙期、智慧期、确定期，质量成熟度方格理论描述了一个企业的质量管理从不成熟走向成熟的过程。最终在IBM（国际商业咨询公司）的汉弗莱（Watts S. Humphrey）整合下，增加了成熟度等级的概念，并在1987年提出了能力成熟度框架（Capability Maturity Framework），在1994年由美国国防部与卡内基梅隆大学共同开发研制了能力成熟度模型集成（Capability Maturity Model Integration，CMMI），为软件组织建立和实施过程改进计划提供了有效帮助。

2. 成熟度价值讨论

成熟度评估是一个渐进的过程，通过多个级别或阶段来描述组织在某一方面的成熟程度。它综合考虑了多个能力和要素，促使组织进行持续改进，并提供标准化的框架和方法。成熟度评估鼓励组织自我反思和自我管理，具有适应不同领域和需求的灵活性，同时关注组织的绩效和结果。通过发展成熟度，组织能够实现目标、提高质量、降低风险以及增强竞争力。成熟度的特点在心理、教育、医学、项目管理、数据管理等多个领域都有着广泛应用。

（1）心理学：在心理学中，成熟度模型可以用来评估个体的发展水平，包括情绪、认知、社交能力等。例如，Erik Erikson的心理社会发展理论[①]定义了从婴儿期到成年期的不同发展阶段，每个阶段都伴随着特定的心理危机和成长任务。

（2）教育：教育领域利用成熟度模型来评估和提升教学方法、学习策略和课程设计的有效性。通过确定学习者的成熟度水平，教育者可以更好地适应不同学生的需要，提供合适的教育资源和支持。

（3）医学：在医学领域，成熟度模型被用来评估患者健康管理的成熟度，包括疾病自我

---

① ERIK ERIKSON. Childhood and society [M]. 1950: 227.

管理能力、健康意识和行为改变的能力。这有助于医生和医疗团队为患者提供个性化的治疗计划和健康指导。

（4）项目管理：项目管理领域广泛应用成熟度模型来评估和提升项目管理实践的质量。例如，项目管理成熟度模型（PMMM）帮助组织识别项目管理过程中的弱项和改进领域，从而提高项目成功率。

（5）数据管理：在数据管理领域，成熟度模型用于评估组织在数据治理、数据质量、数据安全等方面的能力。组织可根据具体需要提升数据质量、安全等方面的能力，并结合内外部情况实施相应的最佳实践和策略。组织可以逐步提升其数据管理成熟度，从而更好地利用数据资产，支持业务决策，并提高组织的竞争力。

此外，在计算机、技术研发、流程管理、知识管理等其他领域，均存在成熟度思想的应用。

成熟度经过长时间的发展，已经形成了一定的知识体系，但需要指明的是，目前成熟度概念仅限定于特定的环境，如上述的心理学、教育学等领域。据此，本书认为"成熟度可作为一种衡量标准、一种等级、一种判断、一种方法"：①成熟度可以作为一种衡量标准，成熟度可以比较与评估不同组织之间某些要素高低水平与发展程度，并通过与成熟度模型的对比，确定组织在某些领域的成熟度水平。②成熟度可以作为一种等级，无论在任何领域，根据成熟度在不同领域的不同定义，可以划分为不同的阶段（如CMM的五个阶段，技术成熟度的九个阶段），而这些阶段恰恰可以看作是成熟度的不同等级，它们代表着组织（组织的某些要素，或者组织的整体）由生疏到成熟的发展过程，并且每个阶段又有着对应的特点特征，可以帮助组织认识当前的发展水平，明确后续发展阶段与需求。③成熟度可以作为一种判断，通过成熟度可以评估组织的发展状况，进而了解组织在特定领域的潜力与能力以及缺点，帮助组织改善当前的不足并完善长处，让组织更好地提升与发展。④成熟度可以作为一种方法，其提供了指导与框架，通过不断学习、不断实践、不断改善与创新，来适应一直改变的环境与需求，从而提高组织的成熟度。至此，成熟度可以体现一个人、一个项目甚至是一个社会组织、一个国家在各自领域范围内的发展情况；并且可以作为一种参照，可以了解自身的相关水平，确定相互的等级层次，明确相互之间的差异，从而客观理性地认识长处与不足，提升认识层次，进而帮助自身/集体更好地改进与优化，便于制定更加合适的目标与计划，最终更好地达成目的。

3. 成熟度的意义与内涵

在不断变化的世界中，无论是个人还是组织，都希望能够取得稳定且可持续的成功。然而，成功并非一蹴而就，它需要时间、经验和不断的努力才能实现。正因如此，引入成熟度的概念变得至关重要。成熟度可以被视为一个衡量与评估的准则，用于判断个体或组织在特定领域内的发展水平和能力程度。这种评估不仅仅依赖于个人技能或组织资源的数量，更加注重对其质量和有效性的认知。通过引入成熟度，从具体任务出发，可更好地理解自己或组织的当前状态，并有针对性地制定改进计划，指明发展进步的进阶方向。成熟度意味着不断提升和完善，在个人层面，它可能涉及技能的增长、专业知识的积累以及解决问题的能力。

在组织层面，它可能包括流程的优化、团队的协作以及领导力的培养。通过逐渐提高成熟度，能够更好地应对挑战、把握机遇，获得核心竞争力，并最终实现既定的目标。因此，引入成熟度的概念不仅仅是一种理论工具或管理方法，更是一种指导思想和实践框架。它能够帮助组织认识环境现状、发现潜在的问题，并为个人和组织提供持续发展和取得成功的路径指引。无论是在个人生活还是职业道路上，了解并注重成熟度的意义将会带来更加深远的影响和积极的变化。以下从成熟度的理论意义与实践意义两方面展开分析。

1）理论意义

（1）计划改进：通过成熟度的评价，可以识别组织当前的能力水平，了解低成熟度区域的原因，进而制定更好的计划与策略，提高成熟度水平。

（2）学习与发展：通过成熟度的评价，可以鼓励知识的分享，积累实践经验，也可以发现当前的不足之处，从而激励个人与组织的学习与发展，激发企业的创新精神，最终得到更好的发展。

2）实践意义

（1）优化资源分配：成熟度可以总览全流程，对各个子流程的资源进行基本估计，帮助企业统筹把握，对资源进行规划、分配、应用，从而提高效率、节约成本。

（2）加强项目管理：因为成熟度作为一种衡量标准，可以帮助团队认识一个成熟项目的基本要素；作为一种判断，可以将成熟项目与自身项目进行对比，发现其中存在的问题与不足，进而帮助企业对项目的标准化进行升级，使得企业更好地进步与发展，以达到持续改进、优化管理的目的。

（3）增强竞争力：通过成熟度评价可以帮助组织认识不足，实现持续优化与改进流程项目，使产品不断创新与升级，可以更好地满足客户需求，进而提升其竞争力。

成熟度评价的理论和实践意义在于为组织提供一个明确、系统化的方法来评估和提升其在各个关键领域的能力，从而帮助它们实现长期的稳定性、效率和优良绩效。通过这种评价和持续改进的循环，组织能够更好地管理风险，提高竞争力，并最终实现其战略目标。

4. 成熟度的应用优势

（1）可预测性和一致性：成熟度模型通过理论研究和参考经验总结定义清晰的成熟级别和指标，帮助组织确保任务和项目的执行更加一致和可预测。这种方法减少了偏差，提高了过程的稳定性和结果的可靠性。

（2）持续改进的框架：成熟度模型不仅提供了评估当前实践的工具，还提供了一个逐步改进和达到更高成熟度水平的结构化途径。这种持续改进的方法有助于组织不断优化其任务管理过程。

（3）量化的性能指标：成熟度模型提供了量化的性能指标，使组织能够明确地衡量和比较任务执行的效率和效果。这种量化方法有助于目标设定和性能改进。

（4）知识管理与共享：成熟度较高的组织通常具有更好的知识管理和共享机制。这意味着任务相关的知识和经验可以被系统化地记录、共享和再利用，从而提高整个组织的能力。

（5）适应性与灵活性：虽然成熟度模型强调标准化和一致性，但它们也支持定制且具有适应性。组织可以根据自己的特定环境和需求调整模型，使其更加灵活地应对变化。

总体而言，成熟度模型为管理学研究和管理实践提供了一种结构化、量化并且持续改进的方法，特别适用于任务和项目（任务集）管理。它强调了过程的标准化、风险管控，以及知识的共享，有助于组织实现长期的效率和效果提升。

2.1.2 成熟度定义

1. 不同领域下的成熟度定义

前面已经讨论了成熟度的起源、意义和应用优势等内容，成熟度是一种综合的评价，有别于个别指标评价的方法，更符合对复杂整体对象状态的判析，能够避免过于单一简化地认识因果逻辑。因此，在不同领域，提升组织的成熟度便成了追求卓越和竞争优势的关键。特别是在软件开发、项目管理、生产制造等领域，成熟度模型和原则被广泛应用于评估和改进组织的运作水平。

软件开发成熟度是指组织在软件开发过程中，能够有效管理和应用适当的方法、工具和流程的程度。这包括组织对软件开发活动的规范化、标准化、度量和持续改进的能力。软件开发成熟度评估通常使用CMMI（能力成熟度模型集成）等模型来衡量，通过五个级别（初始、可重复、已定义、已管理和优化）来确定组织的成熟度水平。

项目管理成熟度是指组织在执行和控制项目过程中的能力水平。这包括组织对项目目标、范围、时间、成本、质量和风险等方面进行有效规划、协调和管理的能力。项目管理成熟度评估可以使用PMBOK（项目管理体系）和OPM3（组织项目管理成熟度模型）等模型，以确定组织在项目管理方面的成熟度水平，并提供改进建议。

生产制造成熟度是指组织在生产过程和产品质量管理方面的能力水平。这包括组织对生产过程进行监控、控制和持续改进的能力，以提高资源利用率、降低成本、缩短交货时间和提供稳定可靠的产品质量。生产制造成熟度评估常使用MES（制造执行系统）和TQM（全面质量管理）等概念，通过衡量生产过程的规范性、质量管理水平和持续改进的实施来确定生产制造组织的成熟度。

2. 管理学视角下的成熟度

在管理学中，成熟度是指组织或团队在特定领域内所达到的能力和发展程度。它涉及组织的各个方面，包括战略规划、组织结构、流程管理、人员素质等。成熟度反映了一个组织在特定领域内的成熟程度和可持续性。管理学为管理知识体系提供了理论基础和学术支持，通过研究和分析不同的管理问题，发展了一系列的理论模型和原则。管理学视角给予了"成熟度"不一样的定义，管理知识体系中通常将事物现有状态与理想状态的相对值称为成熟度，此概念最初由Gibson与Nolan于1974年提出。在事物发展过程中，成熟度思想可对比上述两种状态间的差距，为动态评估与提高事物能力勾勒有效路径，因此广泛应用于各个领域。理想状态来自管理实践对标杆组织的归纳和总结，并诉之于理性分析的因素集合与指标制定。

3. 成熟度思想的重要作用

成熟度思想在管理与实践中延展出许多经典模型并发挥了重要作用。通过vPMM（Lee等，2007）[1]、PEMM（Hammer，2007）[2]、HSO-PM3（Gao，2009）[3]等模型评估流程成熟度，为提高流程质量、进行流程管理变革提供指导；通过K-PMMM（Kerzner，2001）[4]、OPM3（Fahrenkrog等，2003）[5]、SZ-PMMM（袁家军等，2017）[6]等模型对组织自身项目管理水平进行评价，并辅助改进管理的薄弱环节，为提高组织的项目管理水平打下基础；Peng[7]、Wibowo和Waluyo[8]、Serna[9]构建了知识管理成熟度模型，使得组织的知识管理过程质量与效率得到改善。

2.1.3 现有对象类型的成熟度

赫塞和布兰查德将成熟度分为以人和任务为研究对象的成熟度[10]。以人为研究对象有独立人成熟度、心理成熟度等，用于衡量人们对承担自身行为责任能力的大小；以任务为研究对象有组织成熟度、数据管理能力成熟度、流程成熟度等。理论上，一切有发展演进阶段的人、事物、事务，也即人、事、物都有成熟度。

1. 独立人成熟度

独立人成熟度是指个体在心理、情感、认知和行为等方面的发展和完善程度。一个成熟的人通常具备以下特征：①自我认知。成熟的人能够清晰地认识自己的优点和缺点，了解自己的价值观和目标，并对自己的行为负责。②情绪管理。能够有效地管理自己的情绪，包括感知、表达和调节情绪，避免过度反应或冲动行为。③人际交往。具备良好的沟通技巧和人

---

[1] LEE J, HUYNH T D, KIM H. A value-driven process maturity model for IT project management [J]. Information and Software Technology, 2007, 49 (8): 811-825.

[2] HAMMER M. The process audit [J]. Harv Bus Rev, 2007, 85 (4): 111-119.

[3] GAO J. The highly structured operations process management maturity model [J]. Journal of Systems Science and Systems Engineering, 2009, 18 (1): 71-88.

[4] KERZNER H. Project management: a systems approach to planning, scheduling and controlling, 11th edition [M]. Wiley, 2013.

[5] FAHRENKROG G, CIOFFI D F, BUSH M R. OPM3 – a global standard for project management [C] //PMI Research Conference Proceedings, 2003.

[6] YUAN J, HUANG X, ZHANG L, et al. Research on the construction of Shenzhen project management maturity model [C] //2017 2nd International Conference on Electronic Information Technology and Intellectualization (ICEITI), 2017.

[7] PENG L. A knowledge management maturity model [J]. Industrial Management & Data Systems, 2007, 107 (5), 661-688.

[8] WIBOWO A, WALUYO A B. Developing and validating a knowledge management maturity model [J]. Journal of Information & Knowledge Management, 2015, 14 (1): 1550010.

[9] SERNA A. Knowledge management maturity models: a systematic literature review [J]. Journal of Knowledge Management, 2015, 19 (2): 339-365.

[10] 朱永新. 管理心理学 [M]. 北京：高等教育出版社，2006.

际关系能力,能够与他人建立积极、健康的关系,并在冲突中寻求解决方案。④自我驱动。成熟的人有明确的目标和动力,能够自我激励并持之以恒地追求自己的目标和价值。⑤适应性。能够适应不同的环境和情境,灵活地调整自己的思维和行为方式,以应对挑战和变化。⑥责任感。对自己的行为负责,愿意承担责任并接受后果,同时也关心他人的福祉和社会的发展。⑦智慧与见识。成熟的人具备广泛的知识和见识,能够理性地思考和分析问题,做出明智的决策和判断。

独立个体人成熟度水平的提升是一个长期的发展过程,受到遗传、环境、教育和个人经历等多种因素的影响。通过自我反思、学习和实践,个体可以不断提升自己的成熟度水平,更好地应对生活中的挑战和变化。

2. 心理成熟度

心理成熟度指的是一个人做某事的意愿和动机。心理成熟度高的个体不需要太多的外部激励,他们靠内部动机激励自己。心理成熟度是一个人的心理承受力、耐受力和适应性的表现。心理成熟度的高低也就是一个人的社会化程度问题。所谓的社会化就是一个人通过与社会环境及其周围人群的互动,逐渐融入社会,心理逐渐成长的过程。心理成熟度低的人,不太容易适应不断变化的环境,也不太容易形成良好的自我控制,这样在人际关系和心理健康中很容易出现问题。而心理成熟度高的人,面对社会和环境的变化较易适应,比较容易根据外界的变化调节自己的行为,自控能力、承受能力都比较好,可以通过自我调节使自己保持心理上的相对平衡。

3. 组织成熟度

组织成熟度是用来衡量一个组织在结构、管理、决策等方面的发展和完善程度。一个高成熟度的组织通常具有以下特征:①数据驱动决策。组织的决策建立在数据和分析的基础上,而非主观臆断。②完善的管理架构。组织有稳固的适应业务和运营环境的结构,包括一线管理者、组织级管理者和决策级管理者,每个层级的管理者都能发挥自己的作用并有相应的管理绩效。③组织文化。务实、注重执行力和工作效率的组织文化,而非过于务虚或形式化的文化。此外,组织成熟度也可以通过成熟度级别来衡量。这些级别描述了组织在过程改进方面的演进,从初始级的混乱和随意,到更高级别的有组织和系统化。成熟度级别不仅可以用于描述整个组织的改进特征,还可以用于描述单个过程域的改进特征。

4. 数据管理能力成熟度

数据管理能力成熟度是一个综合的数据管理实践框架,旨在帮助组织评估和提升其数据管理能力。该模型分为八个过程域,包括数据战略、数据治理、数据架构、数据应用、数据安全、数据质量管理、数据标准和数据生命周期管理。每个过程域都包含一系列的过程项和评价指标,用于衡量组织在该领域的能力水平。

5. 流程成熟度

"流程是衍射和反映人类各种活动过程的管理学术语;是描述组织行为之方式方法的规范化工具;是设计和构建转化机制,规划资源(人财物信息渠道思想等)输入和输出(产品服务和管理价值等)结果以实现价值增加满足客户需求的过程总和;成为计划和考核的基础，持续改进的基准，标准化以量化复制，对进程实施动态精准管控，通过构想、规划、设计、可视化、实现优化防止组织风险和提升组织效率的思想、方法和工具。"（卢锡雷，2020）

可见，流程是组织运营能力的综合体现。流程成熟度是企业组织在流程管理方面的水平和发展程度的综合反映，本质上是组织综合运营能力的反映。它用来评估企业在流程规划设计、管理应用、保障机制、理念文化等方面的现实情况，并帮助企业识别存在的问题和改进的方向。流程成熟度可以分为不同的级别或阶段。每个级别都代表了企业在流程管理方面的不同发展程度和能力水平。例如，有的模型中，流程成熟度被划分为五个层级，包括初始级、成长级、可执行级、可管理级、优化级。初始级表示流程管理缺乏标准化和规范化，主要依靠个人经验和非正式沟通；而优化级则表示企业已经建立了完善的流程管理体系，实现了流程的持续改进和创新。

提升流程成熟度对企业具有重要意义。首先，它可以提高企业的运营效率和质量，降低运营成本和风险。通过规范化的流程管理，企业可以更加有效地利用资源，减少浪费和重复工作，提高工作效率和质量。其次，它可以增强企业的竞争力和适应能力。完善的流程管理体系可以使企业更加灵活地应对市场变化和客户需求，快速调整和优化业务流程，从而提升企业的竞争力。评估和提升流程成熟度需要企业全面审视自身的流程管理状况，包括流程设计、执行、监控和改进等方面。企业可以通过开展流程审计、流程优化、流程培训等措施来提升流程成熟度，并建立持续改进的机制和文化。

2.2 任务成熟度

2.2.1 任务评价研究现状

组织是由两个或多个个体组成的社会单元，以实现共同目标为目的。执行作为目标与结果之间的桥梁，将任务置于管理核心。泰勒提出任务管理是科学管理的最佳方法。Drucker[①]明确强调管理实践学科的关注点在于工作或管理任务。两者都强调了任务管理在科学管理中的重要性。随着社会的演进，任务的研究逐步扩展到虚拟环境和在线协作平台，为观察和记录任务执行过程提供了更多便捷的手段。从早期部落社会的分工合作到农业社会的有序组织，再到工业革命和数字化时代的任务拆解，不同时代和职能视角都影响了任务的形式和内容。无论在何种时代和情境下，任务、执行和组织目标之间的联系都是密不可分的。任务作为组织运营的基本单元，学者们一直关注并致力于寻求通过评价任务以更好实现组织的目标。任务评价是对任务执行过程进行客观、综合、系统的评估和判断，从任务管理的角度来看，评价任务的执行质量和效果至关重要。评价任务可以包括选取不同的评价主题、要素、

---

① 彼得·德鲁克. 管理：任务、责任和实践（第一部）[M]. 余向华、陈雪娟、张正平，译. 北京：华夏出版社，2008：76.

方法所产生的不同影响甚至确定任务能否得到本质性的改善。表2-1归纳了近十年有关任务评价主题文献所揭示的"任务评价方法和要素"。

任务评价方法与要素　　　　　　　　　　表2-1

研究者（年份）	评价目标/主题	评价方法	评价要素/内容
Jyoti等[1]	任务性能	"文化职能—文化调节—任务性能"评价调节模型	原有知识，认知程度，动机，行为
Siddiquei等[2]	任务分配合理性	脑电图（EEG）方法	环境因素，任务需求，劳动行为，工作能力
邢玉萍等[3]	任务效率	多属性众包任务分配机制TASS	任务分配满意度
李燚等[4]	任务绩效	"资历感知—任务绩效"双路径调节中介模型	上下级关系，自我感知，员工资历，责任心
Broeder等[5]（2023）	任务准确性	通过"智能手机"监督与反馈	合规性，目标指向性，分类准确性，任务可重复性
Ibarra-Sáiz等[6]（2020）	任务质量	偏最小二乘结构方程模型（PLS-SEM）	参与、自我调节、学习转移、战略学习、反馈和授权（学习者控制）
Fu等[7]（2019）	任务绩效	协方差分析	任务完成时间，任务错误率，认知能力

虽然学者们选择的任务主题、要素和评价方法，一定程度上揭示了任务管理的意义和成效，但由于未能遵循组织的本质，未重视甚至割裂任务与执行及运营的关系，仅以目标或结果为导向而忽视过程评价，也没有诠释任务的内部结构，其研究成果仍存在以下不足：①评价方法不具有动态性；②评价要素不具备执行逻辑和完备性；③缺少任务可执行程度的评价。为更好地改善执行不力、执行失控，以体现"唯一的权威即管理的绩效"——目标达

---

[1] JYOTI J, KOUR S. Assessing the cultural intelligence and task performance equation [J]. Cross Cultural Management An International Journal, 2015, 22 (2): 19-40.

[2] SIDDIQUEI A N, FISHER C D, HRIVNAK G A. The relative importance of temporal leadership and initiating structure for timely project completion [J]. Journal of Leadership & Organizational Studies, 2023, 30 (2): 173-186.

[3] XING Y, WANG L, LI Z, et al. Multi-attribute crowdsourcing task assignment with stability and satisfactory [J]. IEEE Access, 2019 (7): 133351-133361.

[4] LI Y, WU M, LI N, et al. Dual relational model of perceived overqualification: employee's self-concept and task performance [J]. Int J Sel Assess, 2019, 27 (4): 381-391.

[5] BROEDER S, ROUSSOS G, DE VLEESCHHAUWER J, et al. A smartphone-based tapping task as a marker of medication response in parkinson's disease: a proof of concept study [J]. Neural Transm, 2023, 130 (7): 937-947.

[6] IBARRA-SÁIZ M S, RODRÍGUEZ-GÓMEZ G, BOUD D. The quality of assessment tasks as a determinant of learning [J]. Assessment & Evaluation in Higher Education, 2020, 46 (6): 943-955.

[7] FU B, LIU W, LIU X. Influence of cognitive ability on task performance of dynamic decision making in military vehicles under different task complexity. Cognition, Technology & Work, 2019, 21 (3): 445-455.

成,选择合适角度对任务的构成结构、动力逻辑、考核体系等管理基本问题进行深入探究势在必行。

鉴于此,从组织管理角度出发,从执行力视角明晰任务、任务要素与执行力的关系,明晰组织管理任务、任务要素与执行力的关系,形成任务成熟度概念体系,为表征任务可执行程度奠定理论基础。通过辨析组织管理理论与工具中的要素与特征,构建任务成熟度要素体系,以更切合组织行为逻辑。提出任务成熟度评价方法论,为动态评价任务提供实践指导。研究成果将可能为确保目标达成、改善组织运营效率提供可靠路径与方法,具有必要性和重要意义。

2.2.2 任务成熟度内涵

本书第1章充分讨论了任务的内涵、特性、来源、逻辑和组织,获得了关于任务的全面认识,为任务评价创造了条件。任务成熟度源于深刻的任务管理思想观念,在组织面临复杂多变的任务执行环境中,人们逐渐认识到仅仅依赖传统的任务管理理念和方法已经不再足够。这时,任务成熟度作为一种新的认知工具应运而生,它不仅是对任务管理理念和方法的认知,更是为组织提供衡量和改进任务执行的实际手段的工具。

任务成熟度是一种评价任务可行性的标准,呈现了任务现状与理想状况之间的差异以及任务执行可能产生的结果。它是对一个任务或项目(任务集)在其执行过程中所涉及的资源准备、信息充分性、执行计划的明确程度以及相关环境条件的具体描述。这包括任务执行所需的人力、物力、财力等资源是否充足和合理配置,任务执行前是否有足够的信息和数据支持,以及任务执行计划是否清晰、明确,并且符合实际情况。任务成熟度的评估不仅考察任务执行前的准备工作,还包括任务执行过程中的应变能力、团队协作水平以及对风险的识别和处理能力。综合而言,任务成熟度是一个多维度的概念,涵盖了任务规划、执行全过程,旨在全面了解任务执行的准备程度、执行过程中的稳定性、执行结果的预期。

因此,任务成熟度的主要内涵包括:一是确定任务和要素的理想状态(当前认识的、周知的、相对理想状态);二是确定两个状态的差距。在组织管理中,通过任务成熟度思想分析各项要素薄弱之处并进行完善,以提高任务执行力:执行前,判定任务成熟度可为任务制定更有针对性的计划、选取更合适的方法,减少浪费;在任务执行中进行管控,有助于任务按照计划顺利完成,提高组织管理的可控性、效率与自我检查的意识,不断实现自我改进;任务结束后进行复盘,可以反思影响取得绩效的原因,帮助制定改进措施,获得持续改善的路径。也即任务准备、执行过程和取得成果的全面评估、管控、总结的管理。

总结以上讨论,本研究的定义为:任务成熟度是一个通过多维度对任务执行的准备程度、执行过程的稳定性、执行预期结果进行综合性评价的方法与工具,呈现任务现状与理想状态的相对值,是表征任务可执行程度的衡量标准。其内容包括对一个任务或项目(任务集)在规划和执行全过程中所涉及的资源准备、信息充分性、执行计划的明确程度以及相关环境条件的具体描述与评价。其结果反映组织在任务规划、执行及控制等管理方面的水平和能力,为组织提升绩效提供改进的方向与指标。

2.2.3 任务成熟度特性

任务成熟度体现了组织或项目在任务执行和管理方面的特征和水平。高任务成熟度的特点通常包括明确的目标、良好的沟通与协作、有效的风险管理以及不断优化的工作流程。然而，任务成熟度并非一成不变，而是随着组织或项目的发展而变化的动态过程。这种动态变化使任务成熟度具有相对性、稳定性、灵活性和完整性等特质，因为不同组织或项目的背景、文化和管理方法存在差异，对于同一任务成熟度水平的解读可能存在差异。

（1）任务成熟度的相对性强调了任务要素当前状态与理想状态的相对值，任务的成熟度与参照点或任务标准有密切关联，任务参照标准的不同直接关系着任务成熟度。此外，任务成熟度相对性还表现在任务不同阶段之间的差异。在任务规划阶段，项目团队对任务的整体目标和工作流程可能尚未形成清晰的认知且存在对项目要求和团队成员职责的理解尚不充分的情况，导致任务成熟度水平的相对降低。随着时间的推移，团队成员在实施计划的过程中逐渐熟悉项目的要求，形成了更为明确的任务认知。通过实际操作和项目推进，团队成员在任务规划方面的经验逐渐积累，相应的工作流程也变得更加成熟，任务成熟度会逐渐提高。

（2）任务成熟度的稳定性指的是在一定时间范围内，任务成熟度水平的相对持续性变化趋势。这种相对稳定性反映了任务执行过程中的一种可预测性和可控性，有助于组织或项目更好地规划和调整任务管理策略。通过对任务成熟度随时间的变化趋势进行观察和分析，可以更好地理解任务管理的长期效果，并及时应对潜在的挑战。

（3）任务成熟度的灵活性则表现在其适应不同组织和项目需求的能力。任务成熟度在不同环境和条件下的灵活性反映了其对外部变化的敏感性和应变能力。这需要了解任务是否具有较高的适应性，能否根据外部环境和变化灵活调整管理方法。

（4）任务成熟度的完整性则强调任务成熟度的全面性，包括各个要素和阶段的综合考量。任务的完整性评估需要涵盖项目目标的设定、计划的制定、执行的过程以及对结果的评估等各个方面。要全面考虑任务的各个层面，确保评估的全面性和准确性。通过全面性的评估，可以更好地发现任务管理中的潜在短板和改进点，提高任务执行的综合水平。

因此，管理者需要在任务管理的全过程中考虑不同阶段的特点，以更准确地了解任务的实际情况和发展趋势，为有效的任务管理提供有力支持。任务成熟度的这些特质使其成为一个全面、稳定、灵活且完整的管理工具。

2.3 任务成熟度模型——概念

在任务管理领域，任务成熟度模型是一种系统性的框架或方法，用于评估和描述组织或项目的任务成熟度，进而提升执行力。这一模型的建立为任务成熟度的评估提供了全面而结构化的指导，通过明确任务管理的全过程，使组织或项目能够更准确地了解其当前状态，并有针对性地制定提升计划。成熟度模型通常由一系列构造组成，如任务分析、资源调配、进度控制、风险管理和绩效评估等，这些构造在模型中的应用有助于系统地探索任务的关键要素，使评价更加全面、精准。因此，通过任务成熟度模型，组织不仅能够在内部不断提高任务执行水平，还能在外部与竞争组织进行有针对性的比较，以在市场中保持竞争力并不断提升整体管理水平。成熟度模型的价值体现在三个方面：①协助在组织内部进行纵向比较、评价，以发现内部管理中的漏洞，并指明改进的方向；②帮助组织进行外部横向比较、评价，比较组织自身与竞争组织的优缺点，以增强组织的核心竞争力，进而更好地生存和发展；③通过对任务成熟度等级的评估和实践经验总结，为组织提出优化意见，进而提升组织管理水平。

任务成熟度模型TMM（Task Maturity Model）是本书原创的一种实践性工具，用于全面评估组织或项目在任务执行过程中的成熟程度，并为制定任务管理的提升计划提供了结构化的指导。这一模型独特而全面，通过其框架，使组织能够更准确地了解当前任务执行的各项内容，从而能够有针对性地改进和优化任务管理。任务成熟度模型TMM是由概念体系、要素体系、等级划分方案、评价指标体系、评价方法（AHP—熵权法+云模型）、有效性验证、应用技术构成的完整框架（前言图2）。即：TMM=TMFS+EMoTM+TMAT。其中，TMFS（Task Maturity Factor System）代表任务成熟度要素体系，EMoTM（Evaluation Method of Task Maturity）表示任务成熟度评价方法，TMAT（Task Maturity Application Technology）为任务成熟度应用技术。

任务成熟度模型的概念体系为用户提供了对任务成熟度模型的整体认知框架，为理解该模型的核心思想提供了基础。要素体系则覆盖了影响任务执行成熟度的关键要素。等级划分方案为任务成熟度的分级提供了基础，使得组织能够更精细地评估其任务管理水平。评价指标体系是任务成熟度模型的关键组成部分，为任务成熟度的量化评估提供了具体的标准。评价方法则为任务成熟度的准确评估提供了科学的方法论支持。有效性验证确保了该模型在实际应用中的准确性和可行性。应用技术为组织提供了具体的技术支持，使其能够更好地应用和落地任务成熟度模型。

任务成熟度模型的构建不仅为组织提供了科学的任务管理指南，同时也为任务成熟度的提升提供了可靠的理论和实践支持。任务成熟度模型通过将概念体系、要素体系、等级划分方案、评价指标体系、评价方法、有效性验证、应用技术等有机整合，为任务成熟度的综合评估和提升奠定了坚实基础，在任务管理中具有不可替代的价值。

第 3 章
任务要素体系

本章逻辑图

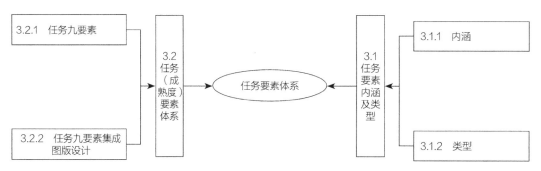

图 3-1 第 3 章逻辑图

3.1 任务要素内涵及类型

3.1.1 内涵

任务要素是指"作为一个任务或者任务的组合必须包含的基本元素或者组成部分"。以往进行企业管理和项目管理实践时，都是从职能划分的角度进行的，人力资源、物资管理、财务管理、行政管理、信息管理、组织管理等管理的要素是割裂的、各自角度的，并不具有基本单元的性质。从任务属性本身、任务要素视角归集，从本质上为解决由于部门分割导致的信息不共享、无法协同的管理难题，提供了依据和方法[①]。

任务要素是任务分解"解剖"的基础，也是构成任务的内部"结构"。目标、要求、资源等作为任务要素，能在一定程度上描述任务的状态或属性，如复杂性、紧急性、多变性、可执行性等。组织运营追求效率，合理识别任务要素可更好地了解任务的完备性、优先级和关键变量，从而优化资源配置，做到精准管控[②]；深入剖析任务要素能够制定适配性更强的

---

① 卢锡雷. 流程牵引目标实现的理论与方法——探究管理的底层技术 [M]. 北京：中国建筑工业出版社，2020：52.

② 卢锡雷. 精准管控效率达成的理论与方法——探究管理的升级技术 [M]. 北京：中国建筑工业出版社，2022：5, 8.

计划与方法，加强管理决策可靠性；进而提高响应速度，促进目标加速达成。任务要素、特征与执行力间存在着密切关系，任务的要求和目标会指导执行方式和步骤；任务的明确性和合理性能够提供执行的方向和动力；任务的复杂性和紧急性会影响执行的难度和压力。相应地，任务在执行过程中发生资源缺失、信息流通不畅等现象，会导致成果与目标产生偏差，从而影响组织管理效率。若预先评价任务成熟度并做出成果预估，并对比理想状态弥补欠缺要素或部分，可在一定程度减少或消除执行过程中发生的错误，识别任务执行过程中的风险，从而提升任务执行力。

任务要素还应包括任务时间、任务地点、执行任务的方式等，明确任务的目标和内容，考虑任务的工作量和时间限制，以及任务的紧急程度和重要程度。这些要素能确保任务的实现，并制定任务和时间表的关系。它可以帮助任务执行者更好地了解任务的性质和特点，从而更好地完成任务。因此，如何正确理解任务要素的内涵、梳理评价任务与活动（项目）的区别与联系，厘清其任务的核心要素，就抓住了任务完成的"牛鼻子"。如图3-2所示，明晰执行任务与评价任务的流程等问题，已成为提升任务成熟度的重要课题[①]。

3.1.2 类型

任务的种类多种多样，如短期任务和长期任务、独立任务和协作任务、常规任务和非常规任务、个人任务和团队任务等。不同的任务类型有着不同的特点、要求和执行方式。在执行任务时，需要根据具体情况来匹配合适的任务类型，并制定相应的计划和策略。由于任务的要素是由任务属性本身决定的，通过任务要素本身逻辑，绘制了任务要素类型示意图，如图3-3所示。任务名称与编码是自属的识别要素；依据和资源为输入要素；组织和职责是通过设计，在客观规律基础上，融合主观判断与标准设定的要素；任务信息、各方和成果是输

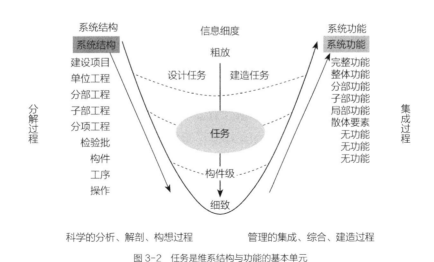

图 3-2 任务是维系结构与功能的基本单元

---

① 江巧丹，郑东辉. 评价任务的内涵、要素与设计探讨[J]. 现代教育，2023（5）：12-18.

出要素。下面多角度阐述任务要素的传统理解。

1. 6W3H2R

6W3H2R是5W2H分析法结合管理中更重要的责任人、绩效表现升华而来，是一种更强调如何取得绩效的分析问题、查找原因的方法，是一种工作理念，这个方法可以系统地分析、研究工作和生活中的任何问题。通过这种方法，可以迅速、准确地找到问题的根源，提出解决方案。该方法对于决策和执行性的活动措施也非常有帮助，也有助于弥补考虑问题的疏漏。

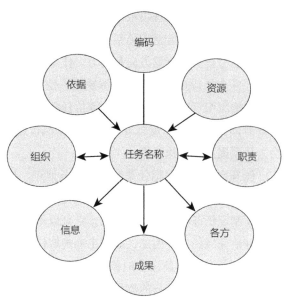

图3-3 任务要素类型示意图

1）任务的逻辑

在任务管理过程中，"要知其然，还要知其所以然"[①]。因果图和根本原因分析都是从寻找根本原因出发的。因果图是从人、机、料、法、环、管、检、信（5MECI）八个维度细分问题，找到问题原因的可能方向。因果图的主要目的是确保问题分解的系统性，不遗漏、不重叠。根本原因分析是一项结构化的问题处理方法，用以逐步找出问题的根本原因并加以解决，而不是仅仅关注问题的表征；根本原因分析是一个系统化的问题处理过程，包括确定和分析问题原因，找出问题解决办法，制定问题预防措施；根本原因分析是针对因果图找到的可能原因，分析确认是否为主要原因，并通过问11个为什么找到问题的根本原因。6W3H2R具体是指：What、Why、Who、When、Where、Which、How（to do）、How much/many、How long和Responsibility、Result，如图3-4所示。

可以按照此图依次从不同的角度、不同的层次去分析、研究问题。使用6W3H2R方法分析问题时，首先要描述清楚问题是什么（What），为什么要解决这个问题（Why），问题发生在何处（Where），问题在什么时候发生（When），问题由谁造成（Who），问题的根源是什么（Which）。其次要考虑如何解决问题［How（to do）］，解决问题需要多少成本（How much/many），以及多久能解决问题（How long）。最后要找出问题的责任人（Responsibility）和问题的结果（Result）。这种方法有助于系统地思考问题，避免遗漏重要信息，从而更有效地解决问题。

6W3H2R分析问题的方法，同样适用于任务要素的分析。

2）任务的层次结构

6W3H2R作为与方法论密切相关的方法，它处于方法系统的核心位置，为方法提供极其重要的思维框架和行为指导。方法论探讨的是认识的变革对方法核心的影响，是以理论形态

---

① 黎靖德，编. 黄珅，曹姗姗，注评. 朱子语类［M］. 南京：凤凰出版社，2013.

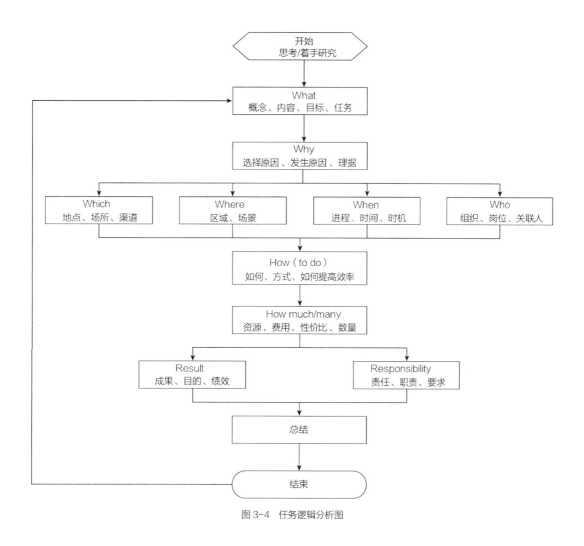

图 3-4 任务逻辑分析图

存在的认识世界、改造世界的方法观念和技术的驱动性理论，是不断反思与构建新思维的过程性理论。而6W3H2R对方法论的认识是一个历史性和生成性的过程，它的内涵随着人的认识和实践的发展而不断清晰、丰富和更新。对于"方法论"概念的认识并非一维性的，一个完整的方法论体系包含着不同层次的、有机的认识整体，不能忽视任何一个层次对于方法论自身的影响。它们共同组成了一个复合、多维和完整的方法论体系（表3-1）。

以任务为载体的理论、方法论、方法运用的区别表　　　　表3-1

名称	理论	方法论	方法运用
导向	方法的理论	方法的核心	方法的运用
本质	认识基础（前提）	认识变革（元研究）	认识效果（成效）
问题	是什么	应该是什么 可能是什么 应该怎么办	怎么办

第1篇　任务及成熟度、要素与执行力

续表

名称	理论	方法论	方法运用
核心	系统性的方法体系	突破性的整体变革	程序化的行为方式
任务	理论基础的建立 方法结构的组成	理论基础的辩证 方法与对象的适配性 新方法结构的构建 创新性的组织变革	工具和手段的选择和运用 方式和技巧的程序化过程 （标准流程化）
形式	概念、原理、结构	思维方式、范式更新、结构固化	活动方式、程序、法则及技术优化

2. T9F's

T9F's是Task 9 Factor's的缩写。将任务的要素归纳为九大类，即"任务九要素"（图3-3）。

1）任务名称

这是自然属性，任务当然要有一个名称。

任务名称的命名有两个要求：一是应当尽量保持唯一性（编码是确定唯一的），简单明确，不宜过长，最好10个汉字以内。二是词汇应采用动宾结构，即动词+名词（作宾语），表示动作完成的内容，以表达任务的执行性。

如：考核全员　办理施工许可证　招聘安全员　接待客户

　　编制流程　通知半年度开会　签订分包合同　处理民工工资投诉

2）任务编码

为便于数字化管理，利用计算机自动记录、识别、整理、查询，可以提高工作效率，特别是多任务管理尤为必要，这也是现代规范化管理的统一要求。任务编码规则，每一个组织内部必须进行统一。如果是独立项目，项目内部统一；如果是企业组织，企业内部统一；如果是行业管理，行业管理范围内统一，这也不是很简单的事情。在复杂的工程管理中，通常任务是如图3-5所示的三维的交点：流程时间、工艺结构和管理职能。因此，编码单纯用流水序号，恐怕难以满足管理的需要。在制定编码规则时，也将有多重的编码要求，如流程时间编码、工艺结构编码和管理职能编码。

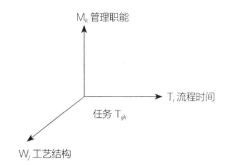

例如，某任务 $T_{15}W_{03}M_{07}$ 表示：制定"A5.3基坑施工进度管理（计划）"。

图3-5　任务编码的方法

3）任务依据

做任何事情，应当首先想到的问题是做这个事的依据有哪些。至少这个问题应该放在该任务的目标是什么之后。建设工程项目的任务依据很多，包括法律法规、技术标准、合同文件、设计图纸、指令变更等。

4）任务资源

完成任务需要消耗资源，整合资源的能力、消耗资源的水平，甚至成为企业组织的核心竞争力，资源管理能力也就成为企业的主要工作内容。资源包括"人力资源、资金资源、物质资源、知识资源、渠道资源"等。实践表明，"思想资源"是组织更高层次的资源，影响到战略方向、商业模式。

5）任务组织

为了避免与通用职能概念的混淆，任务职能也称"任务组织"，也即执行任务的部门和岗位或个人，是任务的承担者和相关者。现代大型企业的架构越来越复杂，从职能制、事业部制、直线制、矩阵制、网络制到极端扁平化后的分布制，呈现权限高度分散、任务高度协同的特点，给未来的任务分配结构变革提出了更高的要求。而责权利平衡却是任何组织形式的基本支点，亘古不变。任何事的完成，都是和人、权责关联的。有人提出流程的拥有者、所有者等都与此有关。任务组织关注角色、权限和沟通方式。

6）任务职责

不同于岗位职责，任务职责的含义是指任务本身所需要达到的，即任务目标或任务要求。比如任务的完成时间（进程、工期）、任务的质量要求（产品质量最终取决于工作质量，因此精细化管理中的质量管理是关注每一个环节细节的质量，而不仅仅是最终成品的质量）、任务成本要求、安全要求、环境保护要求、职业健康要求、文明工程施工要求等。

7）任务信息

完成任务需要企业或其他组织内部的相关"惯例"，包括既往同类任务的依据、资源等信息，这可以归为知识类的信息；完成任务的过程中将产生很多信息：如产品的状态信息、管控信息等，属于第二类信息，可以归为过程信息；完成任务后，重要的是成果信息，包括产品和业务成果，技术和管理的经验总结，可以归为成果信息。企业信息管理是知识资产管理的重要内容。对指导新员工的培训、开发新产品的参照，以及对具体工作的引用和分享，都是非常重要的。与任务有关的一切信息，均应得到管理。

8）任务各方

根据用词的对仗原则，采用任务各方这一表述，其本义是任务的相关方。相关方清晰是解决任务进行中沟通效率和效果、帮助厘清责任等问题的主要手段。复杂项目管理中，相关方很多，利益诉求不同，甚至文化背景不一，工作习惯差异很大，这往往成为项目管理中最难处理的问题。各方的沟通管理是管理的核心内容。

9）任务成果

任务/流程的成果是管理者追求的，最终目标是由每个任务的成果集合而成的。成果可能包括"一个产品或半成品、某项服务、一个协议、一个客户、一个批准文件"等。没有规定成果的任务，是没有必要执行的，即使执行也将是效率不能保证的。从组织的价值链来看，成果既是管理目的性的体现，也是衡量绩效的标准。实现任务化管理并对成果采用自动化统计、评估是未来绩效考核的方向。管理经验主义学派特别强调的就是成果、绩效导向的管理，这是最有效的管理，值得深思。

3. 5MECI

5MECI指八个要素：人（Man）、机器（Machine）、物料（Material）、方法（Method）、环境（Environment）、管理（Management）、检查（Check）、信息（Information），简称人、机、料、法、环、管、检、信（图3-6）。

在"人"要素管理方面，管理者应该充分挖掘每个员工的特点，激发其工作潜能和竞争优势，使其能够最大限度地发挥个人能力，维持较高的工作热情和积极性，做到人尽其才，将人与人之间统筹协调，发挥出"1+1>2"的效果。

在"机"这一要素管理方面，管理者应该从两方面着手：一方面要对生产设备和辅助工具等进行定期检修，确保生产设备处于高效稳定运转状态，避免或降低机械故障为生产所带来的经济损失，控制生产产品的质量；另一方面要在条件允许的情况下加大设备的更新力度，尽量使用生产效率更高、生程更稳定的生产设备进行产品生产或者对整个生产流程进行完善，从而进一步提升生产效率和产品质量[①]。另外，管理者尽量不要将机器闲置下来，以造成额外的浪费。

在"料"这一要素管理方面，管理者应该加大对各生产环节的把控力度，加大对各生产环节或生产过程的了解情况，密切关注各生产环节的生产进度，确保各生产用料的计划性和实际生产维持相对匹配，确保各环节良好运转。

在"法"这一要素管理方面，管理者应该总结实际生产情况、分析生产产品质量要求，根据企业自身特性制定详细的生产管理方法和生产管理规章制度、确定适当的生产技术，使施工技术以及方法尽可能地适合生产以及对人员的管理，以免造成误会或是冲突，即人性与科学性相结合。并严格依照规程开展生产作业，保证产品生产进度和产品质量达到生产标准。

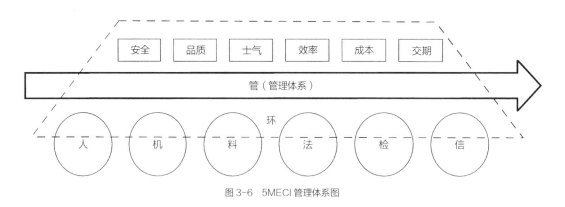

图3-6　5MECI管理体系图

---

① 李占武. 提高和保证产品质量的有效方法——人、机、料、法、环同步进行[J]. 中国高新技术企业，2013（21）：160.

在"环"这一要素管理方面,管理者应该依照ISO 14000环境管理体系以及企业自身情况综合分析现场生产环境实际情况,查找和排除可能会对员工安全、产品质量带来潜在威胁的影响因素,确保生产环境与生产需求相匹配。

在"管理"方面,管理人员应该具备较好的知识素养,包括技术素养和经济管理素养,也要拥有较好的人格素养和能力素养;能统筹协调现场的已有因素,利用不断进步的技术和现有的管理思想对施工的安全、质量、进度等较为重要的方面进行管理调控。

在"检查"方面,管理人员要重视检查,不仅在工序完成后进行检查,在工作开始前,工作进行中都要制定有效的施工检查制度,采取有针对性的、经常性的检查活动,包括安全检查、质量检查,不断检查工程建筑物和施工过程中方方面面的问题进行控制整改。

在"信息"方面,管理者需要围绕整个工程项目,利用信息管理系统把工程设计、施工过程和行政管理所产生的信息进行有序化的集成存储,按照工作流程采用数据后处理技术,促进各部门、各项目参与方的信息交流,满足工程项目在信息采集、数据处理及共享等各方面的信息化需求,为投资单位、设计单位、监理单位、政策制定者、政府监管部门、供应商、建造商等单位的管理工作提供信息依据。

5MECI法是一个全面考虑任务过程中各种因素的框架,包括人员、机器、物料、方法、环境、管理、检查和信息。这个方法强调在任务过程中,每一个环节都至关重要,需要细致的考虑和有效的管理。通过综合考虑这八个要素,可以有效地提高生产效率,降低错误率,并确保生产过程的顺利进行。该方法在生产工艺/工序的实施过程中广为采用。

4. 输入输出关系

任务顺利执行是必须有逻辑关系的。许多不具备逻辑关系的任务或者具有不正确逻辑关系的任务,正是需要讨论和进行改进的工作,这些逻辑关系形成了步骤和顺序。提升任务成熟度应是有目的的工作。主要包括以下要点:

(1)强调目标导向。如果没有目标,无论这个目标的内容是成本控制、改进质量、安全实施,或者从战略角度是完成使命,以生产产品、提供服务从而增加客户价值。

(2)强调完成力度,任务都有输入输出。输入物质和信息。输出满足需求的服务、产品、中间件。任务是用来执行并达到目的的,任务是必须去完成的工作。

(3)任务以客户需求为中心。任务提交成果的对象。强调任务的匹配性。复杂任务、复杂企业管理,包括数量庞大的项目,都是需要以客户需求为中心,进行资源配置。

(4)任务有序组合,从而促进目标达成。任务之间存在着相对稳定的逻辑关系,通过并联(并行)、串联(串行)等关系组合成为一个完整的任务链。

任务是由输入、转化、输出三部分组成的。站在不同的角度,重点关注输入(如资金资源的需求)或者输出(为客户价值的创造),从企业内部管理的角度则更多地关注输入与输出间的"转化的机制",都有合理的理由。任务输入输出转化关系如图3-7所示。

5. 任务的职责三要素

任务的职责三要素包括任务目标、任务难度、任务反馈。理解三要素可以帮助组织有效地管理任务,提高工作效率。当任务比较复杂时,还可以考虑添加更多信息,如优先级、相

图 3-7 任务输入输出转化关系

关背景说明、交付物的要求等,以便更好地了解和管理任务。明确具体的工作的任务目标,确保任务能够清晰、具体地传达给执行者。任务负责人负责落地执行,把控任务的难度,通过职责能力来匹配承担任务的人,确保任务有人负责,避免出现推诿、扯皮等现象。处置任务要及时任务反馈,设定明确的时间节点,包括开始时间、交接时间、完成时间等,以确保任务能够按时完成。

6. 项目申报任务书

下面简要归纳一类重要的、特殊的、普遍的任务类型。通过申报获准,以项目任务书形式构成委托研发关系的"任务",分析其任务要素的构成。

项目任务研究是由中央财政资金设立,面向世界科技前沿、面向经济主战场、面向国家重大需求,重点资助事关国计民生的农业、能源资源、生态环境、健康等领域中需要长期演进的重大社会公益性研究,事关产业核心竞争力、整体自主创新能力和国家安全的战略性、基础性、前瞻性重大科学问题、重大共性关键技术和产品研发,以及重大国际科技合作等,加强跨部门、跨行业、跨区域研发布局和协同创新,为国民经济和社会发展主要领域提供持续性的支撑和引领,主要的项目申报任务计划是国家科技任务计划体系。

国家科技任务计划体系是根据国家科技发展规划和战略安排的,以中央财政支持或以宏观政策调控、引导,由政府部门组织和实施的科学研究或试验发展活动及相关的其他科学技术活动。根据《国务院印发关于深化中央财政科技计划(专项、基金等)管理改革方案的通知》(国发〔2014〕64号),国家科技计划体系包括五类科技计划(专项、基金等),分别是国家自然科学基金、国家科技重大专项、国家重点研发计划、技术创新引导专项(基金)以及基地和人才专项。

1)国家自然科学基金

资助基础研究和科学前沿探索,支持人才和团队建设,增强源头创新能力。进一步完善管理,加大资助力度,向国家重点研究领域输送创新知识和人才团队;加强基金与其他类科技计划的有效对接。

2)国家科技重大专项

聚焦国家重大战略产品和产业化目标,解决"卡脖子"问题。进一步改革创新组织推进机制和管理模式,突出重大战略产品和产业化目标,控制专项数量,与其他科技计划(专项、基金等)加强分工与衔接,避免重复投入。

3）国家重点研发计划

针对事关国计民生的重大社会公益性研究，以及事关产业核心竞争力、整体自主创新能力和国家安全的重大科学技术问题，突破国民经济和社会发展主要领域的技术瓶颈。将科学技术部管理的国家重点基础研究发展计划、国家高技术研究发展计划、国家科技支撑计划、国际科技合作与交流专项，发展改革委、工信部共同管理的产业技术研究与开发资金，农业农村部、卫生健康委员会等13个部门管理的公益性行业科研专项等，整合形成一个国家重点研发计划。

4）技术创新引导专项基金

按照企业技术创新活动不同阶段的需求，对发展改革委、财政部管理的新兴产业创投基金，科学技术部管理的政策引导类计划、科技成果转化引导基金，财政部、科学技术部等四部委共同管理的中小企业发展专项资金中支持科技创新的部分，以及其他引导支持企业技术创新的专项资金（基金）进行分类整合。

5）基地和人才专项

对科学技术部管理的国家重点实验室、国家工程技术研究中心、科技基础条件平台、创新人才推进计划，发展改革委管理的国家工程实验室、国家工程研究中心、国家认定企业技术中心等合理归并，进一步优化布局，按功能定位分类整合。加强相关人才计划的顶层设计和相互衔接。在此基础上调整相关财政专项资金。基地和人才是科研活动的重要保障，相关专项要支持科研基地建设和创新人才、优秀团队的科研活动，促进科技资源开放共享。

整合形成的新五类科技计划专项、基金等既有各自的支持重点和各具特色的管理方式；又彼此互为补充，通过统一的国家科技管理平台，建立跨计划协调机制和评估监管机制，确保五类科技计划专项、基金等形成整体，既聚焦重点，又避免交叉重复。

项目申报任务书是任务承接单位向任务下达单位提交的申请，内容一般要包括申报项目或工程的目标任务、标准要求、拟采取的措施和进度安排、经费需求等。任务书应该是任务下达单位发送给任务承接单位的凭证，内容一般包括项目或工程的考核目标、质量要求、验收时间及办法、费用安排等要素，如表3-2、表3-3所示。

任务申请书类型要素内容对比表　　　　　表3-2

任务申请书类型	任务要素内容
国家重点研发计划项目申报书	研究背景、研究目标、研究内容（包括拟解决的重大科学问题或关键技术问题）、技术路线、研究基础和团队、经费需求、预期成果和效益等
国家重点研发计划青年科学家项目申报书	基本情况，拟解决的关键科学问题，关键技术和研究目标，研究内容和考核指标，凝练拟解决的重大科学问题或关键技术，提出预期目标，科学目标和技术指标应细化、明确、可考核；主要研究内容围绕科学问题的内涵和关键技术的难点，阐述项目研究重点、研究思路、研究方案和课题设置方案、创新点、研究工作基础、经费需求、项目负责人研究背景，包括工作简历、近五年主要研究成果等
教育部项目任务申请书	本课题研究的理论和实际应用价值，目前国内外研究的现状和趋势，本课题的研究目标、研究内容、拟突破的重点和难点，本课题的研究思路和研究方法、计划进度、前期研究基础及资料准备情况，本课题研究的中期成果、最终成果、经费需求、研究成果的预计去向等

续表

任务申请书类型	任务要素内容
中国工程院战略研究与咨询项目任务书	课题研究任务、课题研究计划（请结合研究实际，在充分考虑课题规划、现场调研、文献研究、中期汇报、咨询报告提纲审定、结题布置、课题总结等重要环节安排，按照时间顺序，列出主要节点及工作任务）等
政府间重点专项申报书	基本情况、合作拟解决的关键科学问题、关键技术和研究目标、领域方向、任务目标等，凝练拟通过政府间科技合作解决的重大科学问题或关键技术，提出预期合作目标，科学目标和技术指标应细化、明确、可考核，主要研究内容围绕科学问题的内涵和关键技术的难点，以及服务政府间科技外交的需要、阐述项目研究重点、研究思路、研究方案和合作方式、创新点、研究工作基础及合作基础、项目负责人及合作方的研究背景，包括工作简历、经费需求、近五年主要研究成果等
浙江省基础公益研究计划项目申请书	项目目的、研究工作的科学意义与拟解决的关键科学问题、本项目研究目标，以及与申请者研究工作长期目标的关系项目研究内容、研究方案和进度安排、项目创新之处、工作基础与工作条件、经费需求、预期研究结果等

任务申请书核心要素对比表　　　　表3-3

任务申请书类型	任务核心要素
国家重点研发计划项目申报书	组织、依据、编码、成果、资源、职责、各方、信息
国家重点研发计划青年科学家项目申报书	组织、依据、编码、成果、资源、职责、各方、信息
教育部项目任务申请书	组织、依据、成果、资源、职责、信息
中国工程院战略研究与咨询项目任务书	组织、依据、编码、成果、资源、各方、信息
政府间重点专项申报书	组织、依据、编码、成果、资源、职责、各方、信息
浙江省基础公益研究计划项目申请书	组织、依据、编码、成果、资源、各方、信息

7. 工程事务任务书

工程事务任务书是一份详细阐述工程项目任务、目标、范围、进度、成本和质量等方面要求的文件。它通常由项目发起人或项目管理团队制定，以指导项目的执行和进行监控。工程事务任务书具有法律效力，是项目各方之间权利和义务的明确表述。

工程事务任务书的主要内容有：①项目背景。介绍项目的来源、目的和意义，以及相关的市场、技术和政策背景等。②项目目标。明确项目的总体目标和具体目标，包括时间、成本和质量等方面的要求。③项目范围。详细阐述项目的工作内容、涉及的活动和任务，以及与其他项目或系统的接口等。④项目进度。制定项目的进度计划，包括关键时间节点、里程碑和交付物等。⑤项目成本。预估项目的成本，包括人力资源、物资采购、设备租赁和其他相关费用等。⑥质量要求。明确项目的质量要求和质量检查方法，包括质量标准、验收标准和质量控制流程等。⑦风险管理。识别和分析项目执行过程中可能面临的风险，制定相应的风险应对措施和预案。⑧组织架构与角色职责。明确项目团队的组织架构、角色职责和沟通机制，确保各方在项目执行过程中协同工作。⑨变更管理。制定项目变更管理流程，包括变更申请、审批和执行等环节，以应对项目实施过程中的不确定性和变化。

项目任务书是项目启动的核心文档，它明确项目的目标、范围、管理方式、时间成本和质量等基本要素，规定了项目的管理和执行流程，提供了有效的沟通方案和评估方法，增强了项目的合规性和可持续性。项目任务书确保了团队在执行过程中有一个明确的方向、标准和目标，协调项目资源、消除重复和冲突，最终保证成功完成项目。

①明确项目目标和范围：任务书应包含项目的具体目标和范围，这样让每个人在项目中都有一个共同的目标和理解，并且有了这个目标后，你可以让团队成员从整体的角度考虑项目。②制定详细的计划：具体说明项目计划和时间表，包括每个任务的具体时间节点，以及里程碑和完成日期。在写任务书时，涉及团队成员的时间和资源需求。③详细说明工作分配：任务书应该明确说明每个团队成员的职责和工作分配。给出每个人的任务和项目的关联性，同时让每个人清楚知道自己需要完成哪些任务。④指定必要的资源：任务书应该明确指定项目所需的资金、人员和设备等必要资源，并明确谁来负责这些资源的调配。此外，必要时还应考虑可能的风险和应对措施，并列出可能的风险和风险管理计划。⑤制定良好的沟通计划：在任务书中，明确规定每次会议和与各方沟通的频率和方式，并列明项目管理的沟通方式。明确的沟通计划往往能使项目成员之间更好的协作。⑥保持任务书更新：当项目进展时，可能需要对任务书进行更新和修正。执行任何新任务之前，请确认操作与任务书的更新版本是否相符合，维持任务书的完整性和准确性。

工程项目设计任务书，应该在商务阶段编写好，并作为合同的附属文档共同签署。应该由甲乙双方共同编写，并一致审核通过，尤其是业主方，应该逐条理解中的内容，如果有疑问，应及时与对方进行交流，切不可简单审核就签署掉。乙方应该将中的专业内容和条款解释清楚给业主方。任务书（表3-4）中约定如下内容：

（1）目标。明确定义本次项目范围的建设背景、要求和实现目标。

（2）范围。清晰阐述本次项目涉及的范围，包括组织、业务和区域等。

（3）时间。约定总体开始和完成时间及各关键里程碑及标准。

（4）资源。阐述双方需要投入的预估资源和可接受的偏差范围。

（5）交付物。定义各个阶段的交付物、交付标准和交付对象。

（6）知识传递。拟定知识传递的计划、目标和完成标准。

（7）质量保障。阐述质量保障计划，并提供定量与定性的质量评估方式。

（8）售后服务。约定售后服务时间、范围、职责。

合同中约定相关的任务细则，这些细则会成为后续整个项目工作的指导文件，因此需要双方进行评审。仍然如上面提到，在实践中往往缺少双方认真的评审。包括在作者过往接触的项目中真正认认真真审核过工作说明书，并提供反馈与交流的企业较少。

项目任务书的样板示例　　　　　　　　　　　　　　表3-4

部分	内容
项目名称	在此填写项目名称
项目背景	描述项目的背景，包括项目为什么被提出，它是解决什么问题，以及其商业背景
项目目标	描述项目的具体目标，这些目标应当是可衡量的，并与业务目标相关联
项目经理	简述其职责，包括负责项目的日常管理，以及与所有利益相关者的沟通

续表

部分	内容
项目团队	列出项目团队的主要成员及职责，包括业务分析师，开发人员，测试人员等
关键利益相关者	列出所有关键的利益相关者，包括他们的角色，职责和联系信息
项目范围	描述项目的范围，包括项目将实现哪些目标，将提供哪些交付物，以及不在项目范围内的事项。在可能的情况下，应提供详细的需求列表
预期时间表	提供项目的预期时间表，包括项目的开始日期，结束日期，以及所有关键的中间里程碑和交付日期
预计项目预算	提供项目的预算信息，预期的总成本，成本组成部分，以及预期的收益
风险评估	描述可能的项目风险，以及预期的风险应对策略。应当考虑到项目管理风险，技术风险，业务风险等各种风险
关键性能指标	列出用于衡量项目成功的关键性能指标，这些指标应当与项目目标和业务目标相关联
批准	项目批准人的签字和日期，以及任何其他必要的批准或签字

工程事务任务书是工程项目管理中的重要文件，用于明确工程任务的目标、范围、要求和执行细节。它是项目团队、相关利益方和合作伙伴之间沟通和协作的基础，对于确保工程项目的顺利进行和成功完成具有重要意义。

工程事务往往因为复杂性、动态性、利益博弈性，产生争议、变更甚至频繁诉讼，是特别需要进行评价的"任务集"，提升管理水平的空间也特别巨大。最后附案例加以说明。

8. 公务、公文、政策

1）公务

公务，就是公共的事务、责任，即关于国家或集体的事务责任。狭义是指国家机关的事务性工作；广义是指国家各级党政机关、国有企业、事业单位、群众团体等的事务性工作。公务的目的是实现政府的宗旨和目标，包括维护社会秩序、提供公共服务、管理社会资源等。通常是由政府机构或其下属单位来执行，这些机构是经过法律、行政法规等规定的程序设立的，具有法定的地位和权力。

2）公文

公文的目标通常是传递信息、通知事项、布置工作、请求批复等，以确保组织内部或组织之间的沟通顺畅。是由某个组织或单位发出的，代表着该组织的意志和权威。公文的格式、内容、传递方式等都需遵循相关的规定和标准。每年发布各级公文，浩如烟海，数量庞大。

3）政策

政策的目标通常是规范和引导个人或组织的行动，以实现某一特定的社会目标或经济目标。是由政府或其他权威机构制定的，代表着这些机构的意志和利益。政策的制定需要经过一定的程序和流程，通常涉及多个部门和多方利益的协调。

研究发现，政令系统的"任务"发布、传递，存在较大问题。其一，是执行前需要一个"任务化"的过程，以明确任务要素，达到可分配与可执行，有时这个过程常常需要较长时间，甚至逐步深入的理解时段，也就存在需要很多"专家"来解读政策、文件的工作。因为无法立即行动、理解偏差，而延缓了执行效率（图3-8）。其二，增加诸多检查、考核环节，甚至增加形式主义考核的大量工作。因为任务表达的非结构化，对接自动考核很难。

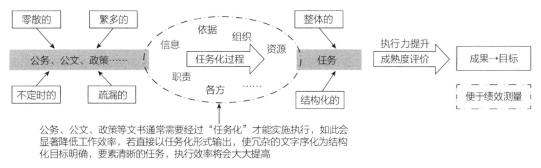

图 3-8 政令系统执行过程简图

3.2 任务（成熟度）要素体系

3.2.1 任务九要素

每一项任务都有九项基本要素，要素体系包含的九大要素分别为：任务编码、任务名称、任务依据、任务资源、任务组织、任务职责、任务信息、任务各方、任务成果。对于一个任务来说，执行依据和资源是输入要素，编码、组织和职责是设计要素，信息、成果和各方是输出要素，而名称则是本含的属性要素。

任务要素的清晰分析和归集是实现目标的执行过程，是非常关键的工作。任务管理作为职能管理的重要部分，对目标的费用、进程、质量产生巨大影响。把相同或相近的工作集合起来，成为"专门化"的部门，部门完成其职能，才使目标得以实现。

图3-9为任务九要素鱼刺图，形象地表达了任务要素的构成，其中也标识了与5MECI的关系。

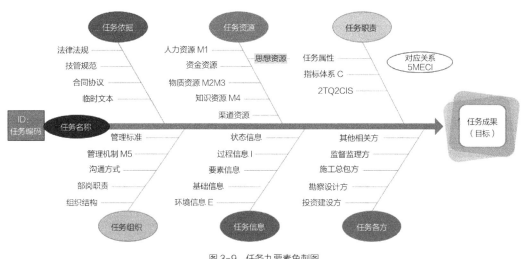

图 3-9 任务九要素鱼刺图

3.2.2 任务九要素集成图版设计

上一节描述了任务的要素，即编码、名称、依据、资源、组织、职责、信息、各方、成果。实际工作中，仅仅一级要素是远远不够的。

当前企业管理中普遍存在的现象，即制度（或《管理手册》等）是存放在文件柜中的"宝贝"，是摆设在那里好看的，因为根本上不是被经常引用的。事务的成功、任务的完成一般都是要素耦合的作用，企业管理也是如此。每个企业组织，发挥集成协同作用才能完成任务、项目、年度目标，直至组织的使命。任务集成板设计（创意）如图3-10所示。

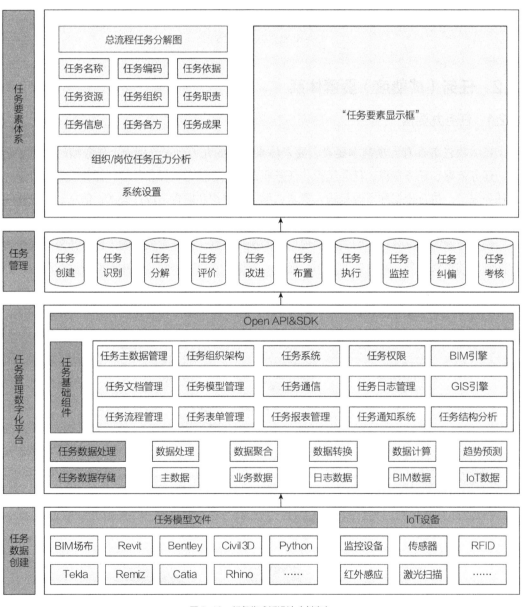

图3-10 任务集成板设计（创意）

第4章
执行力

本章逻辑图

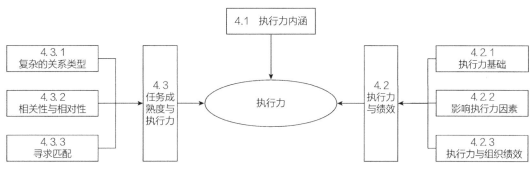

图 4-1　第 4 章逻辑图

4.1　执行力内涵

国内外不同学者以宏观角度对于执行力有不同的定义，例如：美国著名管理大师 Ram Charan 认为执行是目标与结果之间的桥梁，执行力就是执行能力与效果最直接的反映[1]；哈佛商学院管理学教授 Paul Thomas 认为执行力指的是组织执行战略，以此来实现组织战略目标的能力[2]。中国学者周永亮认为执行力就是完成任务的能力和手段[3]；孙文秀则认为执行力是企业实现战略目标而付诸行动的一整套行为和技术系统，它是体现在企业经营战略、人力资源、运营等管理中的一种文化力、免疫力、竞争力，是凝聚员工集体智慧的合力[4]。对于个体而言，执行力是执行者得到执行指令后，达到预期目标的能力。具体来说，是指在政策、战略、决策、计划等指令制定完成后，执行者规划实现目标的路径、方法的水平能力，以及

---

[1] 拉里·博西迪，拉姆·查兰. 执行如何完成任务的学问 [M]. 北京：机械工业出版社，2008：89.
[2] 托马斯·保罗. 执行力Ⅲ. 人员流程 [M]. 白山，译. 北京：国际文化出版公司，2004.
[3] 周永亮. 本土化执行力模式：在中国本土环境上培育执行力的理念和实践 [M]. 北京：中国发展出版社，2004：63-64.
[4] 孙文秀. 如何塑造企业的执行力 [J]. 机械管理开发，2005（1）：2.

体现出来的实操技能和精神。各位学者给予执行力的定义也很好地体现了以下几个明显的特性，如表4-1所示。总体来说，执行力是一个变量，不同的执行者在执行同一件事情的时候也会得到不同的结果。执行力不但因人而异，而且还会因时而变。如果要想解决执行力的若干问题，就必须先剖析影响执行的根源，然后再找其方法使变量控制在预定范围内，这样解决问题自然就会变得清楚。

执行力特性表　　　　　　　　　　　　　　　　　表4-1

执行力特性	具体要求	执行力特性	具体要求	执行力特性	具体要求
目标明确	在执行任务前，通常会设定明确的目标，并制定具体的计划	团队协作	有效地协调和管理团队成员，充分发挥各自的优势和才能，共同完成任务	创新思维	积极寻求创新和改进的方法，不断优化和改进任务的执行过程和结果
高效行动	迅速采取行动，有效地利用时间和资源，避免拖延和浪费	善于沟通	积极与团队成员和其他相关人员进行沟通，确保信息的准确传递和理解	注重细节	善于观察工作中的细节，凡大事须当小事做，小事须当细事做
富有韧性	克服外部和自身的困难，坚持自己目标和信念	持续学习	不断学习和改进自己的技能和能力，以适应不断变化的环境和任务需求	敢于承担	为自己所做的事承担相应的责任，懂得为自己的行为负责

执行力的本质是行动，执行力即"执行"的力度、力量，这个"执行"实质就是人们付诸实践活动，把蓝图规划落实到具体实际行动中，同时通过实践的过程和结果去评判实践主体的执行能力。执行力对于个人和组织的成功非常重要，它能够将想法转化为行动，并克服各种困难和挑战，实现目标。通过不断培养和提高执行力，每个人都可以更好地管理自己的时间和资源，提高生产效率。执行力的本质决定执行力的现象，人们对执行力的希冀，带动学者持续关注、研究提升执行力的方法。

执行得力，可使执行的正向作用充分显现；执行不力，再好的制度也只能写在纸上挂在墙上一无是处[①]。执行力对于个人和团队来说，它是推动计划转变为行动的前提，没有执行力的行动计划皆为空谈。就个体而言，执行力可以保证个人把上级的命令和想法变成结果；就团队而言，一个团队通过执行力能把战略决策持续转化成结果的精准度、满意度，由此带来的是整个团队的竞争力和凝聚力的展示与提升。

4.2 执行力与绩效

执行力是指贯彻战略意图、完成预定目标的实践操作能力，而绩效则是指组织或个人在一定时期内由于执行了任务所取得的成绩或效益。绩效是任何组织管理工作的结果追求，也

---

① 佟明. 浅析加强执行力建设对企业发展的推动作用[J]. 管理观察，2016（16）：3.

是衡量组织执行力的基准。研究表明，执行力和绩效之间存在着密切的联系，团队的执行力水平与整体绩效呈正相关[1]。识别执行力的基础与影响因素，对促进组织绩效具有较大作用。

4.2.1 执行力基础

执行力作为实践主体可细分为个体执行力、团体执行力、系统执行力三个层面。就个体执行力而言，执行是个人完成任务的行为。个人完成任务的质量、效果是判断个人执行力的重要指标。就团队执行力而言，执行是团队达成目标的过程，因为任务被执行时需要人与人之间的协调、配合，相比个人执行力，团队执行力更加复杂。系统执行力是组织决策、运营、操作中的各个团队间的系统集成，只有决策正确、运营科学，操作得当，做到各个环节层层相扣，才会有好的执行。系统执行力更是连接组织战略决策与目标实现之间的桥梁，系统执行力的大小程度将直接制约着组织战略目标能否得以顺利实现。

执行力的宏观构成包括执行环境、执行能力、执行意愿三个因素，可用公式（4-1）描述：

$$执行力=（执行环境+执行能力）×执行意愿[2] \qquad (4-1)$$

（1）执行环境的概念广泛运用于计算机编程语言JavaScript，执行环境定义了变量或函数有权访问的其他数据，决定了它们各自的行为。这里的执行环境是指组织管理架构，包含战略规划、组织结构、管理标准等要素，如图4-2所示。建设良好的执行环境，创造更好的条件，在内部需要管理者和执行者的共同参与。管理者需要明确自身的定位和要求，端正对管理的认识；组织制定各级计划，按照PDCA循环实施目标管理；根据发展需要，不断审视组织结构和人员结构，及时做出合理调整；组织制定各项制度标准，定期优化。执行者应该主动了解组织目标，积极参与各级目标计划的制定和执行。在工作中贯彻落实，提出各类合

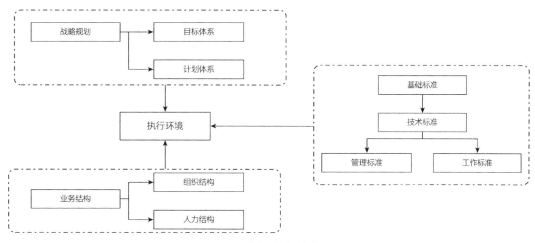

图 4-2 执行环境构成框架图

---

[1] 林亮亮. 浅谈绩效考核在提升政务服务中的作用［J］. 中国产经，2023（14）：107-109.
[2] 郭刚. 强化执行力，推动企业持续发展［J］. 中国勘察设计，2023（2）：44-46.

理化建议。

（2）执行意愿是执行者在执行任务中表现出的态度，从执行力公式中可以看出，执行意愿对执行效果有放大效应。执行意愿指的是成员对于落实组织目标而采取行动的内心意向。在现实管理实践中，组织成员的执行意愿往往存在较大的差异性，导致任务完成的效率不同。

（3）执行能力是指个体或组织在完成任务或实现目标时所展现的综合能力素质，执行能力涵盖了多个方面，如技术操作能力、组织能力、沟通能力、时间管理能力等。激发执行意愿是提升执行力的重中之重，提升执行意愿需从文化层面入手，培养组织成员正确的人生观、价值观及思维能力。美国学者John P. Kotter研究表明[1]，通过文化管理激发企业员工的执行意愿对于企业经营业绩的影响巨大。"大致数据为：重视文化建设公司的收入增长速度是不重视文化建设公司的6倍，重视文化建设公司的利润增长速度是不重视文化建设公司的700倍。"[2]

执行力"更强"离不开任务成熟度的提升。任务成熟度是对一个任务或项目在其执行过程中所涉及的资源准备、信息充分性、执行计划的明确程度以及相关环境条件的具体描述，与执行力之间存在复杂的关系。为了提升任务成熟度，个人或组织通过不断学习和实践，掌握各种执行技巧和方法，这个过程中也直接提升了执行力。相反地，任务成熟度低带来团队执行力低下，迫使管理者积极组织培训课程设计，协助建立企业培训体系来弥补"短板"。带动执行者正视自身的不足，端正学习态度，加速学习，并力所能及参与各类培训体系建设，踊跃贡献自身的学识。

4.2.2 影响执行力因素

执行力是关乎组织成败的决定性因素，是构成组织核心竞争力的重要内容。近年来，人们不断追求提升执行力的"捷径"，对目前组织目标模糊、计划缺失、进度拖延等执行力低下的现状表达出强烈不满。诚然，执行力不足是当前组织没有达到预期目标的重要原因。在这种情况下，一些管理学者推波助澜，简单地强调"服从""立军令状""无条件执行"等口号对提升执行力无异于杯水车薪，这些并不能从根本上解决执行力不足的问题[3]。其实，影响执行力的因素非常复杂，只有深入研究影响执行力因素，分析原因后"对症下药"，才能切实提升执行力。

影响执行力因素主要有目标设定、组织文化、沟通能力、压力管理等方面。

（1）目标设定是为了实现特定目标或愿望而制定的计划或策略。没有目标，执行力就无从谈起。树立好目标能够指导个人或组织有效地完成任务，避免任务在执行的过程中出现混

---

[1] 常桦. 约翰·科特：领导变革的制胜法则［M］. 北京：中国纺织出版社，2003.
[2] 郭刚. 强化执行力，推动企业持续发展［J］. 中国勘察设计，2023（2）：44-46.
[3] 赵磊. 执行力的构成要素及其提升［J］. 上海企业，2017（10）：4.

乱的情况。1968年，Locke[①]提出目标设置理论，强调目标设定是成功实现个人或组织目标的重要前提之一。在实现个人或组织目标的过程中，如果目标不明确或不具体，任务就不易被分解与执行，从而影响执行力。

（2）组织文化作为组织的一种无形资产，体现一个组织的"软实力"。组织文化是一个组织的核心价值观、信仰、行为准则和传统的总称，它反映了组织的独特性和个性。作为影响执行力的因素之一，组织文化有助于在团队中建立一种信任、理解和共识，深刻影响着组织成员的创造性思维和行为，这种文化背景下，风险承担和错误容忍被视为创新过程的一部分，而不是避免的对象[②]。组织成员敢于挑战现状，敢于在失败中学习并找到新的成功路径，对任务的执行效果往往事半功倍。

（3）沟通能力是提升执行力的重要手段，如果团队成员之间沟通不畅，就会导致信息传递受阻，任务无法顺利进行。任务做到保质保量地执行完全建立在组织成员良好沟通的基础上，及时沟通、及时提出要求，执行者才能更加有效地利用资源来达成目标。目标设定同样是沟通的一个重要内容，如果没有相应的目标，所有的执行都将变得盲目而没有意义。马克思曾说"人的本质就是一切社会关系的总和"。社会性就是一个人的本质属性，是最鲜明、最实在的社会存在，是任何人都无法摆脱的。因此，学会沟通也是人类在社会立足的一种必然。

（4）压力管理是指通过一系列的方法和策略，有效地应对和管理生活中的压力，以保持身心健康和良好的工作状态。执行力高低与个体的抗压能力存在一定联系，个体的压力阈值因人而异，但是超过阈值会对执行效果产生不利影响。目前，个体压力的来源大体分为三方面：工作压力、家庭压力、生活压力[③]。具体内容在本书第10.3.3节中进行阐述。

根据影响因素的不同维度，可以把组织文化、沟通能力、压力管理等因素中直接关联任务执行的因子概括为任务成熟度，任务成熟度表征任务的可执行程度，并直接影响执行力。任务成熟度的定义已于本书第2.2节详细介绍，本节不再赘述。通过任务成熟度提升执行力颇有益处，例如：任务成熟度的提升使执行者能够更迅速地解决任务执行过程中的问题，应对诸多挑战；任务成熟度的提升可以提高执行者的预见和规划能力，通过对任务的深入理解和充分准备，执行者可以更好地预测可能出现的问题和挑战，并制定相应的应对策略，使任务的执行过程更顺利、更高效；通过提升任务成熟度，执行者能够更好地面对和适应任务环境的变化和挑战，促进个人和组织发展的长期有效性和稳定性。

值得一提的是，任务成熟度具有相对性，没有趋于"完美"的成熟度，如果组织缺乏有效的激励机制、缺乏合理的布置任务方式，任务同样无法高效完成。

---

① LOCKE E A. Towards a theory of task performance and incentives [J]. Organization Behavior and Human Performanc，1968，3（2）：157-189.

② 赵宏霞，李豪. 组织文化平衡对创业期企业创新能力的影响机制研究 [J]. 科技进步与对策，2021，38（12）：99-105.

③ BRIAN LUKE SEAWARD. 压力管理策略：健康和幸福之道 [M]. 许燕，等译. 北京：中国轻工业出版社，2008.

4.2.3 执行力与组织绩效

组织绩效指组织在某一时期内组织任务完成的数量、质量、效率及盈利情况。从广义上说，可以将组织中的一个业务单元或部门视为一个组织单元，该组织单元的绩效也可视为组织绩效。整个组织绩效管理的流程包含绩效目标的确定、绩效评价的实施、绩效结果的反馈应用，它是全流程闭环管理。执行力是将战略决策转化为实施结果的能力，是组织工作效率的体现，提升组织间各项工作执行力是完善组织绩效的重要保证。具体是通过设定绩效目标并层层分解，将组织绩效的目标落地，最终落实到各部门，使之明确具体的工作任务，迅速提升了围绕绩效目标的各项工作的执行力。通过对绩效评价结果的及时反馈和沟通，各部门能较快反应，自觉调整工作内容和工作方式，使之更好地完成绩效。

执行力与组织绩效之间存在重要的关系，世界组织行为学大师Paul Hersey认为执行力强的团队能够有效地利用组织资源并将其转化为团队绩效，取得高回报。高执行力的组织往往能够更好地实现其目标和完成任务，进而提高整个组织的绩效。高执行力体现在提前制定好清晰的目标和计划，并将其传达给所有组织成员。组织成员通过明确的工作指导和沟通渠道，能够更好地理解和贯彻组织的战略目标，迅速适应变化，并且在工作过程中注重细节和质量。因此，高执行力的组织更容易实现预期的绩效。

在绩效计划及目标阶段，组织可设立绩效管理工作小组，统筹协调组织绩效工作。在组织结构中，高层管理者位于最高层级，对组织整体负有责任；中层管理者处于中间层级，主要负责承上启下的作用；而基层管理者则处于最低层级，主要负责直接指挥和管理现场作业人员。高层管理人员需要充分发挥指挥中枢的作用，并需将其明确在未来的绩效周期中；中层管理人员应对组织成员的执行力进行把控。从顶层设计上，绩效小组应全面推进绩效考核工作，清楚地了解组织的使命和战略目标，同时要根据组织运营情况调整小组成员及其工作职责。作为绩效考核体系的第一个环节，组织可考虑执行力影响因素，将绩效管理工作前置，实现由上而下、从里到外的绩效考核水平的优化，促使组织有效进入绩效考核状态，保障工作的顺利开展。执行力与工作绩效紧密相连，设定绩效目标时融入执行力因素，可以有效避免绩效管理陷入形式主义考核的怪圈，真正实现中层管理者能力持续提高、绩效持续改善、组织绩效整体提升的目的。

在绩效表现阶段，根据执行力因素，结合组织绩效考核的指标，制定以执行力为导向的绩效考核内容，如图4-3所示。该考核体系区分三个不同的表现程度，每个级别附有简单的说明，便于区分组织成员的能力素质，并鼓励不断提升自己的执行能力，以达到高一级的要求。根据自身素质开展绩效评价，能全面考核管理人员综合素养，帮助组织实现绩效目标。区分出优秀绩效和一般绩效，能有效引导中层管理人员向更胜任的岗位目标升迁，从而保障组织绩效目标的实现。

绩效反馈是组织绩效管理中的关键一环。在绩效反馈中，回顾中层管理人员在过去的绩效考核周期内的绩效状况，分析产生不良绩效的原因，增强绩效实施情况的检查反馈，确保绩效管理工作的有效实施和顺畅运行。组织可定期开展绩效调查评价，对典型案例进行

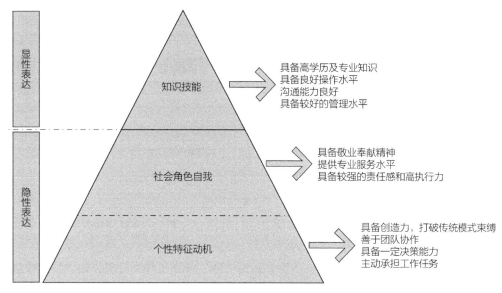

图 4-3　执行力视角的绩效考核内容

分析，让中层管理人员充分参与到该环节中，讨论管理者在个人执行力方面取得的进步以及在下一个周期应当进行怎样的绩效计划，如何促进绩效的提升。通过对管理者的绩效反馈，了解为了挖掘中层管理人员的执行力素质，应提供何种支持、资源或者培训计划。最后，中层管理者通过绩效面谈，向上级、同事、下属了解自身的优势和不足，强化绩效考核成果。

提升组织绩效还应加强绩效辅导和绩效沟通，对完成绩效目标要有指导性，而非机械地制定目标和单纯地看完成情况。管理人员在绩效结果与目标偏差较大时及时分析原因，充分发挥主观能动性，根据原因探寻解决绩效问题的方法。同时需要为组织绩效管理创造良好氛围，切实加强组织领导者在绩效管理上的素质和沟通技能，以便不断促进组织绩效管理的深入发展为组织创造更好的业绩。

4.3　任务成熟度与执行力

任务成熟度是指任务要素内部构成的实际情况与其"完美状态"的相对程度。通过分解任务所包含的要素，有针对性、系统地提升、完善每一项要素，从而完善任务，提高任务成熟度。任务本身、要素以及其包含的特征完整、清晰与否会对任务执行与目标达成产生不一样的影响。本节从这样的思路，探讨任务成熟度与执行力之间的关系，以及如何通过提高任务成熟度来提升执行力。

4.3.1　复杂的关系类型

复杂的关系类型体现在具有多维度、深层次、动态等特性，复杂的关系涉及的方面多，这些维度相互交织，难以简单分类。而且它们之间的关系不是静态的，它们随着时间和事件的推移而改变。在完成任务的过程中，任务成熟度与执行力之间存在复杂的关系类型。任务成熟度表征任务的可执行程度，并直接影响执行力；而执行力则是指完成任务所需的能力，执行力的影响因素已于本书第4.2.2节详细介绍，这里探讨不同任务类型与执行力之间的关系。

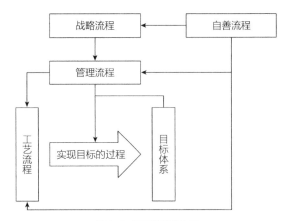

图4-4 运营四流程体系

任务是组织/项目管理中最为基础的单元，任务分类往往存在问题，表现为目标常和操作分离、分类缺少动态性，不符合运营实际、分类单纯为分类，缺少持续改进的逻辑。通过多年以复杂工程为对象的管理研究，卢锡雷[①]提出覆盖任何组织的运营四流程体系，如图4-4所示，并将组织管理的任务分为战略任务、管理任务、工艺任务、自善任务四类。

在逻辑上，运营四流程体系通过职能流程和工艺流程的执行将战略流程转落到实处、转化为价值，通过自善流程进行过程的纠偏控制。在内容上，运营四流程体系既有导向的目标，也有进程的路径，不仅可以用于规划、构建管理组织，也可以用于指导运营实践，进一步可以用于评价一个管理组织的完善性。而流程是任务的有序组合，组织运营必须是采取行动（即完成任务）而后才能取得成效，从而达到目标以完成组织设立的愿景进而实现其使命的，这一系列的任务构成了实现目标的流程体系。实践表明，运营四流程体系的任务模型，对组织的任务进行分类具有可行性与科学性。

（1）战略任务比较宏观、较长时段，具有指引组织发展的航标作用。在战略流程阶段，所要执行的任务是对"做什么、怎么做、做到什么成效"进行一定的工作安排（需要做的任务）。由于战略任务的内容多为确定方向范围、明确路径，如目标确立、愿景分解、方案规划等有关，所以战略任务的执行难度较高，需要多项子任务、多学科知识、多维度思考等。对于战略任务来说，任务要素更加注重宏观的齐全（系统），特别是将任务成果（即预期目标）阐述清楚，以更好指导实践。

（2）管理任务主要指通过一系列管理手段的任务，创造、维持或改变一种环境，使得工艺任务更好地执行，同时包含一些不直接面对产品、服务，但是不可或缺独立任务，例如人力资源管理（包括招聘、培训、考核），又如宣传、非采购的财务管理等，对组织起到一定管理作用。管理职责一般由职能部门担任，因此管理任务也常常称职能任务。职能任务的内容多为利用组织、领导、协调、控制等管理手段作用于工艺流程，对其人、财、物、知识、

---

① 卢锡雷. 流程牵引目标实现的理论与方法——探究管理的底层技术［M］. 北京：中国建筑工业出版社，2020：90.

信息等进行整合与分配，对进度进行计划等。完成管理任务的执行者不局限于同一层次，不同层级都将会存在一定的管理任务，但大多由管理方面专业化的人进行任务的制定与执行。

（3）工艺任务是通过集成专业知识，通过专业手段执行一项或多项由职能任务（管理任务）所制定的任务，以达成战略任务所制定的目标。在工程项目中大多为直接建造、产出产品（建筑物）的任务。工艺任务的方式多为操作，将各类资源转变为新的形态。所以，工艺任务的技术性较强，执行手段与标准相对严格，标准化程度高，重复性较强，任务执行者所需知识专业性高。工艺任务更注重细致要素的收集，在追求工艺的进步中，通过详细分析工艺流程，组织会识别不必要的环节和低效的作业方式，然后进行优化重组，提高整体运营效率。

（4）自善任务是为了保证目标任务完整、无偏差地被执行，依附于战略任务、管理任务与工艺任务进行完成，其在工程中的任务包括对以上三者的检验、评估、审核、审批、评审、检查、监督等行为。自善任务一般处于单个或多个任务执行后用于检验或验证的行为，以达成反馈和纠偏的效果，其服务对象多为任务执行的重要节点。

此外，依据任务的灵活度、时长、组织人员架构等性质，任务又可以分为多种类型。例如：机械任务和灵活任务、短期任务和长期任务、个人任务和团队任务，不同的任务类型影响着执行力。例如：机械任务相对简单，对执行者的能力要求较低，所以执行者将更容易完成任务，并表现出更好的执行力；而灵活任务则需要组织成员发挥创造性以及投入大量时间精力完成任务，久而久之容易出现执行意愿下降的问题，进而影响执行力。因此，在安排任务时，需要考虑执行者的能力和经验水平与任务的难易程度相匹配，减少由于执行力不足带来的风险。

团队任务也是常见的任务类型，团队任务不是简单的个人任务相加，需要组织成员之间的协调、配合，达到"1+1＞2"的效果。团队任务相较于个人任务，更具有复杂性和挑战性。因此，团队执行力除了成员个人执行力的因素影响，还与团队是否做到责任明确、管理者组织与领导力强弱息息相关。

长期任务是组织、团队所追求的长期战略目标，而短期任务则是为了实现这些目标而需要在短期内完成的具体任务。对于短期任务，执行力主要表现在任务的完成质量和效率上。执行者完成短期任务通常需要在有限的时间内完成特定的工作，因此执行力的高低直接影响到任务的完成情况。在这种情况下，对执行者的执行能力具有很高要求，以确保任务按时完成，同时保证任务的质量。而在理解和解决长期任务时，执行力可以定义为通过持续和系统的方法，实现长期目标的能力。长期任务通常涉及更多的不确定性，因此执行力需要体现在持续稳定地推进任务上。在执行能力上，团队或个人需要具备强大的规划能力，制定可行的计划并不断调整和优化；同时需要良好的沟通和协作能力，以保持团队之间的紧密合作。

总之，识别组织中任务的复杂类型、执行力之间的关系，可以方便管理者更好匹配相应的资源和管理策略，从而更有效地提高组织的绩效。

4.3.2 相关性与相对性

任务成熟度与执行力的关联程度高，任务成熟度用来表征任务的可执行程度，并直接影响执行力。当任务成熟度较高，即任务责任、成果阐述清晰明确，资源、信息等相当完备时，可适当降低对执行者技能、灵活性的要求，根据任务成熟度各项要素的要求按部就班执行即可。当任务成熟度较低，如任务目标不明确或资源不完备，则需要执行者更多的主动性、创造性和解决问题以完成任务的能力。在组织管理中，通过任务成熟度思想分析各项要素薄弱之处并进行完善，以改善任务执行力。任务成熟度和执行力之间并不是单向影响关系，高执行力可以推动任务的发展和提高任务成熟度。通过优化任务的执行路径，可以不断提升任务的可操作性。

在探讨任务成熟度与执行力的关联时，不能忽视任务成熟度的相对性。任务成熟度是一个相对的概念，它不仅取决于任务的内在特性，还与团队或个人的经验能力和其他外部因素密切相关，经济环境、政策调整、技术进步等外部因素都可能影响任务的成熟度。在实践中，准确评估任务的成熟度并根据其特性制定相应的执行策略是提高执行力的重要一环。相对性指的是衡量一样事物时得有一个标准，且这个标准会随着环境改变而改变，使得衡量这个事物时呈相对性，它是有条件的、受制约的、特殊的，应保持灵活适应。相对性指任务成熟度会随着环境变化、人员调动等因素而产生相应变化。任务的成熟度与参照点或任务标准有密切关联，任务参照标准的不同直接关系着任务成熟度。不同的任务可能在不同的方面表现出不同的成熟度。例如，一个项目中的子任务可能在细节上非常明确，但在整体流程（任务的有序组合）中可能存在模糊之处。另外，一个长期战略规划可能已经经过深思熟虑，但在具体实施步骤上可能仍需进一步完善。对于同一任务，不同团队或个人对其成熟度的评估也会存在差异。经验更丰富的团队往往更能识别出任务的潜在风险和问题，因此对任务的成熟度评估可能较低。相反地，缺乏经验的组织成员可能看到的是任务的表面，对其成熟度的评估可能较高。

任务成熟度的相对性，还表现在任务的不同阶段之间的差异。任务在规划阶段的成熟度相对较低，但随着时间的推移和实施计划的推进，其成熟度会逐渐提高。因此，管理者需要全盘考虑任务所处的不同阶段，以便更准确地了解任务的实际情况和发展趋势。

管理科学，不是以追求"绝对真理"的方式进行的。除了管理科学的复杂性和决策"满意"原则之外，在任务的变化与演化的角度、资源的可用性角度，都明显存在任务成熟度的动态性，进而呈现相对性。这一点在管理实践中，是务必需要谨记和奉行的。

4.3.3 寻求匹配

Bill Gates曾预言，在未来十年内，所面临的主要挑战就是执行力[①]。然而，提高员工的执行力不只是员工自身的事，更需要组织与管理者的有力领导和支持。管理者需要考虑在布置

---

① 王明哲. 成于细节 赢在执行 [M]. 北京：中国言实出版社，2012：4.

任务时把控组织成员的执行意愿与执行能力，同时完善组织管理架构，营造良性的执行环境，使组织成员在整个执行过程中做到有的放矢，那么任务的执行效果可以大大提升[①]。通过四象限图，如图4-5所示，可以清晰地说明执行能力与执行意愿对执行力的影响。

当组织成员情绪高涨、执行意愿高的时候，即使没有管理者监督，其执行力也相对较高；反之，当组织成员情绪低落、执行意愿低下时，即使拥有较高的个人执行能力，但执行时的效果也会大打折扣。对于出现组织成员执行意愿低下的情况，管理者要花时间了解其意愿低的主要原因，针对性地解决问题。例如：组织成员认为任务枯燥、个人价值不高。在了解真实原因后，管理者应合理安排任务，最大限度地安排其擅长的任务。这就要求管理者在选人、用人时做到人岗匹配，"知人善用"是管理的高追求目标。对于执行能力不足的成员，管理者应考虑通过企业培训、自主学习或在实践中锻炼、在工作中给予指导等方式提高组织成员执行能力。

组织成员的执行力也与管理者在任务执行过程中的跟踪监督有关。因此，将组织成员的执行结果与绩效挂钩，尤其是建立任务进度跟踪体系非常有必要。执行需要加强过程控制，不断跟进。对于短期任务，管理者可以制作一份任务清单，在上面明确地标出任务涉及的执行人、每个人的职责、完成任务的时间、步骤、交付时间、结果等内容。这样既能帮助管理者减轻工作负担，又能帮助组织成员明确责任和目标，提升执行意愿。

本章从执行力出发对执行力要素以及影响因素进行辨析，并探究与组织核心——绩效的关系。而任务作为执行力的客观对象，其成熟度与执行力有着重要关系。当然，在组织管理中执行力与任务成熟度并不是绝对的，因此辨析任务类型以及对应匹配对象对于研究两者的复杂关系具有极大的价值。

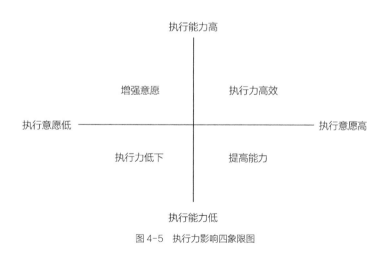

图4-5 执行力影响四象限图

[①] 张朝晖. 提高员工执行力，先从管理者入手[J]. 人力资源, 2018（1）：3.

第2篇

任务成熟度评价与用人策略

第 5 章 组织管理与成熟度评价

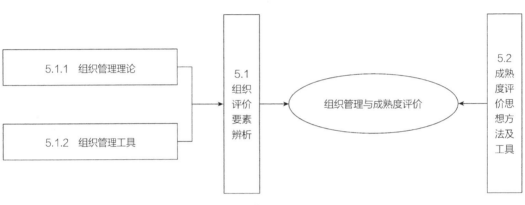

图 5-1 第 5 章逻辑图

5.1 组织评价要素辨析

5.1.1 组织管理理论

组织管理理论是研究管理组织的结构、职能和原则的理论，发展至今已经历了古典组织管理理论、行为科学管理理论、现代组织管理理论三个阶段。回顾其发展历程，这些组织理论的管理思想与管理模式对现今管理影响极为深远。

1. 古典组织管理理论

泰勒认为单凭经验进行管理的方法是不科学的，必须加以改变[①]。他在米德维尔钢铁公司工作12年间进行了大量关于如何提高劳动生产率的研究。他认为：出现很多工人"磨洋工"的问题关键在于管理部门要为每一项任务制定完善而公正的日工作量，并且制定工作计划和产品标准，他认为提高劳动生产率的关键在于事先制定好计划。由此泰勒提出了"任务管理"的主张，即任务管理制。这个管理的思想核心是至少提前一天分配给每个工人一项具体的任务，并且通过发布详细书面指示的形式对工人要完成的任务和完成任务的方法以及确

---

① TAYLOR F W. The principles of scientific management [M]. Dover Publications, 1911.

切的时限规定做出统一陈述,并把在规定的时限内完成的任务作为确定工人奖金的标准。泰勒根据自己的经验和研究成果在1911年出版了《科学管理原理》一书,促使人类的管理由放任型、经验型向科学型转变。该书主要有以下几方面内容:第一,职能组织。职能组织是进行职能管理的前提,它是指对企业组织成员按职业工作的性质进行分工,使工作专门化,提高工作效率。第二,组织的计划思想。企业组织应加强计划。他建议企业组织应设立计划部,以负责计划的制订。第三,例外原理。例外原理是指对组织规模很大的企业,需要运用"例外原理"即下放一定的权力,比如人事任免、决策监督等重要事项,在大企业中,既可以由最高权力机构确定,也可以由中层权力机构负责。从泰勒提出的理论来看,他是通过时间动作确定标准作业任务,并将任务落实到员工,并通过工作量定额、标准作业(有时间、质量等限制)等计算报酬。

莉莲·吉尔布雷思进一步发展了泰勒"任务管理"的这种观点,把组织中的"任务"发展成为组织的"目标"[1]。她认为"任务"可以通过分析和综合的复杂过程来确定,并阐释了组织中完成任务与制定组织目标之间的关系。她意识到目标的完成涉及"手段和目的之间的相互关系",她就此提出了一个重要观点,即个人任务的实现是组织目标实现的一个前提。

法约尔从宏观管理实践的视角建构了自己的管理组织理论[2]。他提出企业内部的五项管理职能,较好阐述了任务管理的要点:计划是针对尚不清晰的未来做出行动结果、路线以及最有效工具等预测性阐述;组织指管理者安排和设计员工的工作以实现目标的职能,并提供所必要的原料、设备、资本等;指挥是指将制定好的计划和目标,分配到具体的部门和组织里的个人;协调是通过沟通调整目标、匹配资源等方式,形成合理结构以更高效地达成目标的活动;控制是指对管理者及员工工作绩效的监管、评估和纠正的过程,以更好达成成果。法约尔还提出了管理人员解决问题时应遵循的14条原则:①劳动分工,实行劳动专业化以提高人们的工作效率,降低成本;②权力与责任,管理者应当具备与职责相匹配的智慧、经验、学识、道德素质等品质,并明确其责任范围;③纪律,领导者同下属员工之间在服从、积极、勤勉、举止和尊敬等方面所达成的一种协议;④统一指挥,每位员工应该接受而且只应接受一个上级的命令;⑤统一领导,具有同一目标的全部活动,仅应有一个领导者和一项行动方案,作为全体管理者和员工的行动方向;⑥个人利益服从集体利益,任何个人利益不能凌驾于组织整体利益之上;⑦报酬,报酬制度需公平合理,按时支付;⑧集权,集中化管理需根据企业实际情况决定集中化的最适程度;⑨等级制度,在组织中建立一个不中断的从最高权力机构直到底层管理人员的等级链;⑩秩序,人和物都应当在正确的时间处于正确的位置,以维护组织的正常运营;⑪公平,在贯彻公道原则的基础上,还要根据实际情况对员工的劳动表现进行善意的评价;⑫人员稳定,避免员工频繁变动,人员任期和替补应有清晰的规定;⑬首创精神,鼓励员工在工作中提出创造性想法或有所发明、创造;⑭团队精神,领导者有责任尽一切努力创造并维护组织内部的和谐与团结氛围。综合来看,管理职能、原

---

[1] 周三多,陈传明,刘子馨,等. 管理学(第七版)[M]. 上海:复旦大学出版社,2018:43-44.
[2] FAYOL H. 工业管理与一般管理[M]. 迟力耕,张璇,译. 北京:机械工业出版社,2021:12-13.

则都可归结到依据、组织、职责、资源、成果五个任务要素。

马克思·韦伯提出的官僚制理论，亦称为官僚制行政指挥组织理论，是传统公共行政学的基石之一[①]。该理论倾向于研究组织内部结构、工作程序及运行过程等重要问题，关心官僚制组织如何开展行动、引发组织行动的原因是什么以及官僚制组织活动可能对社会产生什么样的影响。他所主张的官僚制组织有如下特点：一是分工专业化；二是职级结构化；三是制度明确化；四是组织非人格化管理，管理工作以法律、法规、条例和正式文件等来规范组织成员的行为；五是工作程序系统化；六是提拔业绩化。马克思·韦伯认为，人类的希望在于理性化，非理性的感情是不可预计的影响因素，应排除在外。官僚制组织的优点在于其准确、迅速、清楚、连续、审慎、严格服从、减少物资和人力的浪费。官僚制组织理论较好地解决了组织的内部协调和外部适应问题，是较为贴近行政组织的理论描述。

古典理论时代的前期，泰勒等人重点探讨了组织内的企业管理理论，后期，以马克思·韦伯为代表的管理理论重点，探讨了组织内部的行政管理。从任务成熟度要素体系的视角分析，泰勒提出的科学管理理论中涉及的要素主要集中于依据、组织、职责、成果，法约尔的管理组织理论中的要素可总结为依据、组织、职责、资源、成果。马克思·韦伯提出的行政组织理论的要素则归结为依据、组织、职责、成果。归纳来说，古典组织理论任务要素集中于依据、职责、组织、资源和成果。

2. 行为科学管理理论

埃尔顿·梅奥主持开展了霍桑实验并提出人际关系学说，第一次把管理研究的重点从工作上和从物的因素上转到人的因素上来，既在理论上对古典管理理论作了修正和补充，又为现代行为科学的发展奠定了基础，对管理实践产生了深远的影响[②]。其理论思想主要概括为三个方面：第一，提出了"社会人"假设。认为组织成员是复杂的，成员们不是单纯追求金钱收入，他们还有社会及心理方面的需求，即追求人与人之间的友情、安全感、归属感和被人尊重等。第二，提出了"非正式组织"问题。梅奥等人通过实验发现管理组织内的非正式群体在决定生产率高低方面起着重要的作用，并与正式组织存在着相互依存的关系。所谓非正式组织是指企业组织成员在共同工作的过程中，由于共同的情感而形成的非正式群体，群体内有共同的规范和惯例，其成员必须遵守和服从。"非正式组织"的存在既可以对管理组织起正向的积极作用，也可以起反向的阻碍作用，因而必须引起领导者的高度关注。第三，提出了组织领导和组织效率问题。梅奥认为，新型的领导方式要求领导不再仅仅注重规则的管理，还需要通过对员工需求满足度的提高而激励员工的积极性，从而达到提高产量的目的。强调领导的综合管理技能，这些技能对于处理人际关系问题至关重要，梅奥等人的这一发现弥补了科学管理理论的不足，引发了一场管理上的革命，从此以后，行为科学管理理论开始登上管理思想的舞台。

---

① WEBER M. The theory of social and economic organization [M]. Free Press. 1964.
② MAYO G E. The human problems of an industrial civilization: early sociology of management and organizations [M]. Routledge, 2003.

亚伯拉罕·马斯洛针对管理组织人员激励问题，提出了"需求层次理论"，把人类的需要按照从低级到高级划分为五个层次[1]。即：生理需要，这是最基本的需要，指维持生活所必需的各种物质生活保障，包括衣食、住房、医药等；安全需要，指组织中安全的工作环境，公正和明确的规章制度、退休及保险计划等；归属需要，指对社会交往、感情、爱情、友谊和友情的需要；尊重需要，指在组织中获得成就感和责任感的任务和机会等；自我实现的需要，是一种最充分地发挥个人的潜力实现个人愿望的需要。马斯洛的需求层次理论指出了人在每一个时期，都有一种需要占主导地位，而其他需要处于从属地位。这一点对于管理工作具有启发意义。

弗雷德里克·赫茨伯格认为需要用"工作丰富化"的管理方法来取代"流水作业线"的生产程序和管理方法，这样可以减少工人的不满情绪，降低旷工率，提高生产率及产品质量[2]。他在提出的双因素理论中指出了两类影响员工工作态度的因素，分别为决定员工对工作满意的激励因素以及决定员工对工作不满意的保健因素。保健因素主要作用为安抚员工，其并不能对员工形成激励，使员工获得较高的工作满足感。赫茨伯格从1844个案例调查中发现，保健因素主要为工资状况、工作环境质量、人际关系等，这类传统的因素并不能对员工形成较好的激励效果，其仅仅能够缓和员工的不满意。激励因素则发源于工作本身，改善激励因素可以提高员工的积极性和工作效率，他从1753个案例的调查中提取出的激励因素主要为工作内容的挑战性、工作责任感、工作本身的重要程度、工作带来的成就感等。

道格拉斯·麦格雷格指出了管理者的性质和人的行为假设与管理方式的关系[3]，并认为：一个人对某事物所持的态度，显著地影响着此人对该事物的行为方式。他就现实的人对工作的态度作了两种假定，构成了著名的X理论和Y理论。当今管理组织中的许多行为的最基本认识就是以这些假定为基础的。他认为，理想的组织应该是这样的：组织的每个成员都把组织目标看作是对自己至关重要的目标，他们从事的工作是有意义的，要想有效地完成目标，他需要得到上级领导的支持，而上级领导则把支持下级完成工作任务看作是领导者的首要职能。麦格雷戈认为，只有Y理论才能在管理上获得成功。在Y理论的假设下，管理者的任务是发挥组织成员的潜力，促使组织成员在实现组织目标的同时，满足个人目标的需要。

在行为科学阶段，组织被视为一个封闭的社会性模式。学者们普遍认为人是有多种需要的"社会人"，满足人的多种需要，在组织内建立良好的人际关系是提高组织效率的根本手段。综合以上理论的阐述，行为科学管理理论要素主要集中于资源、信息、组织、成果。

3. 现代组织管理理论

切斯特·巴纳德建立的社会系统理论认为，一个组织能否持续存在，能否不断发展壮大，主要看组织能否始终保持内外部的平衡，即组织的内部（员工贡献与组织诱因的平

---

[1] MASLOW A H. Motivation and personality [M]. Longman, 1987.

[2] HERZBERG F, MAUSNER B, SNYDERMAN B B. The motivation to work [M]. New York: Wiley, 1959.

[3] MCGREGOR D. The human side of enterprise [M]. McGraw-Hill: New York, 1960.

衡）、组织与外部环境的平衡[①]。组织平衡论是社会系统理论的核心，主要有以下几方面的依据支撑：第一，诱因理论。针对组织内部和外部成员这两类诱因，巴纳德认为，组织的生存和发展要充分重视主观诱因的作用，非经济诱因比经济诱因具有更强的激励作用，虽然有些组织通过经济诱因实现成功激励组织成员，但是仅因考虑经济因素就被引诱做出贡献，是完全违背人的本性的。第二，决策理论。决策的过程是一种适应过程。巴纳德认为，决策是组织调节目的与环境间关系的手段，组织是通过决定改变组织目标或其外部环境来应对组织内部环境或外部环境引发的问题。第三，随机应变主义理论。社会中除组织本体之外的要素构成了组织的外部环境，巴纳德将组织面对外部环境变化时采取的目标修正行为以及这些环境本身归结为随机应变主义理论。第四，组织的专门化理论。组织工作专门化是组织必不可少的存在。专门化包含工作方法的差异，这种差异由于个人对工作的适应性及其工作经验的积累等要素的影响而不断加强，是组织存在和发展的必需。总结来说，巴纳德认为，社会中任何一个组织都是一个协作系统，任务/工作的执行与完成需要在遵循各项制度的基础上，加强领导人与各方的协作，注重内部的信息交流和共同的目标实现。

赫伯特·西蒙的组织理论提供了全新的视角，对解决组织与管理中的许多困难问题具有启发意义[②]。主要有三方面内容：第一，组织目标与组织结构。组织的实质是一个决策过程。组织行为是组织全部成员参与的信息加工、传递、控制的系统。组织结构会依据组织工作和目标的变化做出相应调整，包括权责调整，人员及岗位的配置，甚至还有部门和人员的存留，一个管理者要能够建立、维持并适时调整组织结构，这样才能产生合适的组织结构。对问题不断深入地认识，认识不断地连续重组，都会反映在组织的结构要素变化中以及组织结构的动态调整和循环中。第二，组织中的决策职能。上级和下属在保持目标、方向一致的前提下都具有决策职能。如果要对工作进行专业化分工，就一定要引入一些程序来保证组织成员之间的协调，而最有效的协调程序就是决策的集中化。决策集中化和分权化需要对组织进行剖析，并考虑组织成员能力高低、集权长期后果、决策成本、上级所制定决策的智慧、人际关系的协调效能等因素。第三，组织中的信息沟通。信息沟通是一个双向过程，通过不断地向上与向下沟通，逐渐遍布组织整体。决策制定职能的专业化，很大程度上取决于能否建立起与各决策中心相通的、适当的信息沟通渠道。

彼得·德鲁克在分析企业和政府两种不同机构的管理模式具有较大差别的同时指出政府管理要改变工作效率低下的问题必须要跟企业一样采取类似的以目标和任务为中心的管理方法，提出了政府目标管理要做到六个"必须"[③]：第一，必须认真考虑和回答自己本身的任务、目的和作用是什么；第二，必须从任务使命中提出能获得行政效益的明确目标；第三，

---

① 切斯特·I.巴纳德. 经理人员的职能［M］. 孙耀君，译. 北京：中国社会科学出版社，1997.
② 赫伯特·A.西蒙. 管理行为［M］. 杨砾，等译. 北京：北京经济学院出版社，1988.
③ 彼得·德鲁克. 管理：任务、责任和实践（第一部）［M］. 余向华，陈雪娟，张正平，译. 北京：华夏出版社，2008：76.

必须围绕重点工作规定达到目标的日期、权责标准；第四，必须制定衡量和考核政府工作的标准；第五，必须有整个机构及所有人员达标的系统；第六，必须加强对目标和效益的检查、考核和评估，发现和解决达标中的问题，防止金钱和精力浪费在没有效果的工作上。在德鲁克所提出的目标管理体系中，目标是实现每个人责任的一种手段和途径，任务和责任依托于目标，每个人在实现目标的同时也完成了自己的责任，而贯穿这始终的便是在组织中人与人之间的协作关系。他把目标管理中上下级之间的关系概括为协助，并将这种以协作为基础的工作态度视为目标管理中最重要的理念。后人根据该思想提出目标管理八要素：是什么——项目名称；达到什么程度——质量；谁来完成目标——负责人和参与人；何时完成目标——期限等；如何完成目标——手段、方法、措施；如何保证——资源；是否达成既定目标——评判标准；如何对待目标完成情况——与奖惩制度挂钩。

弗雷德·卢桑斯提出的权变理论认为管理和环境之间存在着一种函数关系[①]。即作为因变量的管理思想、管理方法和管理技术会随着环境自变量的变化而变化，以便有效地实现组织的目标。环境变数分为外部环境和内部环境。外部环境又分为一般环境和特定环境两种。一般外部环境对正式组织系统的影响虽然巨大，但不是直接作用。而特定的外部环境，比如，供应商、顾客、竞争者，都对正式组织产生直接的影响作用。当然，一般环境与特定环境之间及其内部构成要素之间也是相互影响、相互作用的。它们由于处于组织活动之外，故不受管理的直接控制。受管理直接控制的只能是内部环境，所以内部环境被称作为因变量。外部环境被称作为自变量。此外，卢桑斯还认为管理变数全部属于因变数，它包括管理的程序学说、计量学说、行为学说、系统学说所主张的管理理念和技术。它们是权变管理中的重要因素。

乔治·霍曼斯认为组织处于物理的、文化的、技术的环境中：物理环境是指工作场所、设施的布局和环境气候等；文化环境是指社会和组织的价值观、目标、规范等；技术环境是指社会组织为完成任务所具备的知识、技术手段等，在这种环境下应更加重视相互作用，即人际关系的交往[②]。

与古典组织管理理论、行为科学管理理论相比，现代组织管理理论的突出之处在于将组织视为一个开放的系统，在法约尔五项要素的基础上，更加注重与各方交流协作、信息使用和传递等，强调组织系统内各子系统及各部门之间的有机联系。作为项目管理知识体系的集大成者，PMBOK[③]将项目绩效域分为干系人、团队、开发方法和生命周期、规划、项目工作、交付、测量、不确定性。从古今组织管理理论可以看出，不同时期的注重点有所不同，组织中任务要素完备性也不尽相同，其对比如表5-1所示。

---

① LUTHANS F. The contingency theory of management: a path out of the jungle [J]. Business Horizons, 1973, 16 (3): 67-72.

② HOMANS G C. Social behavior as exchange [J]. American Journal of Sociology, 1958, 6 (63): 597-606.

③ PMI, PMBOK Guide (Seventh Edition) [M]. Newtown Square: Project Management Institute, 2021.

各阶段组织管理理论中的任务要素　　　　　　　　　　　表5-1

学者	要素
古典组织管理理论	依据、职责、组织、资源、成果
行为科学管理理论	资源、信息、组织、成果
现代组织管理理论	名称、依据、组织、资源、职责、各方、信息、成果
PMBOK	依据、组织、职责、各方、信息、成果

纵观各时期组织管理理论的发展与演进，制定分工计划、设立职能部门、建构管理原则体系、设置考核标准等措施，其目的都是为了提高劳动效率，达成组织战略目标。各方面这些措施，实施起来，归结到任务、任务成熟度、任务执行力，而任务要素是任务成熟度评价、任务得以执行的重要评价指标。在本书第3章已提出了任务九要素体系，从几大组织管理理论分析来看，组织管理中的任务要素都可归纳到九要素范围内，由此可见，任务九要素也能够全面可靠地对任务展开成熟度评价。

5.1.2　组织管理工具

无论何种管理职能、原则或体系，最终都要落实到行为、行为方式。组织管理的实质是对任务的管理与执行。任务的计划、组织、分配、实施、决策、控制、考核必然需要方法和工具的支撑，不同领域、类型、阶段应用到的管理手段不尽相同，选择合适有效的管理方法和工具对提升管理水平和功效至关重要。

1. 看板管理

本书第1.4.4节讨论过作为任务管理的技术方法和工具，下面换个角度讨论看板管理。

看板是传递信号控制生产过程的工具，它可以是某种"板"，如卡片、揭示牌、电子显示屏等，也可以是能表示某种信息的任何其他形式，如彩色乒乓球、容器位置、方格标识、信号灯等。

看板管理是协调管理公司/工厂的一个生产信息系统，就是利用看板在各工序、各车间、各工厂以及与协作厂之间传送作业命令，使各工序都按照看板所传递的信息执行，以此保证在必需时间制造必需数量的必需产品，最终达到准时化生产的目的。在创建任务时常包含Task ID、任务描述、负责人、结果预估、数据等标签。

看板管理的方法主要是通过创建一个物理或数字化的看板，将任务分解成小块，然后将这些任务以卡片的形式贴在看板上，每个任务的状态都清晰可见。团队成员可以根据任务的状态进行调整和优化，以确保整个流程的顺畅进行。

看板管理起到了传递工厂上下各道工序及各零件供应厂家与顾客之间信息的作用，对整个工序实施实现了很好的过程把控。将工作流程可视化、任务化，能够及时发现并解决异常问题和进行持续改善，帮助团队成员及时发现问题并进行调整，以确保任务按时完成。通过看板管理，团队成员可以更加紧密地合作，提高工作的透明度和可视化程度，更加灵活地应对变化和挑战，更好地满足客户需求，实现持续改进和创新。

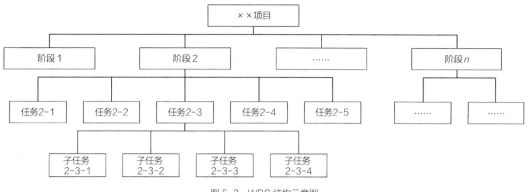

图 5-2 WBS 结构示意图

2. WBS

WBS意为工作分解结构，是一种根据项目的整个工作范围及内在逻辑进行任务划分的工具方法，其结构示意图如图5-2所示。是按照一定原则和规定将项目管理范围内的工作进行层层分解，进而细化工作内容和任务，直至工作内容无法再进行分解后，对工作内容进行合理排序和分配，从而达到权责明确，行之有效的管理目标。最后针对合理分配后的成本、进度和资源等维度进行全面过程管控。

WBS采用树状结构进行分解，以团队为中心，自上而下与自下而上地充分沟通，一对一分别交流与讨论，分解单项工作。分解后的任务结构清晰，集成了包含临时里程碑和监控点在内的所有关键因素，所有任务全部定义清楚，细化到负责人员、组织单位有关人员，系统编号，范围说明书、工作说明书、现成模板，以及对成本、进度要求的描述、可交付成果等要素。WBS存在多种分解方式，包括按产品结构分解，按项目或产品功能分解，按实施过程分解，按项目地域分布分解，按项目各阶段目标分解，按职能分解等等，具体实施时视项目具体实际情况而定。

运用WBS分解法将工程项目进行分解，项目因此由繁变简，管理者可以有效地制定各个部分的工作任务和工作计划，确定每个部分的职能范围和工作目标，各岗位员工也可进一步明确自己的任务并控制项目整体进程。工程的资源如何分配，项目进程的计划如何制定，都与工作内容是否详细具体有关，而WBS计划表的设计可以有效地配置资源和制定计划，保证工程项目科学进行。另外，采用WBS分解法来指导工程项目的优化，能够有效提高管理人员的工作效率，使管理工作更加科学合理，工作内容更加全面，各个工作任务的分配具体到个人并能得到有效落实。其核心价值在于将工作任务结构化、可视化，便于共享、协同。

3. PDCA

PDCA，即计划（Plan），执行（Do），检查（Check），处理（Act）的循环管理过程，如图5-3所示。最早由美国质量管理专家沃特·阿曼德·休哈特提出，后由戴明采纳、

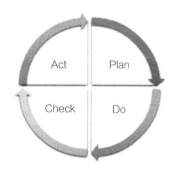

图 5-3 PDCA 循环

宣传，获得普及，又称"戴明环"。计划环节是根据当前问题明确预期目标与行动方案，并制定详细的规章制度和具体的实施方案；执行环节是按照计划环节所制定的具体内容组织各部门开展实践工作以实现目标，要求在执行过程中需要有标准和预定计划，也要有行动方案、质量、能耗等要求阐述，要对方案目标的细化阐述，并注重内外部信息、资源在组织内部、组织之间流动；检查环节是对计划执行的实际情况进行总结、分析，通过评估活动目标的实现度来判断活动成效并找出存在的问题；处理环节是针对不同的检查结果制定相应的解决措施，将成功经验加以总结并形成标准进行推广，将失败教训加以分析进行反思，本轮循环中未能解决的问题要进一步研究并在下一轮新的循环中加以改进。

PDCA循环具备三个特征：

第一，环环相接，循环往复。PDCA循环中的每一个环节都与前一环节是紧密衔接的，执行环节是按照计划环节的实施方案进行实际操作，检查环节是对执行环节的实际情况开展评估检测，处理环节则是根据检查环节的结果分类处理，且处理环节中余下的问题还会进入到下一个新循环的计划环节中，形成一个循环滚动的全过程工作流程。

第二，阶梯式上升，持续性改进。PDCA循环通过"计划—执行—检查—处理"（Plan-Do-Check-Act）四个环节来进行循环管理，每个循环完成便能解决一些问题，总结经验、吸取教训使下一个循环在此基础上开始解决剩下的问题。PDCA循环并不是只在原地转圈，而是阶梯式上升的循环，一次一次地循环力争解决所有问题，使工作得到了持续性的改进，整体工作质量得到有效提高，如图5-4所示。

第三，大环套小环，小环促大环。在PDCA循环的系统中，每一个环节在具体落实的过程中使得各个单位、部门或员工也能形成一个小的PDCA循环，进而形成"大环套小环"的状态，小环实际上是对大环的分解，每个小环与大环的发展方向是一致的，只有当每个小环完成，才能形成合力促进大环的贯彻落实，如图5-5所示。

4. PERT

计划评审技术（PERT）是一种流程型的箭线图，包含项目的先后顺序及相应的时间和成本消耗，常用的有单代号、双代号网络图等。通过对项目关键线路的预先确定和优化，进行资源的优化配置保证项目的顺利实施，并在实际工作中通过不断的纠偏调整，确保项目按

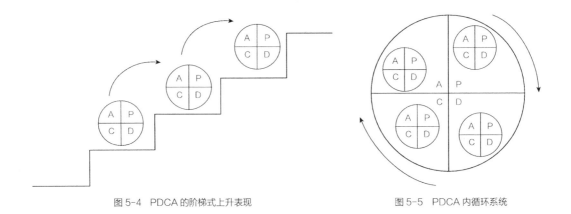

图5-4　PDCA的阶梯式上升表现　　　　　　图5-5　PDCA内循环系统

照预定的实施路径进行。体现动态计划、调整的滚动计划方法。

PERT作为现代管理的重要手段，明确了"事件（特定计划在特定时刻完成的进度）、活动（一个事件进展到下一个事件所必需的时间和资源）、关键线路（花费时间最长的事件和活动的序列）"三个概念，并指出一些基本要求：项目管理者需要重点关注人力、物力、资金并合理安排进度，事件和活动在网络中必须按照一组逻辑法则排序等。

PERT通过带有时间的逻辑关系将项目在项目计划中的各个部分相互串联，使之成为一个系统的网络。通过技术分析制定计划执行日程，指出关键线路，使项目的各项工作任务在一个可预见的范围内进行，并及时根据工作实际发展情况进行调整，保证计划的顺利进行。实施PERT的关键是寻找项目各个工作间的逻辑关系，而这就是项目整体实施流程。流程的完整性、系统性和及时更新调整是PERT能够顺利实施的基础，如何厘清项目的整体流程、分析清其中蕴含的要素、根据实际实施情况及时调整，是运用PERT的必备能力。

5. 《流程管理标准指南》

《流程管理标准指南》[①]对流程管理框架，流程规划、建设、推行、运营、优化五大过程所涉及的知识、方法、工具、技术进行了详细阐述，并融合流程管理理论和成功业务实践，创造性地对涉及组织全部业务领域的流程管理要素进行了提炼和标准化。同时，集合了战略管理、市场管理、研发管理、销售管理、交付管理、服务管理、财务管理、人力资源管理、内部控制管理九大业务领域流程标准，提供了每一领域的流程研究框架，研究方法和标准指南，供行业人士参考。该书指出流程管理包含六个要素：输入、角色、活动、逻辑、工具/方法、输出；以活动（任务）为中心，输入一份文件、指令等；选择任务执行的组织内部成员与外部团队相关角色参与；并通过一定逻辑进行有机组合，使用工具与方法更好执行任务，最终进行交付成果的输出。

6. BPI

业务流程优化（Business Process Improvement）的概念是由业务流程重组（Business Process Reengineering）演化而来，指对企业流程的持续改进方法。20世纪90年代，詹姆斯·哈林顿等学者把业务流程改进定义为：业务流程改进是在企业现有流程基础上对流程的持续改进方法。BPI是一种改进的方法，是指企业在现有业务流程的基础上，根据内外部环境情况，对流程进行持续改进的方法。

BPI是一种自下而上的优化方法，在于从企业内部出发，寻求一种适合本企业运作的流程模式来推动业务发展，通过循序渐进的方法，逐步将旧有流程中的不理想步骤修正，从而实现业务流程的优化。企业在开展BPI时，以现有流程为对象并制定详细计划书，进行旧流程改造和记录新流程，主要目的为提供满意的执行报告、节省资源使用以及在各方需求变化时做出快速反应。

7. Ms Project

Ms Project是微软公司开发的一款久负盛名的组织管理工具，利用名称和编码使团队成员

---

① 深圳市格物流程研究院.流程管理标准指南[M].北京：清华大学出版社，2021.

便于理解与执行,通过规定任务约束条件、预先调配任务资源(各方成员、设备、材料等)、设置任务优先级、显示任务完成百分比等手段对各类信息进行及时传递,以更好管理任务。

总结以上组织管理工具中的要素如表5-2所示。

组织管理工具中的任务要素　　　　　　表5-2

管理工具	要素
看板管理	编码、依据、组织、职责、信息、成果
WBS	编码、依据、组织、职责、各方、成果
PDCA	依据、组织、职责、各方、资源、信息、成果
PERT	名称、编码、依据、组织、职责、各方、资源、成果
《流程管理标准指南》	依据、组织、各方、职责、资源、信息、成果
BPI	依据、组织、各方、职责、资源、成果
Ms Project	名称、编码、组织、各方、职责、信息、资源

从上述较有代表性的管理理论与工具中分析归纳得出,描述任务的要素基本集中在编码、依据、信息、资源、组织、职责、各方和成果,再加上"名称"这一自然标签,构成九要素的向量矩阵。

5.2 成熟度评价思想方法及工具

本书第2.1节已经较为详细地讨论了成熟度,也进而阐述了任务成熟度的概念。这里再简略归纳、补充成熟度评价思想的方法和工具。

成熟度评价思想/模型广泛应用于软件开发、项目管理、知识管理、供应链管理、人力资源管理、质量管理等领域中。

1. 软件开发领域

卡耐基梅隆大学软件工程研究所(SEI)所开发的软件能力成熟度模型CMM(Capability Maturity Model for Software,CMM)[1],该模型主要包括一个五级层级结构和一个内部分析结构。同时,SEI还对模型实施提出了详细的应用流程和框架。原欧洲共同体委员会(Commission of the European Community,CEC;现已成为欧洲联盟,简称为EU)提出了Bootstrap模式[2]。

国际标准组织(International Organization of Standardization,ISO)提出了软件过程改进和

---

[1] 卡耐基梅隆大学软件工程研究所. 能力成熟度模型(CMM):软件过程改进指南[M]. 刘孟任,等译. 北京:电子工业出版社,2001.

[2] KAUTZ K,LARSEN E A. Diffusion theory and practice:disseminating quality management and software process improvement innovations[J]. Information Technology & People,2000(13):11-26.

能力确定模式（Software Process Improvement and Capability Determination，SPICE）[1]。SPICE包含的过程管理参考模型与CMM类似，但着眼点集中在组织能力上，而且SPICE提出的一套通用惯例适用于任何过程的过程管理，而不仅仅是软件过程。

2. 项目管理领域

美国项目管理协会提出组织管理成熟度模型（OPM3）[2]。OPM3模型在借鉴以前所出现的各种模型的基础上，除了在面向项目管理五个过程（启动、规划、实施、控制、收尾）和过程改进的四个梯级（标准化、可测量、可控制、持续改进）两个维度之外，结合组织项目管理的特点，在组织项目管理层次方面增加了第三个维度，即项目管理、大型项目计划管理和项目组合管理三个领域。OPM3模型不仅提供了一套系统评估和改进从单个项目到企业项目组合成熟度的方法，还第一次在模型中引入并固化了来自商业的各流程最佳实践[3]。

科兹纳提出项目管理成熟度模型（K-PMMM）[4]。K-PMMM模型的结构包含五个级别。每一个梯级代表项目管理成熟度的不同程度。层级水平的评估主要通过问卷调查方法。分不同层次给出若干客观自我评估题。通过这些问题的回答，可以分析、整理、判断出企业项目管理中存在的问题，为改善和提高企业项目管理水平提供依据。

美国项目管理解决方案（Project Management Solutions，PMS）公司开发了五级项目管理成熟度模型[5]。该模型借鉴了PMI的项目管理九大知识体系与SEI能力成熟度模型的架构，将二者进行了有机的结合，构成二维的模型。由于模型的基础是两个已经被普遍接受的知识体系，在实际应用过程中得到了很多企业的认可。模型存在的主要问题是在面向企业项目管理的全过程或者多项目管理时，仅针对PMI的九大知识体系构造模型不能满足要求[6]。

伯克利项目管理过程成熟度模型（Berkery Project Manage ment Process Maturity Model）是由Young Hoon Kwak博士和C.William Ibbs博士联合开发的模型。该模型是从职能导向型组织到项目导向型组织中演化而来，具有五层层级体系。利用包含一般组织信息、组织项目管理过程成熟度评估、实际项目绩效评估三类信息的调查问卷判断组织项目管理过程成熟度，并应用PM实践和过程的组织作为参考点[7]。

---

[1] WALKER A J，GEE C. ISO 9001 model support for software process assessment［J］. Logistics Information Management，2000（13）：39-44.

[2] PMI Organization. OPM3 knowledge foundation［M］. Pennsy lvania：PMI Publishing，2003：21-28.

[3] PMI Organization. Project management maturity model hand book［R］. USA，PMI Global Congress，2003.

[4] 科兹纳. 项目管理的战略规划：项目管理成熟度模型的应用［M］. 张增华，等译. 北京：电子工业出版社，2002.

[5] 詹伟. 项目管理成熟度模型及其应用研究［J］. 北京航空航天大学学报（社会科学版），2007（3）：18-21.

[6] 李鹏，戴俊俊，顾瑾. 从流程层面到组织层面的扩展：项目管理成熟度研究综述［J］. 物流科技，2005（9）：117-122.

[7] 张新星，张连营. 组织的项目管理成熟度模型分析及其选择［J］. 内蒙古农业大学学报（社会科学版），2007（2）：136-142.

3. 知识管理领域

企业资源管理研究中心（AMT）提出了知识管理模型（A-KMMM）[①]。A-KMMM模型将组织的知识管理水平分为五个阶段，分别为：知识无序阶段、反应阶段、意识阶段、确认阶段、共享阶段。为了确定组织所处位置，模型将从三个层面：人、流程、技术，对组织的知识管理进行考察。

西门子公司根据自身经验提出知识管理模型（S-KMMM）[②]。S-KMMM包括了一个发展模型和一个分析模型。发展模型类描述了组织知识管理发展所需要经历的各个层级。分析模型帮助知识管理实施人员考虑知识管理应该包括的重要方面，并提出今后知识管理应该改进和完善的关键过程域。除了这两个模型外，S-KMMM模型还包括了一个实施和评估流程，为知识管理各步骤的实施和效果评估提供结构化的指导[③,④]。

4. 其他领域

以CMM模型为基础，卡耐基梅隆大学软件工程研究所（SEI）提出了人力资源能力成熟度模型（People Capability Maturity Model，P-CMM）[⑤]，以持续改进人力资源管理为根本思想，以过程管理、全面质量管理和目标管理为手段，所建立起的一个进化的、分阶段的实施人力资源管理战略的框架。

吴政、王雯婧[⑥]通过对电子采购的实质特点的分析，参考集成化能力成熟度模型CMMI（Capability Maturity Model Integration）模型概念，提出五个等级阶段式的采购能力成熟度模型P-CMM（Procurement Capability Maturity Model）。

赵道致、张靓[⑦]建立了面向MICK-4FI资源运营模式的供应链系统、评价框架以及相关环境下供应链组织结构和供应链管理模式，依据以上研究结论，提出供应链成熟度和供应链管理成熟度的概念。

总之，成熟度评价是管理学界/工程业界广为应用的思想，已经成为相对成熟的技术方法和工具，支撑现代管理，支持广泛各界。

---

① 夏敬华，金昕. 知识管理[M]. 北京：机械工业出版社，2003.

② 祁延莉. 知识管理成熟度模型初探——以西门子公司为例[J]. 情报理论与实践，2005（6）：75，175，275，375.

③ HSIEH P J, LIN B, LIU C. The construction and application of knowledge navigator model (KNM™): an evaluation of knowledge management maturity [J]. Expert Systems with Applications, 2009（36）: 4087-4100.

④ HUNG Y H, CHOU S C T. On constructing a knowledge management pyramid model [J]. Proceedings of the 2005 IEEE International Conference on Information Reuse and Integration, 2005: 1-6.

⑤ 王成军，葛智勇，窦德强. 企业人力资源管理实践的整合与优化——人力资源能力成熟度模型探析[J]. 中国人力资源开发，2008（8）：29-32.

⑥ 吴政，王雯婧. 电子采购的能力成熟度模型研究[J]. 科技管理研究，2006（2）：212，312，412，512，612.

⑦ 赵道致，张靓. 基于MICK-4FI资源运营模式的供应链成熟度与供应链管理成熟度研究[J]. 中国农机化，2008（4）：13-18.

第 6 章
任务成熟度评价与模型

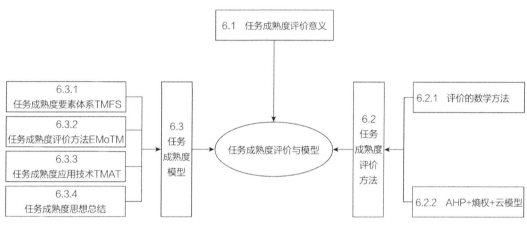

图 6-1　第 6 章逻辑图

6.1　任务成熟度评价意义

任务成熟度表征任务可执行程度，直接影响执行力。任务成熟度是对任务资源完备与否、依据充分与否等指标的程度测度，执行力则是相对于任务本身状态对完成任务的意愿、能力、程度的综合衡量。研究目的在于在不同情况下如何处理任务使得其产出成果最大、最优，形成任务效用最大化。

任务成熟度评价的意义在于预先得知优劣后进行执行前的改进与提升。除直接提升执行力的效用之外，对于管理标准化而言，组织中每一次的任务成熟度评价就是在为组织积累"底蕴"。当某一项任务的成熟度达到满意程度时，就可以将其标准化后纳入组织的"库存"之中，当再遇到相同或者相似任务时就可以快速调用或模仿，大大提升效率，一些重复性较高的工艺任务尤其如此。标准化的内核就是任务成熟度的达标。

当然，由于内外部环境的快速变化，一味"死板"地提升任务成熟度将导致管理僵化。为此，需要从组织环境挖掘出任务成熟度的附加意义。前文提出人和任务是执行最主要的两个主题，帮助组织进行人才的筛选、匹配和培养势在必行。当任务成熟度较高，即任务责任、成果阐述清晰明确，资源、信息等相当完备时，可适当降低对执行者技能、灵活性的要求，根据任务成熟度各项要素的要求按部就班执行即可，执行者也会更有动力去充分利用自身的能力和资源来完成任务。他们会感到任务是可以应对和解决的，因此更容易投入到任务中并保持高度的执行力。相反地，当任务成熟度较低时，如任务目标不够明确或资源不完备，执行者可能会感到挫败和无助，则会认为任务是不可能或极其困难的，因此很难保持高水平的执行力。这样的情况可能导致执行者的意愿和积极性下降，执行力减弱甚至放弃任务的执行，此时则需要更多的主动性、创造性和解决问题以完成任务的能力。对于组织来说，在执行任务前实现较高成熟度可以促进目标快速、精准达成，并降低执行偏差所带来的浪费，在一定程度上可减少因人员流动频繁所带来的培训费用等；就个人而言，应当在确保任务成熟度的基础上，不断增强个人执行力，以更好应对各种任务，取得绩效，实现目标。在以往任务效用最大化的研究当中，无论效用主体是谁，学者们几乎都是联系"任务"与"人"进行最大化，而从任务内部结构的调配、任务之间的逻辑改变可以为组织管理提供新路径。

任务成熟度的评价、提升可以有效解决问题和应对挑战。任务成熟度提升的过程可以很好打造执行者的问题解决和挑战应对能力，使执行者在不断的任务执行过程中更加迅速地识别和解决任务执行过程中的问题和挑战。对于难度较高或复杂的任务，经过训练的执行者能够更好地掌握解决问题的方法和技巧，从而更好地应对挑战，提高任务执行的成功率。执行者的预见和规划能力也可以从中得到训练，在提升任务成熟度的过程中可以有依据地预见可能出现的问题和挑战，并制定相应的应对策略。通过提高预见和规划能力可以有效地提高执行力，使任务的执行过程更顺利、更高效。

因此，在评价、提升任务成熟度的过程中会对执行者的意愿与能力产生影响；可以说，任务成熟度直接影响执行力。因此若对任务成熟度进行提高可以本质、快速地提升执行力，而组织确定"任务成熟度"可作为选择合适的任务执行者以获得预设成果的标准，可以在一定意义上解决管理实践中的"用人"难题。

6.2 任务成熟度评价方法

6.2.1 评价的数学方法

数学方法能够提供精确的量化指标，客观地评估任务的成熟度，利用历史数据和趋势进行预测。通过数学模型，可以将任务的各个方面进行量化分析，减少主观因素的影响，进而通过分析任务的历史数据和发展趋势预测任务的未来发展状况，帮助决策者了解任务的发展情况，并做出相应的决策。文献调查发现：利用数学评价方法对成熟度进行评价的研究主要分布在工业/企业经济、宏观经济与可持续发展、地质学、建筑科学与工程、高等教育等20个学科领域。其中工业/企业经济学科采用AHP-DEMATEL[①]、层次分析法[②]、熵值法+云模型[③]、问卷调查法+AHP[④]等数学方法对成熟度进行评价；建筑科学与工程学科运用了AHP+灰色聚类法[⑤]、模糊综合评价[⑥]、云模型+组合赋权法[⑦]、改进群组G1-EWM组合赋权法[⑧]等数学方法进行评价。其余学科所运用的数学方法这里不再一一赘述，从中可以看出各研究所采用的方法或主观或客观，或主客观相结合。本书从主观赋权法、客观赋权法、综合评价法三个角度介绍数学评价方法。

1. 主观赋权法

主观赋权法是根据决策者对各项评价指标的主观重视程度来赋权的一种方法，常用的有Delphi法（也称德尔菲法）、环比评分法、层次分析法等。

（1）德尔菲法：采取匿名函询方式征询专家组的意见，经过几轮征询，使专家组的意见趋于集中，确定各指标的权重。其优点在于不受地区部门的限制、便于专家独立思考、避免倾向权威的问题、综合知识和经验使结果具有一定的可靠性，但也存在过程复杂、周期长、缺乏交流有一定的片面性等缺点。

（2）环比评分法：环比评分法从上至下依次比较相邻两个指标的相对重要程度，给出重要度值，将最后一个被比较指标的重要度值设为1，以为基数依次修正重要性比值，将下一指标的修正重要度比值与上一指标的重要度比值相乘得到上一指标的修正重要度比值，用各指标修正重要度比值除以修正值总和，得到各指标权重。该方法计算简单，但要求指标具有可比性。

（3）层次分析法：将待解决的问题进行分解，在每层内对指标进行两两比较得出相对重要程度，通过一致性检验确保判断矩阵满足一致性要求，从而将定性问题定量化。它具有思路清晰、简洁实用等优点，是目前使用最多的一种主观赋权法。经过发展演变，现已存在区间层次分析法（IAHP）、模糊层次分析法（FAHP）、属性层次模型（AHM）、网络层次分析法（ANP）和序关系分析法（G1）等改进方法。但其仍然存在计算复杂、权重难确定、定量数据少、定性成分多、可信度不够高等缺点。

---

① 李海若，谢鹏，兰小平，等．制造企业数字化转型能力成熟度评价模型研究［J］．新技术新工艺，2023，422（2）：15-19．

② 王晶晶，孙改灵，高垚．企业内部控制能力成熟度评价模型的构建研究［J］．会计之友，2023（22）：105-112．

③ 李君，窦克勤，周勇，等．基于成熟度视角的生产设备数字化管理能力评价研究［J］．科技管理研究，2023，43（2）：57-64．

④ 殷鹏，钱蕾，张艳，等．项目管理信息化成熟度评价I-see模型构建与实证分析研究［J］．中国信息化，2022（7）：67-70．

⑤ 田文娟．基于灰色聚类法的建筑工程造价控制成熟度评价［J］．中国建筑金属结构，2023，22（9）：159-161．

⑥ 史文龙．工程造价管理成熟度模型的构建及其评价应用［D］．上海：同济大学，2018：46．

⑦ 李昇翰，吴晨溦，张丹婷，等．基于云模型—组合赋权的建筑废弃物资源化技术成熟度评价［J］．工程管理学报，2023，37（5）：141-146．

⑧ 聂慧君．工程项目全过程造价管理成熟度评价研究［D］．南昌：南昌大学，2023：48-51．

主观赋权法通常依赖于专家判断的科学性和准确性，对专家要求较高，因而适用于人的定性判断起重要作用的、对决策结果难于直接准确计量的场合。优势在于评价成本低、时间短、效率高，劣势在于评价的随意性较大，精确度不高。

2. 客观赋权法

客观赋权法本质是指通过各评价指标值的客观存在数据信息之间的差异来确定各评价指标权重的一类赋权方法。该方法包括主成分分析法、熵权法、CRITIC法等。

（1）主成分分析法：利用指标间的关系，将多个指标融合成少数综合指标，能够消除原指标之间的相互关系。它能减小指标赋权的工作量并消除评估指标间的相互影响，但要求指标之间有强的相关性，且综合指标必须有符合实际背景和意义的解释。

（2）熵权法：根据指标信息熵的大小对指标客观赋值，信息熵越小，代表该指标的离散程度很大，包含的信息就多，所赋予的权重就越大。熵权法具有较强的数学理论作为支撑，可用于任何评估问题的指标赋权，精度较高，但各指标间缺乏横向比较，权重依赖于样本，只适用于底层指标赋权，不适用于中间层赋权。

（3）CRITIC法：是通过指标的对比强度和指标间的冲突性综合衡量指标权重。在考虑指标变异性大小的同时兼顾指标间的相关性，两指标间的正相关程度越大，冲突性越小，指标权重越小。优点在于能够反映出各因素之间的相对重要性，但只适用于指标数据值稳定，且指标间存在一定关联的情况。

客观赋权法不受人为因素的影响，具有较强的客观性。但过于依赖指标值数据样本，易受样本数据的影响，忽略了人的主观能动性，赋权结果可能不符合实际情况，因而适用于具有强大数据支撑的场合。同时其整体评价过程的透明度和再现性较好，但其权重不具有可继承性。

3. 综合评价法

综合评价法指运用评估方法将评估对象的评估指标值和对应的指标权重"合成"为综合评估值。目前国内外的综合评估方法有数十甚至近百种，在评估模型的学科理论上可主要分为数理统计分析方法、运筹学方法、多准则决策方法、模糊数学方法、灰色系统理论方法、信息论方法、粗糙集理论方法、智能化方法和交叉学科方法九大类。综合评价的方法虽然很多，但具体操作程序大致相同，包括确定评价目标、构建评价指标体系、确定指标权重、建立评价的数学模型、分析评价结果等几个步骤。

本书简单介绍常用的几种类型：

（1）灰色综合评价法：利用各方案与最优方案的关联度大小对评价对象进行比较、排序。关联度越大，说明比较序列与参考序列变化的态势越一致，反之，变化态势则相悖，并由此得出评价结果。该模型可以较好地解决评价指标难以准确量化和统计的问题，排除人为因素带来的影响，使评价结果更加客观准确。同时可用原始数据直接进行计算，可靠性强，且计算简单，通俗易懂。缺点是对样本数据的时间序列特性有较高的要求，灰色关联度的取值不能为负，与实际情况可能不符。适用于小样本、贫信息等不确定性问题的评估。

（2）模糊综合评价法：是以模糊数学为基础，应用模糊关系合成的原理，将一些边界不清、不易定量的因素定量化，从多个因素对被评价事物隶属等级状况进行综合性评价的一种方法。其优点是数学模型简单易学，可根据多种可能性得到多个层次的解，克服了唯一解的弊端。缺点是无法解决指标间相关性导致的信息重叠问题，隶属函数、合成算法具有一定的主观性。适用于评估对象类属不清晰、专家认识模糊等模糊性问题的评估。

（3）BP神经网络综合评价法：是一种交互式的评价方法，由输入层、隐藏层和输出层组成，神经元在网络中通过一系列带权重的连接进行相互连接，并通过调整连接权重来最小化预测输出与实际输出之间的误差。神经网络具有自适应能力，能对多指标综合评价问题给出一个客观评价，这对于弱化权重确定中的人为因素是十分有益的，可以避免主观因素对变量选取的干扰。但其精度取决于训练样本数，否则精度不高，且应用范围是有限的，其中最大的应用障碍是评价算法的复杂性，人们只能借助计算机进行处理，而这方面的商品化软件还不够成熟。因而适用于具有自适应能力、可容错性、能够处理非线性、非局域性的大型复杂系统。

综合评价法是现阶段运用较多的方法，优点在于能综合考虑多个因素从而得出更全面、更精准的评估结果，并且它可以评估不同类型的事物，包括产品、项目、政策条例等，但它也常常受限于计算复杂。

6.2.2　AHP+熵权+云模型

通过上节的阐述，可以看到不同数学方法可以对评价对象产生不同的效果。当然，在选择数学方法对任务成熟度进行评价时，既要在一定程度上满足评价者的主观要求，又要遵循组织环境与任务本身的特性进行选择。

一般来说，应用综合评价方法可以更加明确、直观体现出评价对象所处水平，任务成熟度也不例外。主观评价法依照专家或决策者的判断，使主观意愿更好贯彻；但受限于个人偏好与经验，易忽视客观的因素、降低精确度。客观评价方法以数学规律为支撑，科学性较强，但往往太过于注重理论而忽视数值的实际意义[①]。为保证评价结果既贴近现实又具科学性，本书将主、客观方法综合使用。

1. 基于AHP法赋予主观权重

（1）建立层次结构模型。在深入分析实际问题的基础上，将有关的各个因素按照不同属性自上而下地分解成若干层次，同一层的诸因素从属于上一层的因素或对上层因素有影响，同时又支配下一层的因素或受到下层因素的作用。最上层为目标层，通常只有一个因素，最下层通常为方案或对象层，中间可以有一个或几个层次，通常为准则或指标层。

（2）构造成对比较阵。从层次结构模型的第二层开始，对于从属于（或影响）上一层每个因素的同一层诸因素，用1~9比较尺度构造成对比较阵，如表6-1所示。

判断矩阵标度及其含义　　　　表6-1

标度	1	3	5	7	9	2、4、6、8
含义	同等重要	稍微重要	重要	很重要	非常重要	介于相邻尺度中间

---

① 李芳，李东坪. 基于熵权法的组合评价模型［J］. 信息技术与信息化，2021（9）：148-150.

（3）计算权向量并做一致性检验。对于每一个成对比较阵计算最大特征根及对应特征向量，利用一致性指标、随机一致性指标和一致性比率做一致性检验，如公式（6-1）所示。当CR＜0.1时，一致性检验通过；若不通过，需重新构造成对比较阵。

$$\begin{cases} CR = \dfrac{CI}{RI} \\ CI = \dfrac{\lambda_{\max} - n}{n-1} \end{cases} \quad （6\text{-}1）$$

式中：CI为一致性指标；$\lambda_{\max}$为最大特征值；CR为随机一致性比率；RI为随机一致性指标；n为指标个数。

（4）计算组合权向量并做组合一致性检验。计算最下层对目标的组合权向量，并根据公式做组合一致性检验，若检验通过，则可按照组合权向量表示的结果进行决策，否则需要重新考虑模型或重新构造那些一致性比率较大的成对比较阵。

AHP的应用为任务成熟度评价提供了合适的方法。一方面，AHP本身就是一种结构化的评价方法，可以依据任务成熟度的相关概念、内涵等分解为不同的准则甚至子准则，这有助于确保评估过程系统化、全面和透明。另一方面，AHP可以基于组织环境或主观意愿来确定各个任务要素之间的重要性和优先级，在一定程度上符合组织管理的思考逻辑，贯彻决策者或管理者的意图。而一致性检验有助于减少主观偏差和不确定性对结果的影响，增加评估的可信度。

2. 基于熵权法赋予客观权重

熵权法是通过指标信息的价值系数估算来确定权重。当某一指标价值系数较高时，对应的熵权越大，反映指标重要性就越高，权重也就越大[①]。熵权法基本应用步骤如下：

（1）构建决策矩阵$X=X_{ij}$，如公式（6-2）所示，并对矩阵指标的数据进行收集。

$$X = \begin{Bmatrix} X_{11} & X_{12} & X_{13} & \cdots & X_{1n} \\ X_{21} & X_{22} & X_{23} & \cdots & X_{2n} \\ X_{31} & X_{32} & X_{33} & \cdots & X_{3n} \\ \vdots & \vdots & \vdots & \cdots & \vdots \\ X_{n1} & X_{n2} & X_{n3} & \cdots & X_{n4} \end{Bmatrix} \quad （6\text{-}2）$$

（2）标准化处理。因不同指标在量纲、量值上存在差异，需对数据进行标准化处理。应当指出的是，由于本书是首次将熵权法应用于任务成熟度的评价，因此可能组织内部不具有可满足熵权法计算的数据，故此处以邀请具有多年实践经验的专家、学者对指标进行相应打分，以此作为熵权法计算的数值。

（3）计算信息熵和权重，如公式（6-3）所示。

---

① 赵金煜，王悦，王定河. 基于AHP—熵权法的建筑工程BIM应用障碍因素研究[J]. 建筑经济，2020（S2）：182-187.

$$\begin{cases} P_{ij} = \dfrac{Y_{ij}}{\sum\limits_{i=1}^{m} Y_{ij}} \\ E_j = \dfrac{1}{\ln m} \sum\limits_{i=1}^{m} P_{ij} \\ W_{j2} = \dfrac{1 - E_j}{\sum\limits_{j=1}^{n} E_j} \end{cases} \quad (6\text{-}3)$$

式中：P_{ij} 为指标特征权重；Y_{ij} 为第 j 个指标下第 i 个评价对象；E_j 为第 j 项指标的熵值；W_{j2} 为客观权重；m 为指标数量；n 为专家数量。

熵权法的应用，可以使任务成熟度模型在构建时就听取相关专家的建议。管理学的特殊性在于其所追求的是考虑"人满意"而不一定是"事最好"；尽管熵权法更加依赖于客观数据，但对于管理问题来说，人对事的满意程度应当是最直观的数据。

3. 基于云模型的综合评价

云模型概念由李德毅[①]院士于1995年提出，是一种反映综合评价的随机性与模糊性的决策方法，可较好地实现定性与定量之间相互转化[②]。通过云的数字特征 Ex、En、He 定量反映定性概念，Ex 为评价结果的期望值；En 为熵，反映评价结果的模糊程度；He 为超熵，反映熵的离散性。云模型中包含正、逆向云发生器，其本质是通过一系列公式与计算实现参数与云图之间的转化：利用逆向云发生器将精确数值转变为云模型参数，利用正向云发生器将云参数转变为云滴，形成云图，直观反映评价结果[③]。云模型可通过 En 与 He 反映评价的随机性与模糊性，在一定程度上可对评价者的水平、专业性等做出判断，继而采取相应措施进行改善；由于是首次提出任务成熟度相关概念与模型，将云模型用于本评价可同时促进任务成熟度与评价者对任务成熟度相关概念与方法的认知，故选用。将云模型用于任务成熟度评价的具体步骤如下。

（1）构建标准云。因任务成熟度包含"存在不同层级且需要不断提升"，因此可以按照一定标准对任务成熟度模型进行等级划分，并通过咨询相关专家意见确定具体打分区间，随后通过区间数值和正态云模型转换关系，得出标准云模型的数字特征 Ex，En，He，如公式（6-4）所示。

$$\begin{cases} Ex = \dfrac{C_{\min} + C_{\max}}{2} \\ En = \dfrac{C_{\max} - C_{\min}}{6} \\ He = S \end{cases} \quad (6\text{-}4)$$

[①] 李德毅，孟海军，史雪梅. 隶属云和隶属云发生器［J］. 计算机研究与发展，1995（6）：15–20.

[②] 谷立娜，张春玲，吴涛. 基于云模型的重大水利PPP项目融资风险评价［J］. 人民黄河，2021，43（11）：116–121.

[③] 吴炯璨，方俊，秦淑莹，等. 基于云模型的环境工程PPP项目后评价［J］. 统计与决策，2021，37（15）：175–179.

式中：Ex 为期望；En 为熵；He 为超熵；S 为常数，根据评价指标、项目所需模糊度与过往研究数量，$S=1$；$C_{\max}$、$C_{\min}$ 分别为分值区间的左右边界。

（2）计算并输出评价指标云。评价指标云根据各任务成熟度要素评价的数字特征进行展示。评价指标一般采用专家对组织中任务的具体情况进行打分。由 X 个专家对 Y 个指标进行打分，生成任务的评价矩阵 D，如公式（6-5）所示，其中 D_{ij} 表示第 i 个专家对第 j 个指标的评价值，通过公式（6-6）计算得出各指标的云参数 C_j（Ex_j，En_j，He_j）。

$$D = \begin{Bmatrix} D_{11} & D_{12} & D_{13} & \cdots & D_{1n} \\ D_{21} & D_{22} & D_{23} & \cdots & D_{2n} \\ D_{31} & D_{32} & D_{33} & \cdots & D_{3n} \\ \vdots & \vdots & \vdots & \cdots & \vdots \\ D_{n1} & D_{n2} & D_{n3} & \cdots & D_{n4} \end{Bmatrix} \quad (6-5)$$

$$\begin{cases} Ex = \overline{X} \\ En = \sqrt{\dfrac{\pi}{2}} \times \dfrac{1}{n}\sum_{i=1}^{n}|x_i - E_x| \\ He = \sqrt{S^2 - En^2} \end{cases} \quad (6-6)$$

式中：S^2 为样本方差。

（3）构建综合云并进行对比。综合云用通过AHP与熵权评价得出的组合权重 W_j 与评价指标云参数 C_j 代入公式（6-7）得到准则层综合云，逐级向上。得到综合评价云图后，与评价级标准云进行比较，确定整体所属等级。

$$\begin{cases} Ex = Ex_1\lambda_1 + Ex_2\lambda_2 + \ldots\ldots Ex_n\lambda_n \\ En = \dfrac{\lambda_1^2}{\lambda_1^2+\lambda_2^2+\ldots+\lambda_n^2}En_1 + \dfrac{\lambda_2^2}{\lambda_1^2+\lambda_2^2+\ldots+\lambda_n^2}En_2 + \ldots + \dfrac{\lambda_n^2}{\lambda_1^2+\lambda_2^2+\ldots+\lambda_n^2}En_n \\ He = \dfrac{\lambda_1^2}{\lambda_1^2+\lambda_2^2+\ldots+\lambda_n^2}He_1 + \dfrac{\lambda_2^2}{\lambda_1^2+\lambda_2^2+\ldots+\lambda_n^2}He_2 + \ldots + \dfrac{\lambda_n^2}{\lambda_1^2+\lambda_2^2+\ldots+\lambda_n^2}He_n \end{cases} \quad (6-7)$$

如上所述，基于任务成熟度本身特征以及各项数学评价方法的优势，应用AHP+熵权法进行组合赋权，并选用云模型对其进行综合评价。图6-2是三个方法的应用流程图，以更直观展现任务成熟度评价方法的使用。

6.3 任务成熟度模型

进行任务成熟度的精准评价，并使评价结果对组织绩效产生影响的基本逻辑是"通过改进任务构成的内在要素，改善任务要素的整体性、系统性、关联性，提升任务执行可靠度，

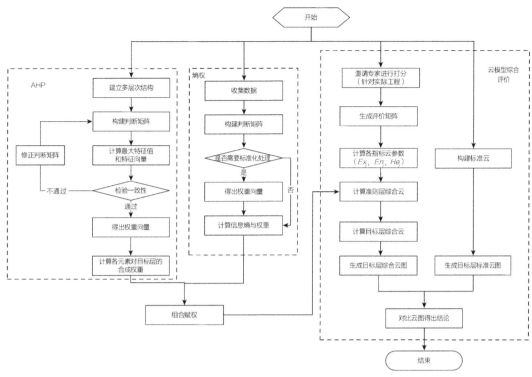

图 6-2 任务成熟度评价方法应用流程

提高执行力,获得组织的更高绩效"。在前面章节中已经阐述了任务、任务要素、任务成熟度以及可应用于评价的数学方法,但依旧是较为零散的,无法作为一套完整、系统的评价与提升工具,为组织提供直接的帮助。

统筹前文提出的概念(可参考前言部分的图2):

任务成熟度模型(Task Maturity Model,TMM)

=任务成熟度要素体系(Task Maturity Factor System,TMFS)

+任务成熟度评价方法(Evaluation Method of Task Maturity,EMoTM)

+任务成熟度应用技术(Task Maturity Application Technology,TMAT)

6.3.1 任务成熟度要素体系TMFS

从本书第5章中对组织管理理论和工具的辨析中可以看到,从古发展至今任务要素基本集中于九要素,即本书第3.1.2节展示的名称、编码、依据、信息、资源、组织、职责、各方和成果。要素体系具有完全覆盖性。

名称作为任务的自然标签,赋予任务内容特征,也是任务唯一性的体现。每项任务是需要执行的,因此名称应当直观、完整并符合执行逻辑,体现出执行动作和对象。命名采用"动词+名词"句式,该格式可减少名称冗杂所带来的混淆。

编码是体现任务分层、分类、顺序的符号。赋予符合组织执行与思维逻辑的编码,在一定程度上体现任务的简要信息,使任务识别、执行、调用更加迅速与精准,降低因杂糅所带来的失误和浪费。处于信息化工具飞速发展的今天，利用编码整理任务和要素具有前所未有的高效性，编码在组织中的涵盖性越广，对任务查询、沟通等积极作用越大。但也要注意每个组织内部编码规则与逻辑必须统一，而不同任务应拥有唯一编码。

依据包括法律法规、技术标准、企业制度、管理手册或是上级指令，在任务执行时必不可少。有法可依才可减少执行错误并合理规避风险，高效达成目标；在组织中若有相同或相似项目时，可快速借鉴已成体系的依据，提高任务效率。依据需要有较强的完整性、精准性或针对性，不然会出现执行紊乱，成果偏差等现象，最终会导致管理瘫痪。过期的依据会使任务执行发生偏差甚至是错误，所以理应及时更换或更新以保证时效性。

资源是组织执行任务时所具备的必要条件之一。组织中包括人力、资金、物质、知识、渠道、思想等多种资源。任务缺少资源将难以执行：思想资源的缺失无法为任务执行提供更好的方案；缺少砂石等材料资源就无法合成混凝土，阻碍任务继续进行；挖掘机未到场可能导致土方开挖任务无法执行，对目标工期产生影响……因此任务资源结构的完整程度对执行力与目标有极大的影响。从作用于资源的动作来说，如何更快寻找资源、更好配置资源对组织整体的执行效率有较大影响。组织内部资源库的丰富程度和调动速率，在一定程度上影响着执行力高低与目标达成效率。

组织指任务执行的部门、岗位等主体，是任务的承担者和相关者，包含角色、权限、沟通方式。组织将个体或不同岗位融于一体，通过一定的规章制度与激励手段创造出更多价值。组织缺失或不完整会导致任务无人执行，目标永远无法达成。企业、项目结构日渐复杂，以"任务"为中心形成组织比以"职能"划分组织更具灵活性，针对不同任务快速做出反应。因此，构建、整合的组织结构合理与否，会对任务执行与目标达成产生较大影响。当合理组织结构产生较高效益时，便可进行复制或借鉴，以整体改善运营效率。处于组织内部，权责利的统一对激发个体执行能力起到很大作用。

职责是指任务本身所需要达到的要求或目标，对执行做出具体规定，阐述了从任务目标、相关策划等达成实际成果的必要内容。任务职责包括任务范围与要求（如进程、技术、成本、信息、质量、安全等）。任务目标是由多项职责耦合而成，重视职责会将以往"只对结果考核"的现象部分转移到"对过程进行考核"，这就要求职责具有可测性，即作为量化考核依据和任务改进标准。完整与明确的任务职责可使考核更加精细与全面，为目标达成与绩效考核提供帮助。各职责要求的均衡程度也会影响执行，若程度较低会大幅降低执行效率甚至难以执行。

信息是任务执行过程中包含和传递的对象。依据、资源、产品状态、技术的经验总结等都可看作有效信息，即任务其他要素应当都可以转化为信息发挥效用，信息完整与否决定了任务的内容完整与否。信息学之父香农[①]认为信息是"用来消除随机不确定的东西"，这很好描述了信息的重要地位：小到任务各要素，大到组织所处政治、经济等环境皆充满不确定性，如何精准地利用已有信息进行共享并预测未来的不确定性，如何快速检索、传递信息以

---

① SHANNON C E. A mathemnatical theory of communication [J]. The Bell System Technical Journal, 1948: 379–423, 623–656.

应对突发情况，又如何保证任务信息在传递过程中保持较低失真，是处于剧烈变革的数字化时代下各组织所要思考的问题。

各方即任务相关方。与"组织"要素相比，如何更好沟通协作是任务各相关方（PMI称项目干系人）的着力点。若将建筑工程施工单位看作任务执行的组织，那么材料供应商、业主、监理等就属于相关方，不同相关方为任务提供完备但并不雷同的各项要素并不断沟通，才可以使任务高效执行。任务相关方众多且处于动态变化，利益诉求不同、文化背景不一等都会导致执行产生偏差或不同，因此任务各方适配与协同尤为重要。如果说任务组织追求的是各个专业性较强的个体，那么任务各方就是追求协作最好、沟通最为顺畅的合作体。厘清相关方可以更好地协调内部业务、管理外部客户，执行任务时可以事半功倍。若任务各方较为完善（目标趋同、利益相容、沟通顺畅）则任务成功度提升。

成果是任务完成后输出的事物。任务性质不同，成果不同，"一项协议、一个客户、一份批准文件、一个产品或半成品"等都可视为任务成果。若任务缺少成果设置，执行将很难高效；脱离实际、模糊不清的成果阐述会导致执行与目标偏离。成果既是管理目的性的体现，也是衡量绩效的标准，这就要求清晰任务成果、合理量化指标，否则将对执行效率、与目标的偏差程度产生极大影响。

处于信息化时代，任务九要素借助先进的工具和手段可大大提高效率。名称与编码可以使任务搜寻更加快速；通过信息化手段建立依据库与资源库实现行智能匹配与调用；组织、各方、职责等可以通过信息化平台进行"预"调配与组合，在一定程度上进行成本、效率的估算；同时，可利用先进手段对成果与职责进行监控和预警，防止执行偏差过大。因此任务九要素的信息化程度也极为重要。

通过上述对任务九要素的详细阐述，形成任务成熟度要素体系，即任务成熟度要素模型（Task Maturity Factor System，TMFS）。组织可通过TMFS定义任务要素、特征的理想状态，评价现有状态并进行提高，以改善组织执行力与目标达成效率。由于任务要素与评定任务成熟度都具有复杂性，综合的任务成熟度评级将在后续章节阐述。本节重点讨论其要素构成体系，如表6-2所示。

任务成熟度要素体系（TMFS模型） 表6-2

任务要素	要素特性	任务要素	要素特性	任务要素	要素特性
名称	完整性 易理解性 简洁性 信息化程度	资源	充分性 完整性 针对性 可仿性 可调度性 信息化程度	信息	完整性 动态性 可检索性 精确性 信息化程度
编码	完整性 统一性 涵盖性 可理解性 信息化程度	组织	完备性 可仿性 匹配性 权责利统一性	各方	完整性 可仿性 协同性 流通性 信息化程度
依据	精确性 完整性 时效性 可仿性 信息化程度	职责	完整性 可测性 明确性 可行性 信息化程度	成果	明确性 可达性 转化性 可测性 信息化程度

管理理论的发展和工具的创设离不开现实组织，总结本质性要素进行管理，虽存在一定差异但终究殊途同归。该要素矩阵囊括了组织目标达成路径上的所有"人事物（RSW）"要素，具有完备性；并十分贴合组织执行逻辑，如图6-3所示。应用任务九要素与相关特性对任务成熟度进行描述、评价与改进，具有合理性与科学性。组织运营中，任务九要素相互依存，任何一项要素的缺少都将对其他要素造成影响，进而导致执行力下降。

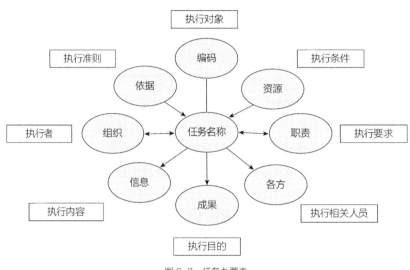

图6-3 任务九要素

6.3.2 任务成熟度评价方法EMoTM

任务成熟度评价方法由评价等级、评价维度、评价方法组成。

1. 任务成熟度评价等级确定

任务成熟度等级划分是各个阶段演进特点的体现，也是构建成熟度模型过程中的引领性步骤。借鉴CMM成熟度等级划分，将任务成熟度分为由低到高的5个等级，分别为初始级（T1）、成长级（T2）、可执行级（T3）、可管理级（T4）与优化级（T5），各等级特征描述如下。

1）初始级（T1）

任务之间零散，无"任务要素"意识，无"逻辑串联"意识。典型特征为不具备编码体系，继而难以对任务资源、组织等进行有效整理与利用。任务模仿性、可行性、可操作性等低下。执行效果很差，与目标偏差极大。

2）成长级（T2）

相似或相同任务可进行重复性操作。任务进行初步管理，小部分人逐渐具备"要素意识"，对任务中的相关要素归纳与总结。较小范围内进行编码；部分要素启用信息化手段进行管理。各任务、各要素之间可进行初步协调沟通，资源等在组织、各方中开始流动。执行效果有所提升。

3）可执行级（T3）

组织内任务实现标准化，根据"任务九要素"进行定义、分类、发布，组织内以任务为行动单元的架构已然形成。每项任务拥有独立编码，任务依据、资源、职责等趋于完整，要素各维度指标均有所上升；逐渐形成任务要素库。多项任务逐渐形成流程，为组织提供给管理的底层技术，执行效果较好。但达成目标的速度与效率（效度）以及指向性（信度）存在一定偏差。

4）可管理级（T4）

各项任务要素趋于完备，可进行统筹管理。典型特征为"各要素信息化手段较为完善"，可对每一任务模块、要素进行实时监控，不同任务之间的相关各要素完备且可快速调动，保证良好的管理。对任务和要素的管理使得流程效度与信度增加，对目标更具有指向性与执行性。执行效果十分优秀，与目标偏差程度较小。

5）优化级（T5）

任务成熟度最高等级。各项任务要素齐全且不冗余，任务可执行性较高，任务有序组合构成的流程信度与效度十分高，可作为模板进行参照并利用新兴技术不断优化。"任务"意识贯穿于整个组织，所有成员认同并自发地在任务执行之前结合模板与实际情况选取任务和要素形成流程，预测与目标的偏差性，在事前提升流程的优度，完成后纳入任务要素库以形成良性循环，提升组织核心竞争力。执行效果完美，与目标不存在偏差。

组织中的任务九要素以及特征会在不同等级下呈现不同的表现形式，如表6-3所示。

任务成熟度评价矩阵 表6-3

	T1	T2	T3	T4	T5
任务编码	整个组织的任务不具有编码	小范围任务开始具有编码，但未扩散到整个组织；可理解性较低	编码覆盖整个组织，但组织中各个部门自成体系，并不统一；编码逐渐符合组织行为逻辑；可理解性提高	整个组织有且只有一套完整、规范、易于理解的编码体系，易于管理	启用信息化手段对组织编码快速归类、查找等
任务名称	组织任务名称随意	小部分任务名称逐渐规范，符合行为逻辑	组织中大部分任务名称具有标准规范，即"动词+名词"	整个组织都遵守规范进行命名，井然有序	组织内部形成公认的命名规则并进行沿用，已形成组织文化的一部分
任务依据	任务执行无依据，执行随心所欲	组织逐渐具有依据意识，但并不精准、完整；依据更新较慢，难以及时纳入新的依据	每项任务依据都较为完整，精确性提高；相同或相似任务可借鉴与模仿	组织拥有较为完整的依据库并应用信息化手段进行较好的管理，及时更新，保证其时效性	应用信息化手段及时根据任务描述进行精准匹配依据；在新依据出来后及时更新并替换原先的依据，时效性极强
任务资源	拥有极少数资源，种类单一，无法完成任务	在执行任务过程中逐渐收集资源，并逐渐进行归类与收藏，但调度能力低下	任务资源充分且结构完整，质量提高，相似或相同可相互借鉴；可调度性增强，但针对性不强，会造成资源浪费等现象	形成资源库，并启用信息化手段进行管理；可以快速调配，增强其针对性；大多类型任务形成较为合理的资源数量与结构，可仿性大大提高	应用信息化手段对资源分配进行"预"设置与调配，针对性极强，优化资源配置减少浪费

第2篇 任务成熟度评价与用人策略 103

续表

	T1	T2	T3	T4	T5
任务组织	组织零散，任务执行能力低下	逐渐为任务配备相关组织，具有一定的完备性	任务组织结构、数量完备，并具有一定的匹配性与针对性，即任务组织较为对口，相似或相同任务可进行模仿组织结构	应用信息化手段不断调整组织内的权责利统一程度，提高任务组织的执行力	应用信息化手段对组织进行预分配等，并模拟组织执行任务的场景，不断优化任务组织
任务职责	任务职责不明确，导致执行混乱	职责逐渐明确，对其所担职责具有一定描述，任务职责不会悬于空中，可行性提高	职责描述完整、明确，可行性大大增强；初步对行使职责的程度进行评判	形成完善的职责评判标准，启用信息化手段对职责结果进行管理与分析，并可记录过程	应用信息化手段对过程进行监控，及时对职责进行及时纠偏，不断优化过程，更好达成目标
任务信息	信息不足，难以满足任务执行需求	信息类型与数量逐渐增长，但信息更新、使用较慢，传递不精准	信息类型、数量齐全，启用数字化平台与手段对信息进行管理，传递与使用效率与准确性大大提高；保证任务正常运行	建立较为完备的信息库，信息收集、传递、使用能力大大增强，基本不存在失真现象	可根据任务需要快速选取信息；信息相关建设持续改进、不断优化，已做到简洁、快速、精准
任务各方	相关方存在但十分散乱，未有合作、沟通等意识	逐渐重视相关方，增强沟通与协作，但构成并不完备；具有一定的协同性、资源流动性等	任务各方构成完整，相同或相似任务由成型的相关方构成并可进行模仿，流通性、协同性逐渐提高	各方可较好协同完成任务，资源、信息等流动性顺畅，可应用信息化手段提高沟通效率	可利用相关信息化手段"预"协调各方，降低风险、提高效益
任务成果	任务缺少成果，执行漫无目的	明确性较低，成果难以达成，和目标相差甚大，难以产生其他价值	任务成果明确，可以达成；拥有一定的评价体系对成果进行评判；具备一定的价值转化能力	成果评价体系完备；可结合信息化手段对成果进行统计与测量等；价值转化能力大大加强	利用信息化手段对成果达成各阶段各要素进行分析并进行改进，使成果转化能力达到最优

2. 任务成熟度评价维度确定

将任务九要素的评价维度分为目标层、评价要素层与要素特征层。目标层为任务成熟度U，评价要素层由任务九要素U1~U9组成，要素特征层以九要素各个要素的完整性、可理解性、信息化程度等共44个指标组成，以构成任务九要素的评价结构。

3. 任务成熟度评价方法

选用AHP+熵权法+云模型作为任务成熟度评价的数学方法。具体方法与流程已在本书第6.2.2节中详细阐述。通过使用AHP的层次结构、熵权法的信息熵和云模型的三大参数，除了上述的一些本书第6.2.2节阐述的优点外，还可以将组织中的任务评价过程可视化，使评价结果易于理解和解释。同时，云模型的应用不仅可以直观反映与提升任务成熟度，更可以通过其部分的数字特征得知评价者水平并进行培训与提升。应用三者结合评价任务成熟度，可以保证评价过程中的全面性、准确性、科学性等。

6.3.3 任务成熟度应用技术TMAT

应用技术是指将原理、方法等应用于实际问题解决中的一系列技术手段和方法，它包括各种工具、软件、设备、技巧和流程等，能够以有效和可行的方式实现特定的目标。任务成熟度应用技术是指通过不同的工具、方法和技术来评估和提升任务的成熟度水平。它可以帮助组织识别当前任务的状态，找出改进点并制定相应的改进计划。任务在现实组织的执行总是需要处于不同环境、应对不同情况对不同目标进行达成，因此如果任务成熟度结合一成不变的应用技术只会对组织起到相反效果。

采用应用技术的首要目的是为提升任务成熟度提供可行路径。一方面，无论是在实践中的具体行动还是归纳出的相关理论，虽然可能并未直接提到"任务"这个组织的基本单元，但在应用与执行时却永远避不开，例如流程牵引理论、特质激发理论等。另一方面，处于数字化时代，各类新技术如云计算、大数据、物联网、移动互联、人工智能、区块链、元宇宙的兴起，可以为任务要素的收集、评价等方面提供高效且精确的手段。因此，识别应用技术是改善任务成熟度的较好路径。

组织（项目）目标是多元的，结构是复杂的，因此需要评价与提升的主体也各式各样。应用技术的核心理念是将一些具有较好功能的理论应用于实践，将理论与实际接轨，更好为现实中的组织、项目进行服务。除了本研究的主要评价对象"执行力"外，组织绩效、领导效能、员工满意度等都可以通过任务以及任务成熟度进行评价，而针对不同评价主体应当结合不同应用技术。作为理论与实践接轨的应用技术，其可以将理论中的精华提取，并根据组织现实情况进行耦合，重要性不言而喻。因此，通过第三篇对提高任务成熟度保障执行效率的一系列技术进行详尽阐述，以更好对接实践，改善组织执行力，提升绩效。

6.3.4 任务成熟度思想总结

将任务成熟度思想，概括起来，如图6-4所示。

认知：任务是组织运营的基本单元，提高任务成熟度可以提升执行力			
理论：通过改进任务构成的内在要素，改善任务的整体性、系统性、关联性，提升任务可执行性和成熟度可靠程度，以提高执行力，获得组织的更高绩效			
组织绩效与任务管理内容	核心概念	任务 是依照特定逻辑、整合相关要素用于执行并获得结果以达成组织目标的基本单元	
		任务成熟度 是一个通过多维度对任务执行的准备程度、执行过程的稳定性、执行预期结果进行综合性评价的方法与工具，呈现任务现状与理想状态的相对值，是表征任务可执行程度的衡量标准。内容包括对一个任务或项目（任务集）在规划和执行全过程中所涉及的资源准备、信息充分性、执行计划的明确程度以及相关环境条件的描述与评价。其结果反映组织在任务规划、执行及控制等管理方面的水平和能力，为组织提升绩效提供改进的方向与指标	
		任务成熟度模型 是由概念体系、要素体系、等级划分方案、评价指标体系、模型构成、评价方法、有效性验证、应用技术构成的完整框架	
	知识要素	任务；任务要素；任务成熟度；任务成熟度评价；任务成熟度评价模型；任务知识体系；任务集成图版	
	技术工具	任务要素体系；任务要素评价表；任务成熟度评价模型；任务成熟度评价方法；压力分析方法；（流程GPT）；任务考核表；智能考核；任务化；任务管理应用流程；任务成熟度评价流程	

图6-4 任务成熟度思想

第 7 章
评价结果与用人策略

本章逻辑图

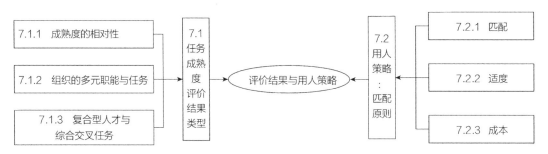

图 7-1　第 7 章逻辑图

7.1　任务成熟度评价结果类型

7.1.1　成熟度的相对性

哲学范畴上,一切事物既包含有相对的方面,又包含有绝对的方面,任何事物都既是绝对的,又是相对的。各个具体事物和具体过程都是有条件的、有限的、相对的,而所有事物的存在和发展又是无条件的、无限的、绝对的。相对与绝对的关系是对立统一的辩证的关系。

此处讨论的相对性是指衡量某个事物时应有的一个指标或评价,并且这个评价会依据环境而变化,衡量这个事物时会呈现相对性,它是有条件的、受制约的、特殊的、可以改变的意思。同时,人们在一定条件下对事物的客观过程及其发展规律的正确认识总是有限度的。成熟度本身指代研究对象与其完美状态的相对值,必须指出,对任务成熟度的评价不绝对依附任务某一特性或某几个关联因素。外部政策、环境时刻在发生变化,与任务相关联的影响因素不管是数量上还是相关程度上也存在诸多不确定性,因此,对任务的成熟度评价是相对于已知任务及其一系列确定性条件而言的,既具有针对性,又包含普适性。

成熟度对于研究对象即任务而言,一方面从当前的认知确定任务的相对完美状态,对任务的执行情况有一个评价标准,另一方面是确定任务当下的状态,以及与其完美状态的差距,在不断缩小这种差距的过程中实现任务目标。任务的状态与任务相关要素有不同程度的联系和影响。人在组织中的主导作用对这些任务要素具有决定性影响。每个人自身具备的能力和技艺存在差异，不同能力的人对任务成熟度要素分别存在不同的影响和提升。比如，经验丰富的人在知识和经验方面对任务成熟度的提升更有影响力，但在工作标准化方面或许弱一些，此时就要有针对性地开展一些成果依据方面的培训，以增强其"规矩"意识。技术娴熟的人在工艺技能方面能够显著提升任务成熟度，但缺乏创新思维和创作能力，因此应当加强资源搜索整合、信息捕捉分析等方面培训。对于擅长学习新知识和技能的人和擅长应用已有知识和技能的人，或通过理论指导，或通过实践经历，选择采用的提升任务成熟度的方法和策略也会有所不同。在对人的能力进行分析评估之后得出当下的人资质量结果，了解和认识这些差异并识别完成任务达到相对完美状态的条件和需求，针对需求和能力弱势提供相应的改善措施可提升任务成熟度，进而提升组织执行力。

在本书第3章中已提出的任务九要素体系，是任务诸多影响因素的细致深度分析和高度概括总结，任务成熟度的评价从来都不是一个片面追求其结果的过程，而是充分分析了人资质量并综合考虑了这些要素带来的变化和影响之后得出的可靠结论。正确认识任务所处的外部环境以及发展趋势，用现有的已知的确定的条件去预测、计划、消除存在的不确定性，才能有效、快速地提升任务成熟度，提升组织执行力，以达成最终目标。

7.1.2 组织的多元职能与任务

组织通常是指为实现某种共同的特定的目标，按照一定的结构形式、活动规律组合起来的，具有特定功能的社会实体。包括政府、企业、个人、项目等作为主体的个人或团体。组织的所有行为都聚焦于目标的实现，将所需资源进行搜集、归拢、整合、调配，指向并促进目标达成。组织存在的意义就是满足需求，创造价值，完成使命。

组织目标需要通过设计组织结构，配备人员以及整合组织资源来实现，经由分工与合作及设置不同层次的权力和责任制度。组织职能的功用就在于此，它是指为有效实现组织目标，建立组织结构、配置人员，使组织协调运行的一系列活动。组织中包容了不同专业领域的人才，分门别类的各式资源，不同标准依据的规章制度，带有层级差异的管理人员……组织职能管理就是将组织有逻辑讲系统地结构化，设置不同功能的职能部门，匹配对应的人员，将目标进一步划分为短期目标、阶段目标、部门目标，进而细分到任务级，将确定的任务合理有序地布置到各职能部门，依据部门规范管理和协调任务，利用已掌握的资源渠道按部就班地完成各项任务，以此形成目标链，任务链，任务与任务、任务到目标、目标与目标，逐级递进。

归结以上所有行为，部门功能化，资料调集，章程划定，行为规制，驱动以实现职能部门目标、阶段性目标，最终都聚焦到组织目标的达成。

按经营职能划分，组织职能可分为创新型职能、生产型职能、营销型职能、管理型职能、督察型职能五大类，下面将针对每一项职能中的任务展开详细分析。

1. 创新型职能的任务

组织中的创新型职能侧重在市场竞争中，致力于改进现有生产或服务方式，以获取更大的竞争优势和价值的能力，促进组织的发展和进步。包括目标创新，技术创新，制度创新，组织创新，环境创新，如图7-2所示。

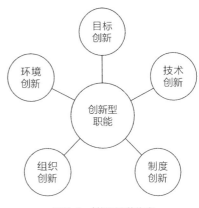

图7-2 创新型职能构成

组织的本质在于实现目标，完成使命。其在一定的社会经济环境中从事生产经营活动，依据客户具体需求按照特定的方式提供特定的服务或产品。制定组织目标有两大作用：其一，组织目标是组织的执行纲领、前进方向，确定了组织活动的发展方向，有助于合理计划和安排其他各项工作，助力组织实现预期效益。其二，组织目标是检验、评价自身运营能力、考核绩效的判据，起到激励组织成员保持行为一致性和积极性的作用，进而促进组织自身的升级进步，提升绩效能力和管理水平。制定组织目标需要先对内外部环境有系统的认识与分析，基于PESTecl[①]的环境分析方法论，从七个方面对组织所处的外部宏观环境进行判断和洞察；其次确定组织的总体战略目标，将总体目标分解为一个个具体目标，进一步划分到短、中、长期各阶段目标，进而细分到任务集，任务链，任务实施级。随着环境不断变化，组织内部的运营结构、生产方式以及与其他社会组织的关系都有可能发生相应的变化，其在各个时期的阶段性目标亦需要根据当时当地市场环境和客户需求的特点及变化趋势加以调整，每一次调整都是一种创新。

技术创新是反映组织经营实力和竞争能力的一个重要标志，主导着企业的经营策略方向，是体现构思新颖并获得经济效益的行为过程。主要体现在要素创新、要素组合方法创新以及作为要素组合结果的产品创新，例如改善生产工艺、选用新型装备、优化作业过程从而减少资源消耗、能源消耗、人工耗费或者提高作业速度。同时，在数字化转型热潮的熏陶下，云计算、大数据、物联网、移动互联、人工智能、区块链、元宇宙等新技术的结合运用也尤为关键，带来成本降低、效率提高等积极效应。

制度是组织行为方式的原则规范，制度创新是从社会经济政策视角来分析组织各成员间正式关系并做出针对性调整和变革的行为过程。组织制度创新的方向是不断调整和优化组织所有者、经营者、劳动者三者之间的关系，使各个方面的权利和利益得到充分体现。新质生产力思想的提出，为生产力和生产关系的创新提供了新的方法论和动力。

组织变革通常由外部环境的改变、组织自身成长的需要以及组织内部生产、技术、管理条件的变化等因素引发。实行组织变革，就是在充分认知环境和组织内部变化的基础上，对整个组织结构进行创新性设计与调整。组织创新的目的在于更合理地调配各职能人员，提高劳动效率和管理效率。当前，激烈的竞争下，组织转型升级是迫切寻求变革的方向性任务。

组织与环境的关系并不是单方面地去适应，而是在适应的同时去引导、改造，甚至去创

---

① 卢锡雷. 精准管控效率达成的理论与方法——探索管理的升级技术［M］. 北京：中国建筑工业出版社，2022：21-26.

造。环境创新不是指组织为适应外界变化而调整自身内部架构,而是指通过积极的创新活动去改造环境,引导环境朝着有利于组织经营的方向变化。企业环境创新有被动适应型、互动融合型、主动改造型模式。被动适应型注重通过内部环境的改变,使之符合环境的要求。互动融合型强调企业与环境的对抗与竞争关系,企业加强对环境的作用力来达成企业与环境的平衡。主动改造型强调企业是环境创新的主体,企业可以创造有利于企业自身发展的环境。

归结以上目标、技术、制度、环境、组织五种创新,其方法的实现最终都要生成逻辑清晰、依据规范、责任明确的流程,细化到可执行的任务,以技术创新为例,图7-3为产品升级研发流程。在内外部环境和客户需求的耦合分析下,通过将各类创新的实现内容与方法任务化,形成带有逻辑结构的任务集合,由本书第6章可知对任务成熟度评价的要素体系,运用该九要素对此任务集合中的每一项任务展开成熟度描述与分析,应用EMoTM对任务成熟度进行评价与改进。通过已有组织资源的协调与分配,将优化后的任务集合有序组合生成系列可操作流程,可以逐一实现组织的创新目标体系,如图7-4所示。

2. 生产型职能的任务

生产运作是将客户要求的品质有计划地将输入(生产要素)转化为输出(产品或服务)

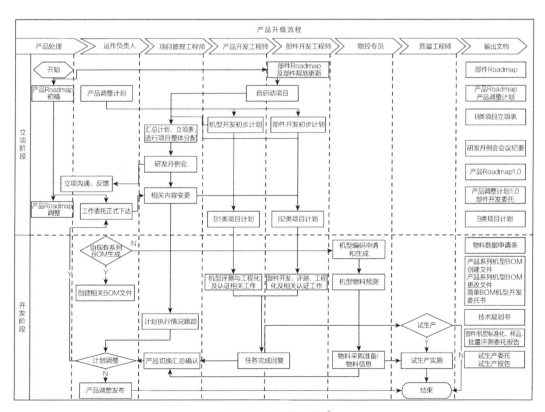

图7-3 产品升级研发流程[①]

---

① 索胜军. 研发流程再造:基于IPD的研发与质量管理实践[M]. 北京:企业管理出版社,2023:64.

的过程,也即创造产品和提供服务的过程。生产职能是对生产过程的组织,协调,控制,是组织创造价值的主要环节。

生产管理致力于实现投入少,产出多,取得最佳经济效益,并追求附加价值的最大化。生产管理的任务可从组织、计划、控制等方面展开。按照组织目标的要求,设置技术上可行、经济上合算、物质技术条件和环境条件允许的生产系统。按照生产工作计划和内容,制定优化运行生产系统的方案,对生产过程进行管理和控制。内外部生产环境的不确定性直接影响到生产结果,生产过程中,需洞察、判断、识别环境和生产要素的变化,必要时及时对生产计划做出相应调整,有效调节生产过程内外的各种关系,合理调配生产各环节的资源及渠道,使生产系统的运行符合既定生产计划的要求,实现预期生产的质量、产量、成本和出产期限等目标。

对生产过程的管控是生产结果满足预期的关键,图7-5为全新产品开发流程。对新产品

图 7-4　创新型职能运行机制

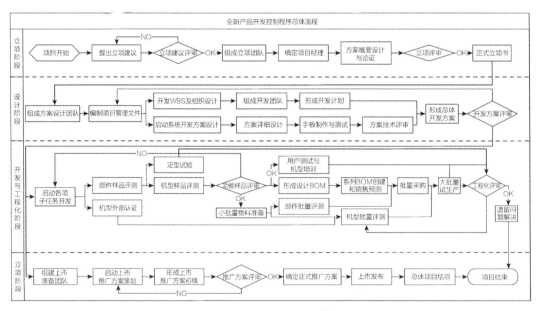

图 7-5　全新产品开发流程[1]

---

[1] 索胜军. 研发流程再造:基于IPD的研发与质量管理实践[M]. 北京:企业管理出版社,2023:63.

开发进行过程管理，明确产品定位和生产要求，以流程为载体，将生产开发内容和步骤可视化、结构化、责任化，具体表现为将生产过程中的每一项工作梳理为逻辑严密、目的明确、责任清晰的操作流程。流程中的每一项具体活动为可执行的任务，按能力、角色进行人员匹配、资源调动，实现每一项任务的高效执行力，确保开发活动的标准性、可复制性。在流程中相对应地设置考核点和决策点，保障产品质量的同时确保管理者对项目的宏观把控和底层执行细节的到位。开发/生产过程中分段决策、资源分阶段投入，可有效消除风险，将可能的损失降到最低。

3.营销型职能的任务

营销是一个管理过程，是从消费者和客户的需要出发，组织向客户提供满足其价值主张的产品或服务，达到向客户成功交付价值以及实现组织自身发展升级的双重目的。由此可见，深入调查客户需求，分析市场发展趋势是营销管理的基础。通过分析市场环境，组织识别并选择未被满足或完全满足的客户群体，即目标市场，构建合适的产品或服务，并制定针对性的营销战略和行动方案将产品和服务提供给目标市场，满足组织的业绩追求。

制定营销战略是实现营销目标的首要任务。图7-6为营销管理流程。组织需要洞察目标市场客户的需求、期望、偏好以及痛点，对照客户价值主张，分析组织产品或服务满足客户价值主张的状况。根据需满足的客户价值主张，选择合适的产品或服务输出方案，为目标市场客户带来预期的结果，形成营销价值主张。

营销战略计划的执行需要明确执行人员、任务内容、执行标准、区域、时间，并将营销计划转化为特定的行动和任务，过程中评价计划的执行状况，采取适度的控制措施。

德鲁克指出，要把营销作为核心职能，其目的就是如何能够有效地联系生产、分配、交换、消费的全过程。营销不仅仅是为了交易，实现商品的价值，它的本质特征应当是建立持续交易的条件和基础，以此来不断深化组织，深化与客户之间的联系，一方面满足客户群体需求，另一方面追求组织经济效益。

4. 管理型职能的任务

管理是组织促使目标达成过程的总和。管理职能是管理系统具有的职责和功能，是对组织活动中各项任务应有的一般过程和基本内容所作的理论概括，也是管理过程内在逻辑的体现。管理职能的主要内容有计划、组织、领导、协调、控制。其中，计划是将目标分解到时间和资源上以形成行动方案的各类整合和协调活动；组织指管理者安排和设计员工的工作任务以实现组织目标的过程，即在既定目标下，任务如何分解、由谁做、向谁汇报等工作；领导是对目标的规划与调整，包括做什么、怎么做、什么时候做、做到什么程度等，目标一旦确定，管理的各项活动亦随之展开或对应调整；协调是通过沟通或调整目标、分配资源等方式来调整员工的工作任务以更高效地达成目标的行为；控制指在组织既定目标指挥下，对计划方案进行、人员分工安排、资源调集及过程协调沟通等工作进行监管、评估和改进，保证各项任务正在以期望的方式推进，以达成预期目标，亦是对管理者及员工工作绩效的监管、评估和改进的过程。

在组织目标体系指导下，按照管理职能基本内容，将全周期管理过程划分为若干个阶

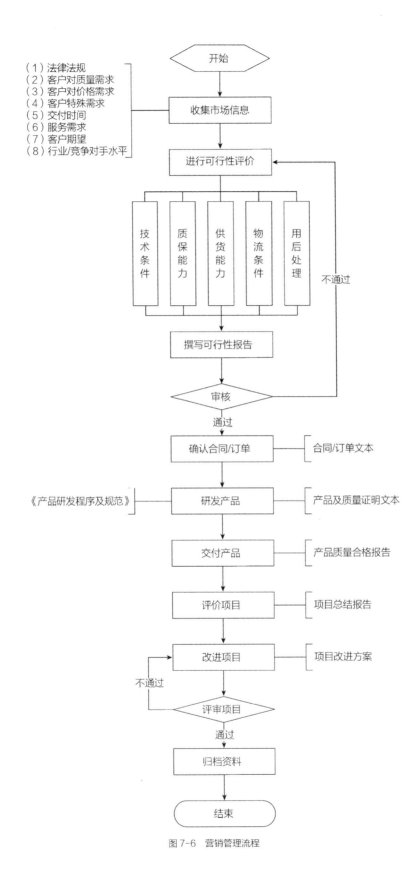

图 7-6 营销管理流程

段,每个阶段既相互独立又相互联系。对每一阶段的工作内容做详细任务清单,依据任务九要素体系,厘清每一项任务以及任务与任务之间的内在逻辑,包括组织机构,时序关系,执行依据,优先级别,紧急程度,各方关系等。应用本书第6章提出的任务成熟度评价方法,得到任务成熟度评价指标,可相对精准地判断任务的可执行情况,匹配对应能力的员工,以此提高任务的执行力,提升工作效率与任务绩效。进一步地,以流程为工具载体,将任务串联并有序组合,形成包含为达成该阶段目标所需要完成全部工作内容的任务链,即职能流程。由此,组织职能流程体系被系统地建立,实现以目标为导向的组织方向和以任务为协同节点的协同管理,组织的信度和效度得到极大提升。

就组织管理和项目管理视角而言,普遍采用集团、分/子公司、项目部、班组到岗位的多层级组织结构体系,规定各项管理职能,明确责权关系,营造组织中成员相互协作配合、共同劳动的氛围。下文遵照流程牵引理论[①]提出的18项组织管理职能和25项项目管理职能,如表7-1、表7-2所示。

组织管理职能类型　　　　　　　　　　　　　　表7-1

法人治理权	文化辐射权	经营决策权	公共关系权	要素组购权	资金调配权
人事管理权	职责分配权	后续服务权	利益分配权	管理支持权	方案编制权
技术创新权	综合评估权	方案审批权	过程监督权	供方选择权	成本控制权

项目管理职能类型　　　　　　　　　　　　　　表7-2

范围管理	目标管理	组织管理	流程管理	风险管理
进程管理	技术管理	质量管理	合同管理	成本管理
信息管理	安全管理	沟通管理	资源管理	采购管理
劳务管理	法务管理	环保管理	保健管理	人才管理
创新管理	廉政管理	审计管理	绩效管理	ICT管理

以采购管理为例,流程图如图7-7所示。以上每一项职能管理均可表达为对应职能流程,在此基础上可进一步分解得到详细的二级流程。总的来说,规范化组织管理的核心内容是制度化,而制度化的内核是流程的确定性。如果掌握了这些职能流程,无论企业管理或是项目管理,风险都将大大减少。因此,这些职能流程,就是企业管理与项目管理的核心流程。

5. 督察型职能的任务

督察型职能主要是指监管组织经营活动过程中的运行状态,对危及组织运营的不良情况及时提出预警和制止。督察工作是组织改进工作作风,提升工作效率和管理水平的重要措施,具体由两方面工作构成:一是围绕组织管理开展的工作,二是围绕生产管理或项目管理

---

① 卢锡雷. 流程牵引目标实现的理论与方法——探究管理的底层技术[M]. 北京:中国建筑工业出版社,2020:172.

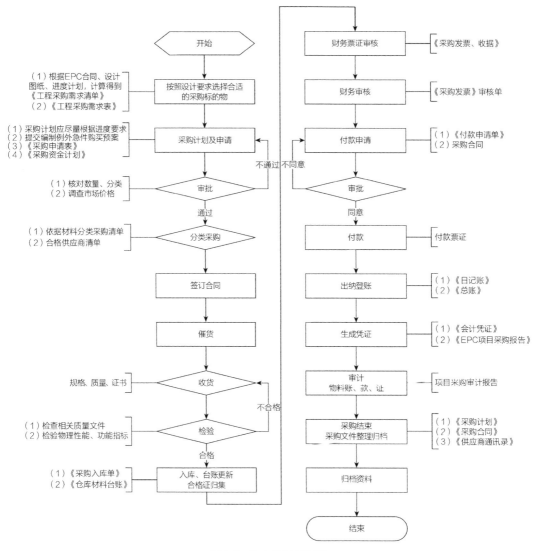

图 7-7 EPC 采购管理流程

开展的工作。按照不同的组织层级，即组织层、部门层、岗位层，对应的督察职责与功能既相互联系又相互区别。

组织管理督察在于围绕组织的经营和发展目标，为日常主营业务和核心项目提供有效的运营监控、任务改善和风险控制。首先，确定重点工作任务。组织结合内外部环境，市场发展趋势等时代特征制定阶段性或时限性战略目标。进一步地，根据总战略目标编制具体的工作任务，并识别重点任务，明确牵头领导和责任部门。工作任务以正式文件印发执行，并根据季度、年中组织部署安排滚动修订。其次，编制重点任务计划书。责任部门根据印发的工作任务文件要求，编制季度、月度节点计划，明确完成时限，职责匹配，任务信息以及预期成效，经组织牵头领导审定后，反馈办公室。经办公室汇编形成重点任务执行计划书并报公司领导审定。最后，跟踪督促计划执行。对照重点任务执行计划书，督察部门加强跟踪督办，按照各任务时限、决策节点把控执行进度和发展方向，推动工作落实，并定期通报考核。

督察职能部门对各部门职责实现一对一、多对一督导。负责督导本部门员工完成自己的工作职责，严格执行各项工作流程，遵守本部门的各项规章制度，对违规人员进行处罚、教育，对表现优异人员进行奖励、表彰；制定并指挥完成本部门的工作计划，组织本部门的各项工作会议，认真传达落实上级的各项指示精神和工作安排；收集、整理好本部门的工作总结，并及时如实规范地向总办报告；做好新入职员工的培训、教育及评估工作，把好入职关。

组织目标要实现，使得实际得到的结果与预期结果偏差降低到最大程度，对任务执行即细化到岗位级的督察必不可少。前面已有论述：在对这些具体事务的操作层面，先有系列流程将所有任务系统性有逻辑地串联。依据任务九要素体系，对每一项任务都匹配资源，链接职责，确认各相关方，明确预期成果，确定执行标准依据等，每一要素的模糊性越小，执行力提高的幅度越大，工作效率的提升越明显。对任务执行的督察工作贯穿整个实施过程，目标导向，进度把控，节点协同，涉及信度，效度的持续调整与改进。以建设项目中的安全管理为例，安全检查流程如图7-8所示。

由此形成以任务为基本单元的由组织职责、部门职责、岗位职责组成的自上而下的督察结构体系，如图7-9所示，可实现对督察工作的逐层推进，消除模糊，全面覆盖，持续改进。

7.1.3 复合型人才与综合交叉任务

综合交叉任务是指需要跨越多个领域或专业，结合多种技能和知识来完成的任务。这些任务通常涉及不同领域的专业知识和技能，需要进行跨界合作和综合运用，以达到最终的目标。综合交叉任务本身极具复杂性和挑战性，通常需要任务执行者具备多学科的专业知识和技能，需要不同领域及不同部门之间的运作与协调，进行跨学科的合作和各类资源的整合，提出创新性的项目方案或产品，以实现组织目标。

复合型人才通常是指具有知识复合、能力复合、思维复合等多方面技能和知识结构的人才。这类型的人，在知能方面，快速学习能力使得他们不仅在自己的专业领域内有深厚的造诣，还具备跨领域的能力和知识，具有更强的综合能力和行业竞争力；在思维方面，具有跨界思维，能够将不同领域的知识和技能进行整合，提出创新性的解决方案；在创新方面，跨领域的知识结构使其更容易产生创新想法，并能够促进不同领域的交叉创新。在当今学科交叉、知识融合、技术集成的多元化发展社会环境中，复合型人才的需求越来越大，因其能够更好地适应不同领域的工作和要求，精准识别多元化的客户需求，在不同的工作环境中灵活应对，解决复杂的问题，有助于提高工作效率、推动创新和跨界合作。

综合交叉任务的完成通常需要具备综合能力和跨领域的知识结构，如图7-10所示，不同成熟度程度的任务通常需要匹配不同能力的人才类型，使得任务的实施拥有更加高效的执行力，这也进一步反映了各领域组织对复合型人才的迫切需求。在组织中，复合型人才可以通过以下几种方式来匹配和执行综合交叉任务：

（1）任务分配和匹配：组织可以根据复合型人才的技能和知识结构，将具有不同领域专长的人才分配到相应的综合交叉任务中。这样可以充分发挥他们的综合能力，提高任务的执

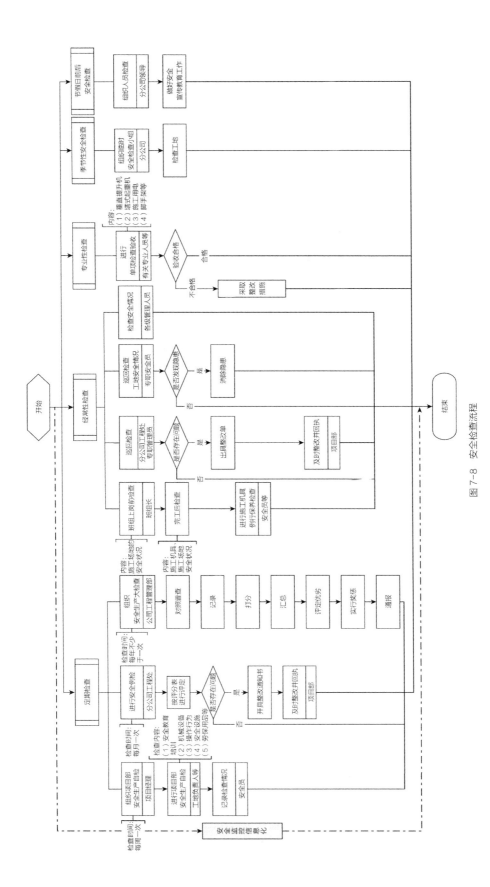

图 7-8 安全检查流程

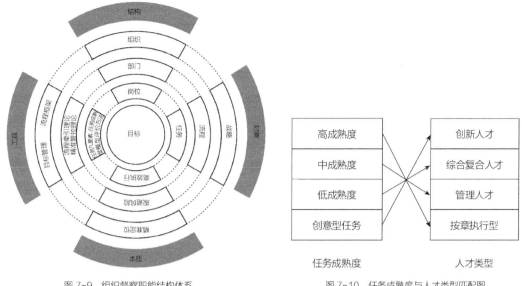

图 7-9 组织督察职能结构体系　　　　图 7-10 任务成熟度与人才类型匹配图

行效率和质量。

（2）跨部门协作：组织可以鼓励不同部门的复合型人才之间展开合作，共同解决综合交叉任务。这样可以促进知识的交流与分享，提高整体的执行效率。

（3）跨领域培训：组织可以为复合型人才提供跨领域的培训和学习机会，帮助他们更好地理解和适应综合交叉任务的需求，提高综合能力。

（4）弹性工作安排：组织可以提供灵活的工作安排，让复合型人才有机会在不同领域的任务中发挥自己的综合能力，同时也能够更好地平衡工作和个人需求。

（5）项目管理和团队协作：组织可以通过项目管理和团队协作的方式，让复合型人才在综合交叉任务中发挥各自的专长，协同合作，共同完成任务。

通过以上方式，组织可以更好地匹配和执行综合交叉任务，充分发挥复合型人才的综合能力和跨领域优势，提高工作效率和质量，推动组织的创新和发展。

7.2 用人策略：匹配原则

7.2.1 匹配

匹配一词中"匹"字的含义为相当、相配，"配"字的含义为够得上、符合[①]。任务匹配是一种用人策略，结合任务的需求来选择合适的人才。任务匹配依赖于准确理解和分析任务的特性和要求，以确定哪些能力和技能对于成功完成任务是相对最适合的。判断一个人的能力水平，本节采用战略三力模型，如图7-11所示，即从思考力、整合力以及执行力三个维

---

① 张珺珺. "因人设岗"与"因岗设人"矛盾吗［J］. 中国人力资源开发，2022（5）：34-35.

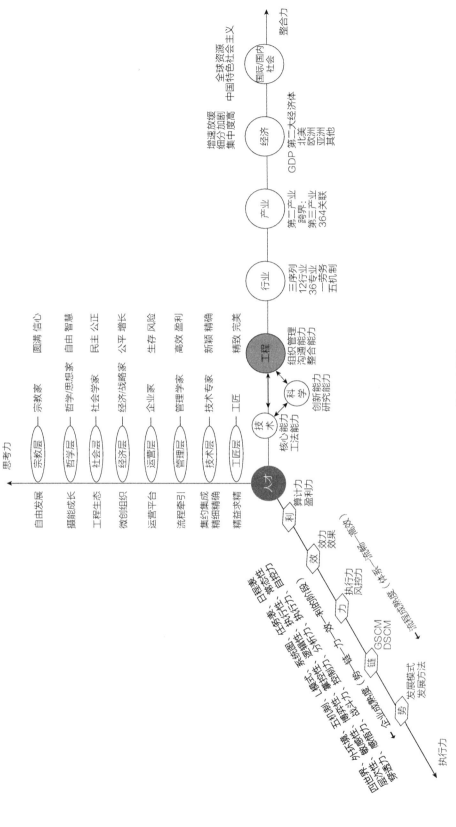

图 7-11 战略三力模型

度来分析，将不同能力水平的人才与不同成熟度等级的任务进行匹配，以实现物尽其用，人尽其责，目标高效达成的愿景。

（1）思考力：思考力是指个体对问题进行分析、推理、评估和解决的能力。它涉及对事物的观察、理解和判断，并能够在面对困难和挑战时提出合理的解决方案，其中包括逻辑推理能力、综合分析能力、问题解决能力以及自我反思和学习能力。在执行任务过程中，思考力帮助运营者理解任务要求，识别关键问题环节，挖掘潜在解决方案。对于处于不同层次的人才，对其能力要求不同，比如处于技术层的技术专家，需要具备集约集成、精细精确的能力，处于管理层的管理学家，需要具有运用流程牵引的能力，处于运营层的企业家，需要具备系统的平台运营的能力。正如成熟度等级不同的任务，其难度也各不相同，因此匹配不同思考力水平的人才以实现高效任务达成显得尤为重要。

（2）整合力：整合力是指个人整合、组织和应用各种知识、技能和资源的能力，如掌握核心技术的能力，工法能力、科学创新能力、科研能力、组织能力和沟通能力等，以及包括将不同领域的信息和资源进行整合使它们相互关联并产生新的见解或解决问题的能力。在任务执行过程中，不同的要素可能来自于不同的部门、团队或个人，而整合力的作用就是将这些要素有效地协调、整合起来，使各个要素之间形成协同合作的关系，以实现任务的顺利进行。

（3）执行力：执行力是指一个人在完成任务或实现目标时所表现出的能力和意愿。其中包括自律力、决断力、创造力、风控力、动力、效力，以及自我激励和管理等能力即时间管理、任务拆解、资源调配和问题解决等方面的能力，具有高度执行力的人能够有效地组织和规划工作，解决具体问题和应对挑战，保持专注和集中注意力，以迅速、高效地将计划付诸行动。

通过对上述三种能力的分析，本节将人才划分为常见的五种等级，即初级人才、中级人才、高级人才、资深人才以及领军人才，具体内容如下。

（1）初级人才：初级人才通常是在某一领域的新手，刚刚进入该领域不久，对基本概念和技能有一定了解，基本具备解决简单问题和遵循规定的能力，能完成基本的任务，但执行能力相对较弱，需要指导和监督，对于复杂问题的思考和判断能力有限，与他人合作和整合资源的能力也有待提高。

（2）中级人才：中级人才是在特定领域中有一定实践经验的专业人士，熟悉自己的领域，能够高效完成大部分任务，并在工作中展现出较高的效率和创新能力，具备较好的任务执行能力。能够按时完成工作并具备一定的自我管理能力以及能够独立思考和解决问题，对所负责领域有一定的理解和见解，能够与团队成员协作，整合各方资源完成整体目标。中级人才通常可以承担一些具有挑战性的工作但整体协调能力有待提升。

（3）高级人才：高级人才是在特定领域有着丰富经验和卓越技能的专家，在工作中表现出了出色的专业素养和领导能力，能够解决复杂问题，并对整个领域有深入的理解，具备较强的执行力，深入思考和分析问题的能力以及较强的团队管理和协调能力，能够独立策划和完成复杂任务，提出创新性的解决方案，同时带领团队合作，并整合各方资源，实现整体目标，高级人才在团队中扮演着重要角色，并为公司或组织做出重要贡献。

（4）资深人才：资深人才是在特定领域中经验丰富、成就显著的专家，在自己的领域中有着广泛的知识和实践经验，能够应对各种复杂问题和挑战，并为行业发展提供重要的指导，具有高水平的任务执行力、领导力，以及较强的团队管理和资源整合能力，同时拥有着丰富的经验和深入的理论知识，能够应对复杂和多变的工作环境，为团队提供专业的意见和决策支持，协调并优化团队工作效率。资深人才往往在行业内享有较高的声誉，并对新一代人才有着指导和培养的责任。

（5）领军人才：领军人才是在特定领域中具有卓越成就和影响力的人物，对自己的行业有着深入的了解和洞察力，能够引领行业的发展方向，并影响和推动整个行业的变革。在行业中具备卓越的执行能力、领导力，团队管理和整合资源的能力，拥有全局思维和战略眼光，能够在复杂环境中推动战略目标的实现，为团队提供前瞻性的战略规划和业务发展方向以及有效地协调各方利益并实现整体目标。领军人才在学术界、商业界或政府机构中扮演重要角色，对行业和社会做出巨大的贡献。

本书将任务成熟度分为由低到高的5个层级，分别为初始级（T1）、成长级（T2）、可执行级（T3）、可管理级（T4）与优化级（T5），人才匹配通常取决于任务的复杂性、所需的技能和知识以及完成任务所需的资源和经验，不同的任务等级与人才之间的匹配会有所不同。

优化级任务与初级人才匹配，优化级任务，是任务成熟度最高等级，各项任务要素齐全，复杂性低，任务可执行性高，初级人才能够轻松完成；可管理级任务与初、中级人才匹配，表明其各项任务要素趋于完备，可进行统筹管理，该等级任务需要一些技能才能完成，但仍然属于相对简单的层次，可将该类任务分配给具有一定经验的初级或中级人才；可执行级任务与中、高级人才匹配，可执行级任务，其多项任务逐渐形成流程，为组织提供给管理的底层技术，执行效果较好，但达成目标相对困难，需要更高级的技能和经验才能完成，需要一定的专业知识和技术的人才与之匹配；成长级任务与高级或资深人才匹配：成长级任务由于成熟度等级较低，涉及项目管理、团队管理时执行相对困难，需要具备极高的管理能力与领导力，才能执行；初始级任务与资深人才或领军人才匹配：初始级任务是指任务还未进行分解，难以对任务资源、组织等进行有效整理与利用，该等级的任务需要高级水平，极高的专业知识和经验的人才来完成，比如要解决复杂的问题、优化流程或系统等，因此，可将这类任务分配给资深人才或领军人才。

此外，对于上述匹配并非是一成不变的，很多时候会出现多任务同时进行的现象，往往需要采取任务混合的手段，根据不同的情况进行适当调整，与此同时，实现交叉匹配也是任务匹配中的关键一环，复合型人才与综合交叉任务的匹配，比如，初始级任务与低等级人才匹配以增强能力，在情况紧急状态下，优化级任务与高等级人才匹配以节约时间。

基于上述任务与人才的匹配，从不同的视角分析，有不同的对策，这里从任务与人才视角进行分析。

（1）从任务视角来看，在任务匹配中，首先，需要对任务进行详细分析，明确任务的目标、要求和所需的技能。其次，从任务分析和人才评估角度来看，可以对人才与任务之间的匹配程度进行评估，将其技能和能力与任务的要求进行比较，来确定适合程度。最后，如果人才与任务之间的匹配度不充分，可以考虑对任务进行调整，以更好地适应人才的技能和能力，比如任务的分解、培训和支持资源的提供等。

（2）从人才视角来看，在任务匹配中，首先，应明确人才个人兴趣和动机，这对任务匹配至关重要，理想状态是找到与其兴趣和动机相匹配的任务，这样可以提高其工作表现和满意度。其次，应考虑人才的职业发展和成长需求，将其与具有挑战性和发展潜力的任务匹配，为其提供更有价值的发展机会。最后，人才与任务的匹配还需要考虑工作环境和文化的因素，确保其与公司的价值观和文化相匹配，可以增加其工作积极性和融入度。

任务的匹配情况与任务的复杂度和专业度需求有关。人才的匹配则与其能力和兴趣有关系，分析任务需求，并考虑其职业水平和文化匹配度，实现任务和人才的最佳匹配，以更好地满足任务的要求，保证任务的顺利进行。

7.2.2 适度

"适"表示符合、适合，意味着与特定条件相匹配或相符合，"适"体现了一种状况、状态或特性，"度"表示程度、量度，用来衡量或表示某种程度或数量，"度"体现了适合的程度，表示不过度和不过分的状态或行为。适度在汉语词典的意思是适合要求的程度。

凡事适度，过犹不及，适度是指事物保持其质和量的限度，是质和量的统一，任何事物都是质和量的统一体，认识事物的度才能准确认识事物的质，才能在实践中掌握适度的原则。

用人策略中的适度是指根据任务需求来挑选和配置合适的人才，采取合适的措施和方法，以保证任务顺利执行。用人适度是一种管理原则，强调在组织中合理安排和使用人力资源。它意味着根据工作任务的要求和员工的能力、经验、技能等，选择合适的人来担当适合的职务。在任务适度的原则下，企业需要对每个具体任务进行细致的分析和评估，确定所需的技能、经验和知识。然后，根据这些要求寻找、培训和配置合适的人才，适度原则的目的是在员工个人能力和组织需求之间找到一个平衡点，促进任务成熟度的提高和组织目标的实现。

实施任务适度的用人策略优势是可以提高员工参与度和工作质量，对于任务过于简单，员工可能会感到无聊和不满足，导致工作效率和质量下降，无法得到新的挑战和学习机会。反之，任务过于困难，员工可能会感到压力过大，导致工作负担过重，也可能会因为无法完成任务而产生挫败感，影响工作质量，合理适度的任务难度可以提高员工的参与度，并激发他们的工作热情和动力。并且，适度的任务难度可以帮助员工充分发挥自己的潜力，并促进个人能力以及团队协作效率的提升，如果任务分配得当，团队成员可以互相补充和支持，从而实现任务的高效完成。

因此，适度是一种有效的用人策略，不仅关乎员工的福利和利益，也对企业的发展具有重要影响。它能提高员工的满意度和效率，促进员工各方面的发展，也能增强企业的形象和吸引力，为企业的可持续发展奠定坚实的基础。

7.2.3 成本

成本控制在企业经营中占据着重要地位，是影响企业利润的重要因素，成本控制是企业管理的一项关键任务，有效的成本控制可以提高企业的运营效率，减少浪费，优化资源，以实现利润最大化。

控制用人成本是企业管理的重要任务之一。影响用人成本的因素包括员工薪资水平、福利待遇、劳动力市场供需关系、劳动力成本的弹性、劳动力定量与质量需求、员工离职率和培训成本等。了解这些因素并做出相应的管理决策，可以帮助企业更好地控制用人成本。

成本和任务成熟度之间是相互关联的。任务成熟度越高，往往会伴随着成本的降低和效益的提高。通过有效的成本管理和技术创新，可以最大限度地利用任务的成熟度，实现更好的成本控制。控制用人成本主要从优化人力资源和提高任务成熟度两个方面进行。

（1）优化人力资源：合理的人员配置和优化调配确保任务分工合理，减少人员闲置和浪费。一方面从配置合理、高效可靠的管理团队入手，管理团队是项目成本管理的执行者，也是企业成功经营的前提。管理人员的配置既要符合企业内部的管理标准，也要结合投资、任务复杂程度及组织能力等综合要素。管理团队内部要配合默契、分工明确，同时，管理者应加强管理科学技术的学习，必要时引进先进的管理方法。另一方面从人才培养入手，通过有效的培训和发展计划，提升员工的技能和知识水平，使其能够更好地完成任务并承担更多责任，例如内部培训、外部培训或委派员工参与项目。通过提高员工的能力，可以减少对外部雇佣人才的需求，进而控制用人成本。

（2）提高任务成熟度：通过优化和改进工作流程，提高任务的自动化和标准化程度，降低任务的复杂度和依赖性。①流程分析与优化：详细分析任务执行的每个步骤，找出潜在的瓶颈和改进点。采用诸如流程图、价值流映射或鼓励员工深度参与任务、执行流程的分析和优化等方法，重新设计并简化流程，通过移除不必要的环节、减少重复操作和优化合作关系，提高效率和自动化程度。②技术支持和自动化：评估使用技术工具和系统的可能性，并引入适当的解决方案。例如，可以考虑采用任务管理软件、协同工具和自动化工作流程系统，通过自动化重复性任务，减少人工干预，提高效率和准确性。③标准化操作和培训：确保有相应的操作手册、标准操作规程和工作指南，对每个任务都制定明确的标准和步骤。通过培训和学习计划，确保员工了解和遵守这些标准，提高任务执行的一致性和准确性。④数据分析和追踪：采用数据分析工具和技术，监控任务执行的关键指标和效果。例如，可以跟踪任务完成时间、错误率、效率等指标，并进行定期分析和改进，依照这些数据，识别并解决潜在问题，制定措施进一步优化流程。⑤持续改进和反馈循环：建立一个持续改进机制，鼓励员工提出改进意见，并及时反馈任务执行过程中的问题，通过定期反馈循环、解决问题和团队合作，不断迭代和优化工作流程，提高任务成熟度和效率。根据以上措施，可降低任务的复杂度和依赖性，提高任务的自动化和标准化程度，从而提高任务的成熟度和执行效果。以减少人力资源的需求，既提高工作效率，又能降低用人成本。

通过上述人才培养和提高任务成熟度的措施，可以控制用人成本并提高企业的运营效率，两者无绝对的好与坏，在适度的情况下进行人才培养与提高任务成熟度、实现成本控制才是最好的。此外，将一些非核心业务外包给专业机构或第三方服务提供商，同样也可以降低用人成本，确保任务专业化和高效执行。

第 3 篇

提高任务成熟度
保障执行效率

第8章
任务成熟度评价实践

本章逻辑图

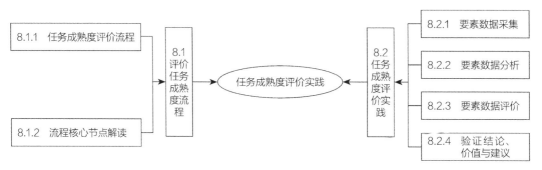

图 8-1　第 8 章逻辑图

8.1　评价任务成熟度流程

评价是提高管理水平，实现管理良性循环的必要途径，是影响事物积极发展的一个重要手段。管理的最终目的是要获得最大的管理效益，提高任务成熟度则是一条关键路径。而如何判别任务的成熟度状况，需要一个衡量的"尺度"。毫无疑问，评价任务成熟度的流程是一把好用的"衡量之尺"。

8.1.1　任务成熟度评价流程

事实上，在人们日常生活中，流程一直肩负着重要的作用：是指导、帮助人们开展生产生活的重要指南；是目标的实现途径；是知识的组织、转化方式；是创新的驱动力；是协作的纽带，更是最规范化、标准化的"衡量之尺"。本书第2章对任务成熟度内涵进行了详尽的阐述，认为成熟度是一种衡量标准、一个等级、一种判断，并提出任务成熟度用于衡量任务的可执行情况。如何打造这把"衡量之尺"决定了任务成熟度判断的科学程度。

确立任务成熟度评价流程可为组织（机构）落实任务成熟度评价提供科学的指南。由

1990年迈克尔·哈默所提出的"流程再造"理论可知,流程亦有"好坏之分""优劣可断"[①]。因此,本书认为制定操作级流程应包含对象、资源、要素、目标、监管、改进六个维度。我们提出关于任务成熟度的评价流程,如图8-2所示。涉及任务获取、识别、评价、判断、执行、监控、改进等方面,构成一套较为科学的任务成熟度执行流程指南。

1. 获取任务

这里的获取任务是指在日常工作根据实践的工作要求,安排和执行自己的工作内容,或者接受上级或同事分配(协同需求)的工作任务。获取任务的目的是完成工作的目标,提高工作的效率和质量,促进工作的协调和合作。获取任务的类型包括但不限于以下几种:

(1)横向协同类任务。横向协同是指在同一生产阶段或同一领域内,团队成员之间相互配合、相互协同,通过信息共享和资源共享来实现更高效的生产。

(2)决议转化类任务。决议转化类任务是一种特殊的文本生成任务,旨在将会议决议、议题或其他形式的非标准文本转化为标准的文本格式。

(3)领导分派类任务。此类任务是由领导或上级直接向员工分配特定的工作任务,并借此机会发现员工的潜能。

(4)自主产生类任务。自主产生类任务是指员工自主决定并组织的工作任务,此类任务不由上级指定,完全取决个人的判断和主动性产生。

2. 识别任务九要素

本书第3章对任务要素体系进行了详尽的分析,提出任务九要素,即任务编码、名称、依据、资源、组织、职责、信息、各方以及成果。而识别任务九要素,是指对获取的任务进

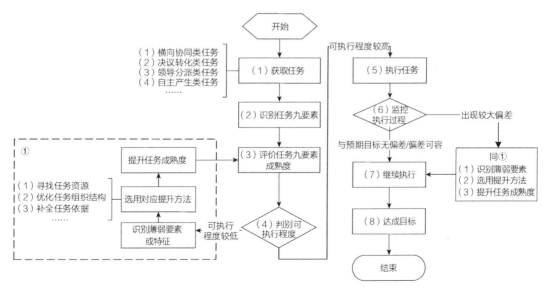

图8-2 任务成熟度的评价流程

---

① 卢锡雷. 流程牵引目标实现的理论与方法——探究管理的底层技术[M]. 北京:中国建筑工业出版社,2020:125.

行判别，提取出上述的任务九要素，并做好分类归纳。

3. 评价任务九要素成熟度

依据上述识别出的任务九要素，分别对其进行评价，即获取出各个要素的具体情况，并进行针对性的评价，以此科学地识别任务的具体状况，为后续判别任务的可执行程度做准备。

4. 判别可执行程度

判别可执行程度是系统性的分析与判断，关系着是否要对任务的成熟度进行提升，是该流程环节中最重要的一个环节，需要注意的是，判别可执行程度并不是一套简单的逻辑判别，而是具有PDCA循环的科学甄别管理模式，包括对可执行程度较低、较高两套运行逻辑，最大限度地把控任务的可执行程度，促使任务能够更加高效地完成。

5. 执行任务

该环节是指对通过任务可执行程度初步筛选的任务进行初步执行，即按照任务的具体要求、实现方法、涉及资源、参与人员以及预期成果等方面落实任务，是任务实现的关键环节。

6. 监控执行过程

监控任务执行过程是任务成熟度评价的重要环节之一，是评价与实践的有机结合。其是指在工作中，对自己或他人负责的任务进行跟踪、检查、评估、反馈、改进的活动。同样，监控执行过程仍然遵循PDCA闭环管理模式，包括对预期偏差较大、较小两套运行逻辑。若偏差较小，则可继续执行，若偏差较大，则将进入提升任务成熟度的管理模式，以此把控任务的执行质量。监控任务执行的过程可以提高工作的效率和质量，促进工作的协调和合作，防止工作的延误和失误，实现工作的目标和要求。

7. 继续执行

该环节是对通过偏差判别后，对该部分的任务继续进行落实，即按上述所提及的相关资源进一步开展任务，是任务实现的最后一个环节，也是取得结果的重要环节。

8. 达成目标

目标达成，是前面一系列环节执行落实的最终产物，是上述工作开展的成果表象，也是任务开展的根本原因与成果展示。该环节并不能决定上述环节开展的效果，但在一定程度上能够反映出上述环节的落实效果情况。

从获取任务开始，到首次对任务成熟度评价；任务成熟度评价并不限定于此。随着评价次数与对象的不断增多，可对流程中的每项任务进行优化，例如不断细化任务成熟度的评价原则，并与编码规则、任务依据等形成联系；而组织也可依托于任务成熟度评价的流程不断完善内部的资源库、组织结构等，最终形成组织自己的核心竞争力。这是在"任务成熟度评价"这个"任务"上的持续改进。

8.1.2 流程核心节点解读

上面从对象、资源、要素、目标、监管、改进六个维度提出了任务成熟度操作流程，并进行了介绍。流程有优劣之分，核心业务流程代表了企业的经营活动以及各个活动之间关联的框架，它创造了大部分客户价值，是对整个企业性能起主导影响的业务流程，例如生产工艺流程、库存管理流程等[①]。厘清流程的核心节点，能够把控该项流程的进展与实现效果，是落实流程操作的重要支撑，具有重要的管理价值：

①识别流程核心节点可以帮助明确流程的目标和标准，为流程的评估和评价提供依据和参考，实现流程的正确性、合理性、有效性和安全性的提高；②识别流程核心节点能帮助分析流程的信息与数据，为流程的优化与改进提供依据支持，以期更好地提高流程的效率和质量，减少流程的浪费和成本；③识别流程核心节点能够发现流程的问题和机遇，为流程的创新和变革提供依据和指导，以此提升流程的灵活性、敏捷性、可持续性与竞争力；④识别流程核心节点还可以帮助协调流程的关系和资源，为流程的协作和集成提供依据和保障，切实保障流程的协同性、一致性、协调性与集成性。

流程核心节点的重要性，促使对其进行准确梳理、识别具有重要的价值。通常在组织中识别流程核心节点主要参照两种视角，一是内部视角，二则是外部视角。简而言之，从组织内部来看，核心流程是由对组织当前主要工作活动内容的观测来确定的；从组织外部来看，核心流程是由客户/市场的需求决定的，并定义了组织应该做什么来满足客户/市场的需求[②]。然而，这些方法受限于使用环境的影响，难以扩大其使用的范围，归结到底在于这类方法仅限定于组织范围内的流程而忽视了流程的常态属性。因此，另辟蹊径，提出识别流程核心节点的方法可从以下四个角度，即流程核心识别四维度方法：

（1）根据流程的目标和标准，确定影响流程输出的关键因素，如顾客需求，竞争优势，风险控制，价值创造等。

（2）根据流程的信息和数据，分析流程的实际情况，评估流程的优劣，发现流程的问题，找出流程的原因，提出流程的建议，制定流程的措施。

（3）根据流程的增值和浪费，区分流程的活动类型，如增值活动、支持活动、浪费活动，优化流程的活动结构，减少流程的浪费，提高流程的效率。

（4）根据流程的关键控制点，检查流程的输入、输出、转化等，确保流程的正确性，合理性、有效性、安全性、审批、反馈、评价流程的结果。

通过上述分析方法，对评价任务成熟度操作流程进行分析，认为其流程核心节点包括：识别任务九要素、评价任务九要素成熟度与判别可执行程度。

1. 识别任务九要素

识别任务九要素是指对任务的编码、名称、依据、资源、组织、职责、信息、各方以及成果进行梳理，需要注意的是，由于识别任务九要素是评价任务九要素成熟度的先决条件，因此在此流程节点应确保对于任务九要素识别的全面性与系统性，正是由于识别任务九要素

---

① 甘华鸣. MBA必修核心课程——业务流程［M］. 北京：中国国际广播出版社，2002：231-255.
② 王田苗，胡耀光. 基于价值链的企业流程再造与信息集成［M］. 北京：清华大学出版社，2002：100-130.

的流程节点起承上启下的作用,所以它是流程核心节点之一。

2. 评价任务九要素成熟度

评价任务九要素即对上述识别出的内容进行分析评价,也即该流程的特殊处。值得注意的是,由于任务九要素包含九个要素节点,因此,在评价的过程中应时刻注意把控对这九个要素进行全面评价,切不可遗漏或者是忽视某一个要素的评价,这会直接影响任务成熟度评价工作的开展,导致结果的获取缺乏科学性。

3. 判别可执行程度

判别可执行程度与评价任务九要素成熟度形成PDCA的闭环逻辑,包括判别、识别、改进、提升与评价,这是流程核心节点中的核心,也是该流程的拐弯处。它确保了任务成熟度的前期所有工作的落实情况,也是该流程体系的第一个自善节点。需要注意的是,在识别薄弱要素的特征情况时,要对全要素进行评价,即对任务九要素形成的整体进行评价。同时,在选用提升方法时应尽可能地满足低成本、见效快的基本理念,最后切记应回到评价任务九要素成熟度的流程节点中,只有完善的PDCA闭环才能发挥评价任务成熟度操作流程的最大价值。

8.2 任务成熟度评价实践

实践是检验理论最直接最有效的方式。建筑工程项目具有投资大、要素多、主体多、工期紧、安全质量要求高、涉及公共利益等特点,其任务层级及任务体系也尤为复杂,并且在任务执行过程中涉及各方组织(主体)多、过程质量和信息管理规范性强、资源消耗约束性强、目标质量要求明确、施工过程时间长度适中、出现技术偏差概率大,因此任务成熟度的评价成为提升项目执行力,促使项目顺利实施的关键一环。以引入具体项目案例的方式将任务成熟度评价体系投入实践,既能识别项目存在的不足之处并进行持续改进,提升其整体管理水平,也能使任务成熟度评价体系得到科学有效的检验,为完善理论、在多领域付诸应用尽显价值奠定重要实践基础。选用工程项目作为"任务成熟度评价"具有可行性。

本书选择SXWL改扩建项目二期一标工程项目国际教育组团进行应用分析。该项目组团主要由青年教师公寓、留学生宿舍、教学用房及后勤配套用房组成,总建筑面积46075.09m^2,其中地下室13527.21m^2,1号、2号主楼地上2层,3号、4号、5号楼地上6层。地上建筑采用钢结构、PC结构,装配率为60%。该项目正处于施工阶段,选取该阶段中较为重要且在质量、成本等方面规制化较强的楼层板"混凝土施工"任务进行评价。虽该任务还可分成"搅拌""运输""浇筑""养护"等多项子任务,但都是以形成楼层板为目标的操作工序,故选用该层级任务进行评价。

8.2.1 要素数据采集

任务要素数据采集是指根据任务具体情况,依据任务九要素体系,从任务的数据源中获取并提取与任务九要素相关联数据的行为过程。采集的要素对象为任务九要素，即任务编码、任务名称、任务依据、任务资源、任务组织、任务职责、任务信息、任务各方以及任务成果，在本书第3章已对其内涵及要素体系进行了详细的阐述。

上述要素对象都采用数据描述，即运用采集工具依循一定方法将任务的九要素进行系统性采集形成数据库，为实现任务的分析、评估和优化提供基础支持。数据源来自任务（此处也称项目）产生、分配、执行实际过程。

本项目产生的任务数据可概括为以下五个方面：①楼层板定位数据。根据设计图纸确定楼层板的位置，并使用定位器将楼层板准确放置的坐标点位。②基础处理数据。即楼层板的正下方，进行基础处理工作时的相关数据，包括清理基础面、涂刷底涂、铺设防水层度等数据。③楼层板安装数据。即楼层板浇筑在制定区域的数据，如浇筑混凝土等级、养护情况、胶粘剂、螺栓等。④接缝处理数据。即楼层板接缝处工作的相关数据，包括密封胶、密封处理工艺、防水、防尘试验等数据。⑤其他工序。根据项目实际需要而产生的关联数据，此处包含楼层板打磨、切割、钻孔等工序数据。上述任务数据可理解为"元数据"，依据任务九要素体系，提取、整理、归纳出任务九要素的各项数据，如表8-1所示。

SXWL项目楼层板任务九要素数据提取情况 表8-1

任务编码	1	2	3	4	5
任务名称	楼层板定位	基础处理	楼层板安装	接缝处理	其他工序
任务依据	设计图纸、《建筑与市政工程施工质量控制通用规范》GB 55032—2022	设计图纸、《建筑地基基础工程施工质量验收标准》GB 50202—2018	设计图纸	设计图纸、《建筑与市政工程防水通用规范》GB 55030—2022	—
任务资源	高精度水准仪（赛博）、陀螺全站仪、测量轮、喷漆	直尺、级尺、平底钢铲、电动砂光机、防水涂料、防水卷材	胶粘剂、螺栓、C30混凝土、钢制模板	电动清缝机、勾刀	电动砂光机、电动切割机
任务组织	施工组织设计	施工组织设计	施工组织设计	施工组织设计	项目部自组织
任务职责	—	3天内完工	—	无明显缝隙	—
任务信息	施工时间：20××年××月××日	—	—	—	—
任务各方	施工方：王工、李工 监理方：秦工	施工方：章工、李工、黄工 监理方：秦工	施工方：章工、黄工、伍工、齐工 监理方：秦工	施工方：章工、李工、陈工 监理方：秦工	施工方：赵工、陈工、李工 监理方：秦工
任务成果	楼层板定位数据	基础处理数据	楼层板安装数据	接缝处理数据	其他工序数据

注：表中"—"表明该项数据未能获取或按施工经验工作。

值得注意的是，除上述主要工序任务外，还存有其他任务，如现场安全教育和交底及安全管控。SXWL项目通过VR技术进行现场安全教育和交底，不仅实现了项目安全交底的系统化与沉浸式，更将各个项目任务要素数据实现了针对性采集。通过VR模拟员工的日常工作，以此判断出该项工作的危险临界值。在脚手架设备加装检测装备，采集脚手架架体产生的数据，如压力变化情况、倾斜角度、位移变化等，形成脚手架安全管控的任务数据集，通过数据平台统一协调分配到后台终端，以此进行统筹分析，把控脚手架的安全情况。除上述提及的技术之外，项目任务数据捕捉的技术方法还包括红外传感检测装置、IoT、移动通信、射频识别技术以及AR与MR技术实现实时数据记录、场景捕捉、实时跟踪。这部分的任务数据则采用传感器、日志文件和Weka爬虫三种方式采集。数据采集完成后，需要高速的数据传输机将数据传输到合适的存储系统，供不同类型的数据分析应用。

凭借BIM技术建立三维建筑信息模型，能让建筑数据信息交互更加方便快捷。SXWL项目以BIM数据平台为搭建基础构成储存数据中心。在数据传递到数据中心后，在数据中心内部进行存储位置的调整和其他处理。由于数据集中可能包含一些无意义的数据，导致数据存储空间增加并影响后续的数据分析，因此还需要加入数据预处理的过程，通过借助相应的数字化技术进行实现，常用的数据预处理技术包括DataWrangler、GooleRefine、OpenRefine等。其中，OpenRefine不仅支持导入多种格式的数据集，例如CSV、TSV、Excel、JSON等，还可以通过API从数据库中导入数据。同时支持操作界面实现相应的变换，提供实时的数据预览功能，方便用户进行数据清洗的过程，其操作非常的简便，故此处选用OpenRefine技术完成数据预处理工作。通过数据预处理能够及时发现数据集中不准确、不完整或不合理的数据，并进行针对性地筛选剔除。在此基础上获取到施工现场安全的相关任务数据，再按上述九要素体系进行要素数据提取，可参考表8-1填写，其余项目任务同理分析即可。

通过运用上述方式对项目任务数据进行采集、存储、处理，形成SXWL项目的任务数据集。其次依据任务九要素体系对任务数据集进行协调细化，从数据集中分析提取出九大要素内容，以此形成任务要素体系，为后续的工作及任务开展提供要素数据支撑。

8.2.2　要素数据分析

数据分析的目的是把数据集中的信息进行甄别和提炼，找出其内在规律。上节阐述了如何采集并获取任务九要素数据。在形成SXWL项目的任务要素数据集之后，需对该任务成熟度要素数据进行分析，即通过目标辨析、调查、分解等工作分析的基本方法，对构成任务成熟度九大要素数据逐一归纳与整理，使之能够更加清晰化、系统化与模块化，为任务成熟度要素数据评价提供依据。九要素数据的要点结构即TMFS，详细内容见本书第6章表6-2。

目前较为成熟的要素数据分析算法工具有以下几种：①人工智能（AI）和机器学习（ML）；②组装式数据和分析架构（Composable Data and Analytics）；③数据编织（Data Fabric）；④XOps（数据、机器学习、模型和平台）；⑤工程化决策智能工具（Engineering Decision Intelligence Tool）等。将获取的SXWL项目数据集的九要素体系进行详尽分析，包括名称、编码、依据、资源、组织、职责、信息、各方以及成果。

（1）任务名称要素数据是基于SXWL项目的任务名称要素分析，主要侧重名称命名的唯一性以及任务名称命名的动宾结构两个方面。如招聘施工员、通知三方会审、签订分包合同、协商材料进场等。在分析任务名称要素数据时，其完整程度、理解难易度以及表述简洁程度都是任务成熟度的评价要点。

（2）任务编码要素数据分析，通常认为是在行业管理范围内使用同一个任务编码规则。操作时每一个组织内部或项目内部的编码规则都必须统一。作为复杂管理的分层、分类、顺序标识，赋予符合组织执行与思维逻辑的编码，是任务识别、处理、调用迅速与精准的依靠，特别是处于数字经济时代，数据编码的重要性更加凸显，快、准、稳地获取信息是组织的追求。在任务编码要素分析时，主要从任务编码三维交点，即流程时间、工艺结构和管理职能进行评价，如：①制定项目基坑开挖方案；②制定一季度施工流水节拍计划等。每个任务编码规则与逻辑的统一情况与唯一情况都是任务成熟度的评价侧重点。

（3）任务依据要素数据分析通常是指任务执行过程中涉及的相关纲领性、指导性文件，法律法规、技术标准、合同文件、设计图纸、指令变更等，都可称之为任务依据要素数据。如《中华人民共和国建筑法》《中华人民共和国招标投标法》《中华人民共和国土地管理法》等，是任务执行合理性、合法性的说明。其每个任务依据的完整性、精准性或针对性以及时效情况都是在任务成熟度评价的范畴。

（4）任务资源要素数据是组织执行任务时所具备的必要条件，也是重要的条件。通常是指任务执行过程中涉及的人力、资金、物质、知识、渠道、思想。如钢筋工、木工、挖掘机、拖拉机等。在分析任务成熟度资源要素数据时，要充分把控其充分程度、完整情况、具体的吻合度、可仿造程度、可调度协调情况。

（5）任务组织要素数据即执行任务的部门和岗位或个人，是任务的承担者和相关者。任务的完成，都是和人、权责关联的。因此，构建、整合的组织结构合理与否，会对任务执行与目标达成产生较大影响。故分析任务成熟度组织要素数据时，要强调组织的完备情况、可仿程度、与任务的适配情况，以及权力、责任、利益等的分配情况。

（6）任务职责要素数据不同于岗位职责，其含义是指任务本身所需要达成的，即任务目标或任务要求。基于SXWL项目，主要表现为工程任务的完成时间（进程、工期）、质量要求、成本要求、安全要求、环境保护要求、职业健康要求、文明工程施工要求等。完整与明确的任务职责可使考核更加精细与全面，均衡性与可达成性等都是在分析任务成熟度职责要素数据时需要注重的要点。

（7）任务信息要素数据是一类大范围的概括，可理解为完成任务需要企业或其他组织内部的相关"惯例"，包括既往同类任务的依据、资源等信息。又可细分为知识类信息（同类任务的依据、资源）；第二类信息（完成任务的过程中将产生很多信息，如产品的状态信息、管控信息），成果信息（产品和业务成果，技术和管理的经验总结）。在分析任务成熟度信息要素数据时，要充分把控其完整程度、失真情况，以及可检索情况等。

（8）任务各方要素数据即与任务有相关联系的各方主体。如施工单位、建立单位、建设单位、勘察单位等。复杂项目管理中，相关方很多，利益诉求不同，甚至文化背景不一，工作习惯差异很大,是项目管理中最难处理的难题。任务各方要素数据即对涉及任务相关的主体单位进行统筹收录,并对各方的具体诉求与利益冲突进行分析。归纳起来,分析各方要素数据应重点关注其完整程度、可仿造情况、协同难易度以及流通难易度。

(9)任务成果要素数据是指任务执行过程中的一定阶段内产生的成果性数据,其中包括任务执行进度、完成情况、质量指标、资源利用情况、风险评估、问题反馈等。具体内容如任务完成度、所用时间、达成的目标、遇到的问题及解决方案、相关文件和报告、评估结果等。

通过上述对任务成熟度要素数据的详细阐述,形成任务成熟度要素数据分析结构体系,组织可通过任务成熟度要素数据分析结构体系定义任务要素、特征的理想状态,评价现有状态并进行提高,以改善组织执行力与目标达成效率。

8.2.3 要素数据评价

任务九要素的数据评价对任务成熟度评价起到关键作用,数据分析、评价的严谨性与可靠性直接影响到任务成熟度的等级判定。其中,编码要素是每个任务唯一且所有任务统一的符号,通过编码可将海量任务文件、资源等更好统筹、储存和取用;名称要素是任务最重要的标签之一,可直观表达出任务的动作与作用对象;依据要素是任务执行所需遵循的规章制度,包括法律法规、技术标准、合同文件、设计图纸其至是上级的命令等;资源要素是执行任务进行时所统筹与利用的资源,包括人力、物力、知识、渠道等,如何合理使用资源、降低资源消耗等方面成为组织重点思考的问题;组织要素指任务执行的部门、岗位等主体,是任务的承担者和相关者,包含角色、权限、沟通方式等;职责要素是任务本身所需要达成的目标,即任务需要完成到什么程度、完成时限等标准体系;信息要素有产品、过程、状态、要素等类型,对任务起到支撑作用,应当可搜集、储存、利用等;各方要素指某项任务的相关方,即一项任务涉及的各个主体;成果要素是任务多项要素经过耦合形成的产物,可看成一项任务的最终目标,可能是"一个产品、某些服务、一个协议"等。各项要素具有一定的要素特征,以更精准定位当前任务的所属成熟度;具体评价指标体系如表8-2所示。

任务九要素数据评价指标层级 表8-2

目标层	评价要素层	评价维度层	描述
任务九要素评价U	任务编码要素数据U_1	编码完整性U_{11}	任务类别与结构的完整程度
		编码统一性U_{12}	同一层次编码方法/规则的、规整统一程度
		编码信息化程度U_{13}	任务编码进行自动排序、分类,快速识别、查找能力
		编码涵盖性U_{14}	编码覆盖不同任务、任务不同要素的程度
		编码可理解性U_{15}	编码方式应当通俗易懂的程度:符合工程逻辑或符合一定的思考逻辑
	任务名称要素数据U_2	名称完整性U_{21}	名称结构完整程度:采用"动词+名词"形式

续表

目标层	评价要素层	评价维度层	描述
任务九要素评价 U	任务名称要素数据 U_2	名称信息化程度 U_{22}	通过名称相同或相似字眼进行归类、搜索与联想的能力
		名称易理解性 U_{23}	任务名称能否快速被理解并联想的能力：应当见到任务名称就可明白需要做什么、如何做
		名称简洁性 U_{24}	任务名称的精练、简单程度：尽量避免名称冗长所带来的理解不清晰
	任务依据要素数据 U_3	依据精确性 U_{31}	依据细化、针对的程度：在任务执行时可快速对应，精准办事
		依据完整性 U_{32}	依据收集、呈现的完整程度
		依据时效性 U_{33}	依据应当及时进行更新、增加或移除的能力
		依据可仿形 U_{34}	任务依据可以直接被使用或借鉴的能力；但应当注意任务依据针对性较强，不可模仿
		依据信息化程度 U_{35}	建立依据库并结合信息化手段进行任务依据的快速调用、智能匹配的能力
	任务资源要素数据 U_4	资源充分性 U_{41}	任务所需资源数量的充分程度：例如材料、机械等数量不可缺少
		资源完整性 U_{42}	任务资源结构、种类的完整程度：例如知识资源、渠道资源等在如今已不可或缺
		资源针对性 U_{43}	资源与任务的适配程度
		资源可仿形 U_{44}	相同或相似任务所需资源类型、结构、比重被借鉴与使用的能力
		资源可调度性 U_{45}	资源调动能力、调动速度快慢：不同任务会存在不同的优先级、重要程度等，应当通过调度优化资源配置
		资源信息化程度 U_{46}	线上资源库的建设成程度以及进行资源的"预调配""预应用"能力
	任务组织要素数据 U_5	组织完备性 U_{51}	组织结构的完备程度
		组织权责利统一 U_{52}	权责利的平衡、统一程度：权责利三者相辅相成，没有权力的责任与利益是空泛的，没有责任的权力与利益是不存在的，没有利益的权力与责任是无目的的，只有当三者较为适配才可以更高效地完成任务
		组织可仿性 U_{53}	组织架构等可被模仿与借鉴的能力
		组织匹配性 U_{54}	任务组织的专业对口程度
	任务职责要素数据 U_6	职责完整性 U_{61}	对任务职责要求的完备程度：例如成本、质量、进度都不可缺少
		职责可测性 U_{62}	对职责过程与结果转换为考核指标进行定量分析的能力（在一定程度上更注重过程中的管控）
		职责明确性 U_{63}	能否将职责相关要求、目标等阐述明确的能力
		职责信息化程度 U_{64}	利用信息化手段对职责行使过程监控和记录的能力：便于及时纠偏以及后期评价
		职责可行性 U_{65}	寻找追求既定目标与职责可操作的平衡点的能力：所履行职责不应高悬于空中难以操作
	任务信息要素数据 U_7	信息完整性 U_{71}	信息类型和数量的完整程度

续表

目标层	评价要素层	评价维度层	描述
任务九要素评价U	任务信息要素数据U_7	信息动态性U_{72}	信息及时更新与传递的能力
		信息可检索性U_{73}	信息快速检索、调用信息的能力
		信息化程度U_{74}	信息化技术或平台的适配性,追求单信息平台效果最大化、多平台协同合理化的能力
		信息精确性U_{75}	信息能否准确传递、精确应用的能力
	任务各方要素数据U_8	各方完整性U_{81}	任务相关方齐全、适配的程度
		各方可仿性U_{82}	相关方组成结构、行为方式的被借鉴能力
		各方协同性U_{83}	相关方联合、协同完成任务的能力
		各方流通性U_{84}	信息、财务等资源的流动能力
		各方信息化程度U_{85}	各方之间沟通、协调等能力:应用信息化技术达成高效沟通,利用相关手段"预"协调各方
	任务成果要素数据U_9	成果明确性U_{91}	对成果完整且简要的概述能力:将需要质量、数量等方面阐述越清楚,产出成果与任务目标差别越小,即任务完成度越高
		成果可达性U_{92}	任务成果布置时的把控能力:虚无缥缈、难以落地的成果难以支撑任务执行,具有一定可达性的任务成果才可以使执行者更加有动力
		成果信息化程度U_{93}	实现任务管理的自动化统计、分析等行为的能力
		成果可测性U_{94}	成果与绩效进行挂钩的程度:被动完成成果就会转换为主动达成目标,激发执行任务的执行
		成果转化性U_{95}	任务成果转化为经济价值、社会价值等的能力

如表8-2所示,评价任务九要素的数据情况应遵从九维度、44层级指标进行系统性的评价,即针对提取的任务九要素数据,进行一一分类评价。评价过程中涉及对应的要素数据,应逐一罗列、分析,再进行评价,并将最终的评价结果汇总到一起即为该任务要素数据的成熟度情况。

SXWL项目依据实际情况邀请了2位具有10年以上从业经历的工程管理专家、3位该项目的项目经理以及3位具有一定学历的一线工作人员,按照表8-2对项目进行系列操作后获取到的要素实际情况进行0~100打分。根据调查反馈情况,录入到Matlab软件进行运算得到各指标云的数字特征C_j(Ex_j,En_j,He_j),以及每项指标的权重W_j,如表8-3所示。

任务成熟度各指标数字特征 表8-3

维度	1	2	3	4	5	6	7	8	C_j	W_j
U_{11}	66	73	78	61	65	77	73	62	(69.38,7.36,3.06)	29.09%
U_{12}	73	65	67	79	66	79	76	79	(73.00,6.58,2.30)	17.02%
U_{13}	71	71	60	61	60	74	62	63	(65.52,6.34,2.68)	14.71%
U_{14}	60	66	62	76	75	61	66	72	(67.25,6.66,2.03)	26.32%
U_{15}	80	71	66	67	78	77	75	70	(73.00,5.64,2.09)	12.87%

续表

维度	1	2	3	4	5	6	7	8	C_j	W_j
U_{21}	57	64	62	50	67	52	57	56	(58.13, 5.84, 0.26)	40.05%
U_{22}	64	64	61	56	57	59	53	67	(60.13, 4.86, 1.08)	16.48%
U_{23}	69	52	56	63	59	50	64	67	(60.00, 7.21, 1.98)	26.53%
U_{24}	57	66	70	70	65	58	54	68	(63.50, 6.74, 2.44)	16.95%
U_{31}	72	79	80	79	70	74	63	69	(73.25, 5.95, 0.29)	35.31%
U_{32}	66	79	75	66	62	80	65	79	(71.50, 8.46, 3.98)	18.41%
U_{33}	78	73	76	74	69	62	79	69	(72.50, 5.48, 1.28)	20.19%
U_{34}	68	79	79	72	67	75	71	64	(71.88, 5.48, 1.28)	13.08%
U_{35}	71	77	70	75	66	60	66	64	(68.63, 5.80, 1.02)	13.03%
U_{41}	78	69	74	80	80	73	70	75	(74.88, 4.23, 0.23)	23.19%
U_{42}	71	65	60	69	61	76	71	80	(69.13, 6.74, 1.74)	17.38%
U_{43}	69	64	67	70	62	76	75	72	(69.38, 4.86, 0.98)	16.43%
U_{44}	61	69	73	80	72	73	77	71	(72.00, 4.70, 3.10)	12.62%
U_{45}	72	65	66	74	75	70	80	80	(72.75, 5.64, 0.64)	19.20%
U_{46}	65	76	72	79	72	66	61	79	(71.25, 6.81, 1.17)	11.19%
U_{51}	57	75	64	73	64	60	60	70	(65.38, 6.85, 1.89)	38.78%
U_{52}	71	56	59	61	78	77	62	70	(66.75, 9.09, 3.51)	21.31%
U_{53}	69	75	59	67	55	75	59	78	(67.13, 8.93, 2.18)	21.47%
U_{54}	59	76	64	60	56	60	72	75	(65.25, 6.41, 4.63)	18.45%
U_{61}	75	57	66	56	60	60	71	62	(63.38, 6.85, 1.13)	32.88%
U_{62}	67	63	67	63	64	71	64	75	(66.75, 4.07, 1.38)	24.58%
U_{63}	74	65	67	63	72	72	61	71	(68.13, 5.17, 2.03)	16.29%
U_{64}	58	61	72	56	57	65	67	62	(62.25, 5.40, 1.00)	9.19%
U_{65}	67	57	56	61	74	67	69	59	(63.75, 6.89, 2.48)	17.07%
U_{71}	64	74	65	67	55	74	64	68	(66.38, 5.48, 2.71)	32.17%
U_{72}	65	61	74	62	64	74	71	73	(68.00, 6.27, 2.90)	16.63%
U_{73}	67	68	66	58	56	69	71	59	(64.25, 6.19, 2.41)	16.33%
U_{74}	55	73	58	67	71	68	73	59	(65.50, 7.68, 2.74)	21.93%
U_{75}	73	57	70	66	55	57	67	67	(64.00, 7.21, 2.55)	12.95%
U_{81}	73	61	66	63	64	56	60	73	(64.50, 5.80, 1.64)	32.05%
U_{82}	74	55	71	66	78	75	78	62	(69.88, 8.34, 1.33)	15.11%
U_{83}	68	59	55	55	77	70	75	61	(65.00, 9.4, 3.56)	17.04%
U_{84}	56	74	75	58	57	73	67	59	(64.88, 9.24, 4.13)	18.30%
U_{85}	70	59	70	68	67	65	74	62	(66.88, 4.58, 1.41)	17.51%
U_{91}	69	69	62	69	73	69	55	64	(66.25, 5.56, 1.13)	27.49%

续表

维度	1	2	3	4	5	6	7	8	C_j	W_j
U_{92}	75	58	68	64	60	56	75	70	(65.75, 7.83, 2.51)	22.73%
U_{93}	67	73	57	59	73	62	58	65	(64.25, 6.58, 1.58)	16.23%
U_{94}	61	64	57	57	66	74	66	62	(63.38, 5.17, 2.03)	12.96%
U_{95}	69	65	60	60	71	61	69	57	(64.00, 5.64, 2.16)	20.60%

计算出评价指标云参数后,代入公式(6-7)计算准则层的云参数,如表8-4所示。

准则层各指标数字特征　　　　　　　　　　　　表8-4

准则层	Ex	En	He	W_j
任务编码U_1	69.29	6.81	2.53	6.67%
任务名称U_2	59.87	6.17	0.98	5.71%
任务依据U_3	71.99	6.19	1.07	7.07%
任务资源U_4	71.80	5.28	1.02	13.13%
任务组织U_5	66.03	7.51	2.54	14.65%
任务职责U_6	64.95	5.89	1.45	11.51%
任务信息U_7	65.81	6.27	2.69	10.76%
任务各方U_8	65.89	6.90	2.21	14.32%
任务成果U_9	64.98	6.22	1.80	16.18%

同理可得出目标层U的综合云为C(66.74,6.41,1.91),输入Matlab软件与评价级标准云进行比对,如图8-3所示,颗粒较粗的为评价综合云图(第四个云)。

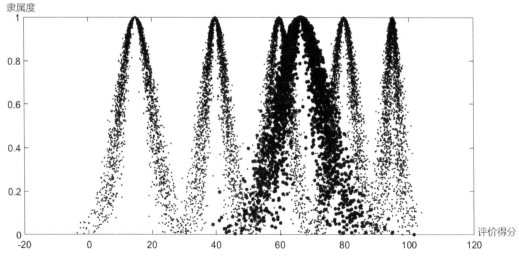

图8-3　SXWL改扩建工程评价综合云与标准云对比

8.2.4 验证结论、价值与建议

快速、系统地提升执行力一直是各个组织孜孜以求的课题，各行业都追求敏捷高效的执行力，以期获取到相应的收益，建筑业亦是如此。在外部环境快速变化、组织人员流动性高等情况下，寻找组织运营的基本单元——任务成熟度的提升更易于获得执行力的本质提升。管理具有特殊性、独特性与具体性，SXWL项目为案例实证对象，验证了其影响机制实施的科学性、有效性。

由图8-3可知，目前，该项任务的成熟度处于可执行级（评判等级见本书第6章），执行效果较好；并可通过改善达到可管理级。分析图8-3、表8-3任务成熟度各指标数字特征、表8-4准则层各指标数字特征中较为明显的特征，提出如下建议：

（1）除任务名称外，各要素均达到已定义级或可管理级。名称设置随意是组织中任务普遍存在的问题，可针对任务本身特性、执行思维逻辑对名称进行调整或修改，降低冗杂、重复、语义不明等所带来的浪费，可同步提升名称的信息化程度。

（2）任务职责评分排名仅高于任务名称，特别是信息化程度与可行性相对较差；可将任务职责进行明确阐述或适当调配以保证可行性，并在执行过程中引入新兴技术进行监控，及时对任务执行进行纠偏。而从权重中可看出其重要性大于名称；因此优先提高任务职责相关维度，可以使整个任务的成熟度快速提高。

（3）从云图的跨度（即En）与云层的厚度（即He）可以看出有个别专家对部分指标的分值与期望值相差较大。此时应寻找造成该特征的源头：若任务本身可执行程度较低则相应提升各要素成熟度；若由于评分者对某些方面知识受限，则可帮助其提升认知后重新评判，在一定程度上做到任务与专家共同进步。

（4）任务依据与资源已经达到了可管理级。任务依据的精确性较强，可以根据现有任务依据较好较快地完成任务。任务资源的充分性、可调度性评分较高，表明该工程项目已经为各项任务的完成投入了较为可观且实用性强的资源，可在现有基础上合理调整结构、补充完善。

SXWL案例对于任务成熟度评价的具体实践，对任务成熟度评价的实际效果与实践流程进行了检验，验证了任务成熟度评价具有科学的实用价值。表明在实现任务成熟度评价使用时，应当根据项目（任务）的实际情况进行探讨，针对性地应用才能体现任务成熟度评价的实践价值，也是管理的特殊性与具体化的体现。开展任务成熟度评价时，要明确评价任务成熟度的目的，即使用者应当根据开展评价的具体需求进行指标的打分评价，基于企业、组织或者机构对于该项任务的客观侧重进行权重判断，以此获取的指标数据与项目任务更加贴合，为后续项目任务的执行提供针对性的见解与帮助。

第 9 章
提高任务成熟度路径

本章逻辑图

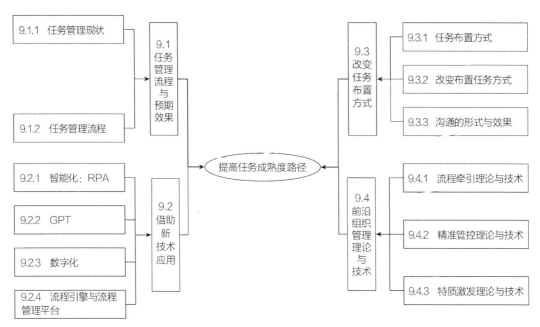

图 9-1 第 9 章逻辑图

本研究提出的提高任务成熟度从而提升组织执行力,是一个全新的课题。关于任务管理的阐述虽已比较常见,但深入的学术成果却十分罕见。本章从任务管理的现状和流程入手,提出借助一系列新技术、改变任务的组织方式以及试图用前沿的组织管理理论和技术,来提高任务管理的核心内容——任务成熟度,以期获得组织执行力的提升,最终实现良好的组织绩效。

9.1 任务管理流程与预期效果

9.1.1 任务管理现状

任务管理是一种让组织中的各个部门根据目标、计划形成在特定时间内最有效完成相关事项并对任务执行效果进行评价的一系列的管理行为。任务管理具有多样性，也已经由来已久，日常工作、生活中早已普遍存在，例行会议、备忘录、日程安排、流程待办等都是管理任务的实际方式。但是，原有口头甚至一些书面下达的任务管理方式存在不少弊端，容易造成任务下达不及时、任务描述不清晰、任务表达不清晰、任务反馈不方便等问题。随着新技术的日新月异、组织规模不断扩大，任务管理朝着信息化、流程化方向演进，有必要对任务进行审视、反省和改进。任务管理的方式与工具在本书第1章已经详细介绍，本节对任务管理流程以及内容进行阐述。

用"任务管理流程"来描述任务管理的步骤、要求，流程随任务的难易程度有所不同，基本包括任务规划、任务分配、任务推进进度管理、任务绩效及评价、多任务时任务优先级确定等环节。在任务规划阶段，需要明确任务的关键要素，确定任务的截止日期，并将任务分解成更小的子任务，确立优先完成的次序。这个过程可以使用目标设定理论、WBS（工作分解结构）等方法来辅助完成。一旦任务规划完成，就需要将任务分配给指定的执行者。管理者会在这之后进行进度管理，监测任务的进展情况，并及时采取行动来纠正偏差，确保任务按时完成。在实际项目中，有时会出现多个任务同时进行的情况。为了确保工作的高效性，需要对任务进行优先级管理。

软件工具在更好地实现任务管理方面发挥了巨大作用，下面简要介绍相关情况。

20世纪50年代后期美国出现了网络计划技术（Network Planning Technology），随之应用于全世界的建筑工程、交通运输、制造业、信息技术等领域的项目工程管理中。有学者通过实践证明，在建筑施工管理中，组织应用网络计划技术一般能缩短工期20%，降低成本10%[1]。无论是大型项目还是小型项目，网络计划技术都有助于项目进度的合理安排和优化，将计划中各项工作的开展顺序及其相互之间的关系梳理清晰。通过对网络图进行时间参数计算，找出计划中的关键工作和关键线路；通过不断改进网络计划，寻求最优方案，以求在计划执行过程中对计划进行有效的控制与监督，保证合理地使用人力、物力和财力，以最小的消耗取得最大的经济效果。我国在引进网络计划技术后深度学习，很快在理论水平上同发达国家相差无几。但是，由于历史的原因，当时我国施工企业的发展基础薄弱，职工的知识结构不够完善。因而，网络计划方法在施工管理中的应用情况并不乐观。特别是在计划执行中的监督、控制及跟踪调整方面，较少落在实处，基本停留在计划编制上，对任务执行中的问题管理缺少行之有效的解决办法。

随着国内项目管理理念的不断演进和行业标准的不断规范，例如《建设工程项目管理规范》GB/T 50326—2017提出了应用网络计划技术的要求，招标文件范本中要求编制网络计划[2]。微软、Primavera等众多项目管理软件和工具在国内提供了网络计划技术的功能支持。这些软件可以帮助用户创建、管理和可视化网络计划图，并提供进度跟踪和资源管理等功

---

[1] 武秀蕊. 建筑施工技术中网络计划技术的应用[J]. 科技视界，2013（26）：419.
[2] 中华人民共和国住房和城乡建设部. 建设工程项目管理规范：GB/T 50326—2017［S］. 北京：中国建筑工业出版社，2017.

能。同时，为了应对任务管理过程中存在的管理经验不足、管理依据缺失、管理效率低下等问题，以表单、岗位、资料和任务统计的信息为基础，利用信息化管理手段加强组织结构整合的工程项目任务管理系统问世了。通过制度表单化、任务精确化的方法，在工程项目任务管理的精细化上实现了质的跨越。

9.1.2 任务管理流程

将管理任务的工作有序组合起来，构成任务管理流程。任务管理流程是一个系统化、结构化的过程，它涵盖了从任务定义到任务评估的各个环节。通过任务的流程化管理和全过程监控反馈的手段，提升工作效率和质量。早期的任务管理由于过多依赖人工工作，导致不同岗位人员的任务进度无法直观体现，同时出现工作重复进行、工作速度慢等问题。总结前面的研究，构建任务管理流程，如图9-2所示，下面就流程中的主要任务加以说明。

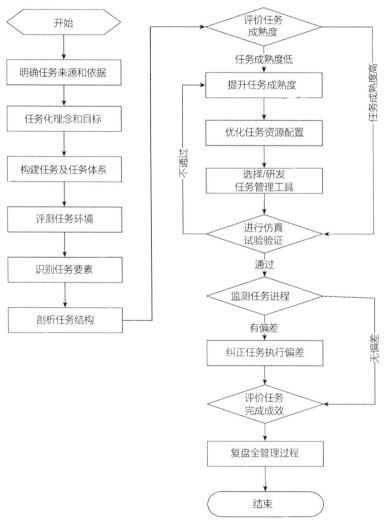

图 9-2 任务管理流程

在任务管理中，明确任务来源是分析任务类型、明确任务成果的重要步骤，进而明确任务目标、任务优先度、任务要求等内容。任务目标是任务的核心，也是项目团队开展工作的指引，确保团队对任务目标有共同的理解；任务优先度决定了任务的先后顺序和资源分配，要求项目团队找出任务关键节点，确保关键任务得到优先处理；任务要求是指完成任务的限制条件和标准，例如时间、质量、预算等方面的要求，确认任务要求，有助于团队更好地规划工作，避免在执行过程中出现偏差。

提升任务成熟度是任务管理的关键环节，其方法在本书第6章已有详细阐述。通过改进系统性、完整性、关联性，达到合理、可靠，能够避免多做任务"无用功"。确保任务按时、按质、按预算完成，并为项目的成功实施提供支持，提高项目的整体绩效。

评价任务完成成效作为任务管理流程的"收官"环节，全面、准确地评价任务的成效离不开管理者对收集到的反馈数据进行整理和分析，持续优化任务的执行和成效。反馈数据包括任务完成度、质量评估等。任务完成度是评价任务成效的重要指标，以任务清单检查、里程碑回顾、成果展示等形式评估任务是否已经全部完成或达到预期的完成程度。质量评价包括评价产出的结果、过程的质量，确保任务的结果准确、稳定且可靠。流程中的反馈包括大循环反馈和小循环反馈。前者在两个任务之间，后者在同一任务之中。前者涉及的可能不是过程，后者则是在过程中。大多数项目型的企业，因为人员流动、流程缺乏持续性等原因，大循环反馈相对薄弱，也就是反馈和复盘的经验积累，不能带入下一个任务或者项目，是十分可惜的，失去了持续改进的机会。

随着管理环境的复杂化、需求的多元化、多元主体博弈对效率的追求迫切性，组织管理工作势必更加趋于复杂化。作为组织运营管理的基本单元，任务管理流程的需要发挥其优势：任务管理流程的敏捷化，也即将任务成熟度评价模型与执行过程动态耦合，实现任务执行前的优化管理、任务执行中的准时调整、任务结束后的成效评价，推行PDCA闭环循环，使任务管理处于全过程持续改进不断进步，能够全时态地满足组织对绩效的需求。

9.2 借助新技术应用

数字化浪潮的背景下，信息技术是推动企业升级转变变革、提高生产率的有力工具，无法跟上新技术步伐的企业将会失去竞争力。自动化是数字业务转型过程中最关键的步骤之一，如RPA、ChatGPT、人工智能等新技术可以自动化或简化许多重复性、繁琐的任务，提供更高的准确性和可靠性，减少甚至避免人为错误，提升任务完成的质量。ERP、BIM等新技术还能更好地规划和管理资源，即通过智能调度算法、数据分析等手段，将资源合理配置到任务中，最大限度地利用资源，进而提高任务的成熟度。借助新技术，人们还可以实时监控任务的进展情况，并根据实际情况做出调整和优化。除此之外，新技术的应用可以打破传统的工作方式和思维模式，通过引入新技术，人们可以找到新的解决方案、改进流程，从而扩展提高任务成熟度的路径，加快实现目标进程的顺利推进。

9.2.1　智能化：RPA

RPA（Robotic Process Automation）是通过用户界面使用和理解企业已有的应用，根据预先设定的业务处理规则和操作行为，模拟、增强和拓展用户与计算机系统的交互过程。即以预定义的规则和流程执行自动化任务，模拟和自动化人类在电脑上的操作，通过软件机器人来完成日常重复的任务。其本质在于厘清做事的逻辑，构建流程也是梳理管理逻辑和技术逻辑的过程。它能够执行重复性、规律性或具有高度标准化要求的任务，自动完成一系列特定的工作流程和预期任务，包括数据输入、信息提取、报告生成、自动审核、基本决策等操作，是一款有效实现人、业务和信息系统一体化集成的智能化软件[①]。RPA的技术开发大致分为四个阶段：在第一阶段RPA可比作虚拟化助手，能够助力基本数据导入，但辅助作业时仍需人为操作，该阶段的短板在于并不能完成一方到另一方的自动化操作，难以实现广泛推行使用。第二阶段的技术开发包括所有流程自动化处理功能，并且可以在第一阶段的基础上实现自动化模拟操作，这个阶段的RPA技术得到了初步的推广，但缺点是需要手动管理。第三阶段具有自动处理能力、机器人的调度能力，甚至一些先进的分析能力，可与ERP、BPM和其他业务应用系统合并，甚至可以在云中发布，但无法处理非结构化的数据。第四阶段RPA将与人工智能和其余技术相结合，包括通过机器人的深度学习、图像识别、语音识别、大数据分析、云计算等多项技术，利用数字化劳动力来增加生产力，通过RPA减少繁琐工作量，能有效减少员工的负面情绪，从而提高工作效率。其应用场景从早期的财务税务领域，不断地向其他业务领域扩展和尝试，包括人力资源管理、信息系统运维、供应链管理、客服中心、法务、管理内审等。从长远的战略来看，RPA能促使企业深度释放数字效能，扩展能力边界，促进企业进行全面数字化改革。其低代码的应用方式具有推广的较广前景。

RPA被广泛应用在于它具有以下技术优势：①低代码或无代码，RPA不依赖于特定的编程语言或应用程序，它在流程的显示或表面级别运行，这意味着发布命令、管理工作流程和集成新应用程序可以通过简单的拖放实现；②非侵入，RPA是以一种非侵入的方式，模拟人工操作方式自动完成任务，它独立于现有系统不会破坏企业原有IT架构；③可视性，RPA的可访问性和可视性极高，能让用户监控和审核由RPA工具完成的各个流程，增加了数据可追溯性以及透明度，有助于企业的流程改善，增强流程管控性。

各领域开发了不同的RPA软件，例如金融行业的Cyclone、电商行业的影刀、政企的Uibot等。这些软件的界面与操作大致相同，打开软件到组装机器人均需经历首页、流程设计页、命令编辑页三个界面。进行命令编写和运行流程块的是命令编辑页面，它是组装RPA机器人的主要界面，常包含命令区、组装区、属性区、运行与输出区四个区域。命令区即要计算机执行的动作，如鼠标点击目标、在目标中输入等；组装区是对流程块里的命令进行组装、编辑的区域；属性区则是对单条命令进行属性设置的区域；当编辑好命令后，即可通过运行与输出区运行当前的流程块，图9-3为以Uibot软件为例在RPA中新建并运行一个流程的

---

① 叶春艳，曾定德. ChatGPT与RPA技术结合的应用分析［J］. 数字通信世界，2023（9）：167-169，172.

步骤。

在实际应用中,RPA具有数据搜索、数据迁移、数据录入、OCR识别、信息审核、上传下载、筛选统计、整理校验、生成报告及推送通知等功能。其中能用于提升任务成熟度的有以下几项:

(1)数据搜索:通过预先设定的规则,RPA机器人可自动访问内外网,灵活获取各项任务要素,并根据关键字段搜索数据,提取并存储任务相关信息,以备后续使用。

(2)数据迁移:通过建立预定的数据迁移流程自动化执行数据映射的任务,并将源系统中的数据按照预定的规则映射到目标系统中。这样可以避免手动处理数据映射的错误,提高任务的准确性,同时还可以通过配置预定的异常处理流程,降低异常因素对任务的影响,提高任务成熟度。

(3)OCR识别:应用OCR功能从文本或图像中提取任务关键数据、信息,并将其转化为机器可读的格式。对提取到的任务数据进行分

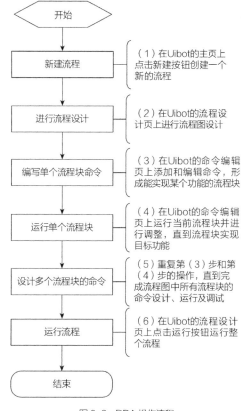

图9-3 RPA操作流程

析和处理,然后根据事先确定的度量标准,计算任务的成熟度并输出到所需的结果报告、仪表板或目标位置,以便相关人员方便查看和分析任务的成熟度状态。需要注意的是,该功能的使用需要依据具体业务场景和任务特点进行定制开发,对于复杂的任务和数据格式,可能需要专门的OCR模型或算法来提高提取精度。同时,还需要考虑数据的安全性和隐私保护等问题。

(4)信息审核:利用OCR识别图像信息,RPA机器人可根据预设规则,结合所提取的任务信息模拟人工执行操作任务,并对识别完成的文字信息进行审核与初加工,完成从图像到信息的转换,提高任务的处理速度和效率。通过事先设置的规则和逻辑来判断信息的有效性和合规性,减少了人为因素的干扰和主观判断的影响,提高了审核的准确性和一致性。同时在执行任务信息审核时会留下详细的日志和记录以供追踪,这种可追溯性可以提高任务的可控性和透明度。

(5)整理校验:RPA机器人能对提取的结构化任务数据和非结构化任务数据进行转化和整理,并按照标准模板输出文件,实现从数据收集到数据整理与输出的自动化。此外,RPA还能自动校验数据信息,对数据错误进行分析和识别。因为是按照预设的规则和流程进行操作,避免了人工处理中的主观影响,提高了相同任务的一致性。

通过以上分析可知,利用RPA的功能可以有效提升任务成熟度,实现任务的自动执行。

对于业务规则稳定、任务逻辑清晰、场景异常较少、需要进行人为主观判断少等情况，RPA的成效更为显著。如果流程多变，界面元素更新频率高，与用户的交互方式也不固定，则会降低RPA的执行效果。总之，借助RPA新技术，通过直接打包任务操作或者自动补充任务数据使之成熟再打包操作，并进一步梳理逻辑，构建自动化执行路径来实现的任务绩效的。

9.2.2 GPT

生成式人工智能起源于20世纪40年代的控制论，1956年"人工智能"的概念被首次提出，2012年首个生成式人工智能AlexNet模型问世，2017年Google Brain团队提出Transformer架构，2018年谷歌的大模型参数过亿，到2022年模型参数达到5400亿[1]。2022年由OpenAI研发的生成式人工智能聊天机器人ChatGPT作为生成式人工智能的优秀代表脱颖而出，它是以深度学习和人类反馈强化学习等技术为基础，对海量数据进行针对性的预训练，并根据用户指令生成内容丰富、风格似人的自然语言文本的大型生成式人工智能语言模型。同其他人工智能聊天机器人相比，其具有能够保障人机的连续性对话、在无法理解指令时主动向用户发出追问、以"人化"而非机器化的话语体系进行自然语言表意、"记住"用户生产的内容等鲜明特征。其核心竞争力在于引入新技术RLHF（Reinforcement Learning from Human Feedback，基于人类反馈的强化学习），解决了生成模型如何让人工智能模型的产出和人类的常识、认知、需求、价值观保持一致的核心问题，能够促进利用人工智能进行内容创作、提升内容生产效率与丰富度。为实现高质量的生成内容，以ChatGPT为代表的GPT系列系统，主要涉及五项关键技术和架构。

1. Transformer 模型

该模型是ChatGPT等系统的基本组成单元，本质上是一种自注意力机制的深度神经网络，主要包含编码器和解码器两部分。编码器主要包括一个自注意力子层和一个全连接前馈神经网络子层，解码器的基本结构与编码器类似，但针对编码器的输出增加了新的多头注意力层，并加入了掩码设定，以防止解码过程中后继位置信息泄露。Transformer模型能够高效捕捉序列数据中不同位置之间的依赖关系，并处理任意长度的自然语言序列数据。

2. Transformer 的基本架构

由于ChatGPT系统的具体技术结构信息目前并没有被完整披露，本书以其前身GPT-3为例进行介绍。如图9-4所示，GPT-3主要是由96层Transformer解码器组成，其中每层的解码器包含掩码多头注意力机制子层和全连接前馈神经网络子层，单词的嵌入维度和上下文窗口长度均进行了扩展，且采用稀疏注意力模式提升运行效率。模型训练的过程遵循自回归思想，即给定上文内容预测下文单词或给定下文内容预测上文单词。此外，针对不同自然语言处理任务，GPT-3 转换不同格式的文本语料进行模型训练。这些技术与思想直接帮助GPT系

---

[1] 蒲清平，向往. 生成式人工智能——ChatGPT的变革影响、风险挑战及应对策略［J］. 重庆大学学报（社会科学版），2023，29（3）：102-114.

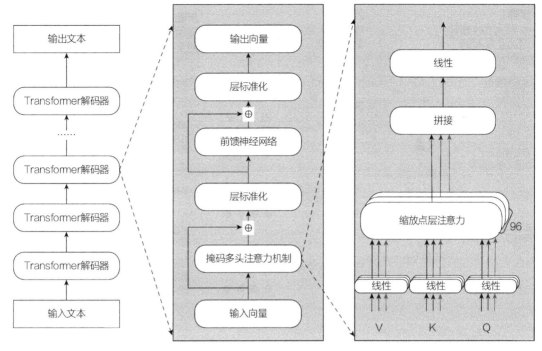

图 9-4　GPT-3 模型的基本架构

列系统逐步具备了优秀的文本生成能力[①]。

3. 基于人类反馈的强化学习（Reinforcement Learning from Human Feedback，RLHF）技术

该技术是ChatGPT内容生成能力提升的关键，其操作有以下三个步骤。步骤1：监督微调（SFT）。收集演示数据，训练一个受监督的策略。标签器提供了输入提示分布所需行为的演示。然后，使用监督学习在这些数据上对预训练的GPT-3模型进行微调。步骤2：奖励模型（Reward Model）训练。收集比较数据，训练一个奖励模型。收集模型输出之间比较的数据集，其中标签者表示他们更喜欢给定输入的那个输出。再训练一个奖励模型来预测人类偏好的输出。步骤3：通过奖励模型上的近端策略优化（PPO）强化学习。使用RM的输出作为标量奖励。使用PPO算法对监督策略进行微调，以优化该奖励。OpenAI中有如图9-5所示的示意图，正是以上步骤的形象表示。

4. 指示微调（Instruction Tuning）技术

该技术可以辅助ChatGPT等系统生成高质量的文本，是一项语言模型训练技术，通过将预设的指令描述与生成文本相结合，构建训练数据，从而微调文本生成模型的参数。其核心思想是将自然语言处理相关任务转化为基于指令描述的文本生成问题，可以促使模型理解指令任务，从而生成预期文本。

---

① 卢宇，余京蕾，陈鹏鹤，等. 生成式人工智能的教育应用与展望——以ChatGPT系统为例［J］. 中国远程教育，2023（4）：24-31，51.

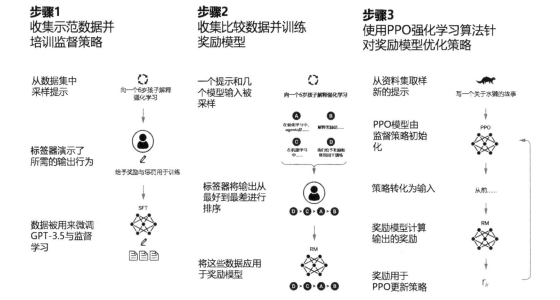

图 9-5 OpenAI 官网示意图

5. 思维链（Chain of Thought）技术

思维链技术是输入针对性地设计模型的指令，促使模型将单步骤推理任务拆解为包含多个中间步骤的任务。其中，每一个中间步骤由一个相对简单的指令输入作为引导，其结果代表了多步骤任务的逻辑分析过程。它可以引导文本类内容生成，辅助模型生成和解决复杂逻辑推理任务。

流程是任务按照组织预设逻辑的有序组合，是组织达成目标的路径，在组织运营中起到了无可替代的作用。因此设想能否在任务成熟度与ChatGPT的基础上打造"流程GPT"，受限于专业知识，无法对每一步都进行详尽阐述，此处仅呈现基本思想与流程，后续可依据此思想展开研发（图9-6）。

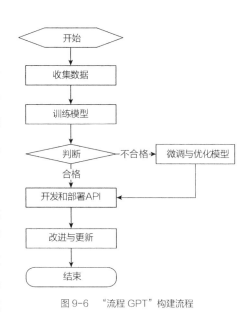

图 9-6 "流程 GPT" 构建流程

（1）收集数据：这些数据应该覆盖各种领域和行业的流程信息，包括流程说明、操作指南、教程等。然后利用ChatGPT对数据进行清洗和预处理，去除冗余信息，规范格式，确保数据的一致性和准确性。

（2）训练模型：利用Transformer深度学习模型训练"流程GPT"，同时使用预训练技术，如自回归语言建模（Autoregressive Language Modeling）学习如何预测下一个词语或下一个流程步骤。

（3）微调与优化模型：一旦模型训练完成，通过特定领域的数据进行针对性的判断，倘若不合格，可通过微调手段优化模型。

（4）开发和部署API：完成模型训练和优化后即可将模型封装成一个API（应用程序接口），以用作向模型输入流程相关的问题或并输出相应的流程指导。此步骤需要考虑性能和安全性方面的问题，以确保"流程GPT"可以高效地响应用户请求，并保护用户的隐私和数据安全。

（5）改进与更新：一旦"流程GPT"上线，应继续跟踪和收集用户的反馈，并利用反馈不断改进和更新模型，例如增加新的流程数据、改进模型的预测能力、修复模型的错误等。

在实际应用中可利用ChatGPT的自然语言处理功能去模仿人类语言使用模式来理解和生成文本，以更好地完成理解、处理任务指令的训练。在构建任务时，经过多次训练的ChatGPT会结合具体领域和具体项目需求，能够在规划任务、提升任务成熟度时给出准确、合理的构建思路、方法、工具以及功能实现的详细代码。同时它的及时回答能减少搜索时间，有助于提升组织内部提取、安排、分析任务的效率，即使在训练不够无法提供完整答案的情况下，它也会尝试多给出一些有用的信息或建议，尽可能地帮助用户提供更多信息。

9.2.3 数字化

数字化就是将许多复杂多变的信息转变为可以度量的数字、数据，再以这些数字、数据建立起适当的数字化模型，把它们转变为一系列二进制代码，引入计算机内部，进行统一处理，这就是数字化的基本过程。它是指移动互联网、大数据、人工智能、物联网、云计算等与实际的经济生产活动全面结合，数据不再只是简单地对经济活动进行记录，而是成为经济生产活动的重要驱动要素之一。同时，它被称为"信息的DNA"，是数字计算机、多媒体技术、软件技术、智能技术及信息社会技术的基础。数字化技术包括互联网、大数据、移动、物联网、区块链、虚拟现实、生物、自动化等技术，具体涵盖内容如表9-1所示。

数字化技术涵盖内容　　　　　　　　　　　　　　表9-1

类型	涵盖内容
互联网技术	Web技术、网络协议、客户端/服务端架构、云计算等
大数据技术	数据挖掘、数据分析、机器学习、人工智能等
移动技术	移动应用设计开发、移动设备管理、企业移动应用等
物联网技术	传感器技术、智能设备、射频识别技术等
区块链技术	分布式账本技术、加密技术、去中心化技术等
虚拟现实技术	三维建模、虚拟现实设备、虚拟现实技术引擎等
生物技术	基因编辑、基因组测序、生命科学数据存储、转化等
自动化技术	机器人技术、智能制造、自动驾驶等

数字化技术在信息处理和传输领域已被广泛应用于互联网、智能手机、智能电视、医疗、教育、金融等领域，随着数字化技术的不断发展，将会对全球的生产、生活、经济和文化等带来重要的影响和变革。限于篇幅，本书重点探讨BIM、ERP、MES及人工智能等数字化技术与任务成熟度的关联。

1. BIM

我国发布的《建筑信息模型应用统一标准》GB/T 51212—2016，将BIM定义为：在建设工程及设施全生命期内，对其物理和功能特性进行数字化表达，并依此设计、施工、运营的过程和结果的总称，简称模型[1]。即以建筑工程项目的各项相关信息数据作为模型的基础，进行建筑模型的建立，通过数字信息仿真模拟建筑物真实信息，具有信息完备性、信息关联性、信息一致性、可视化、协调性、模拟性、优化性和可出图性八大特点。结合目前国内工程建设行业特点，可将BIM主要功能归纳为BIM模型维护、可视化设计、协同设计、性能化分析、工程量统计、管线综合、施工进度模拟。

根据项目建设进度建立和维护BIM模型，消除信息孤岛，汇总各项目参与方所有建筑工程信息，并以三维模型进行整合和储存，以备项目全过程中项目相关方随时共享。可借助该功能去提取任务相关信息，以确保任务信息的准确性、安全性、时效性。而三维可视化功能再加上时间维度，可以进行虚拟施工，随时随地直观快速地将施工计划与实际进展进行对比。同时进行有效协同，施工方、监理方甚至非工程行业出身的业主领导都对工程项目的各种问题和情况了如指掌，以便于厘清各项任务之间的逻辑关系。

在实际的协同生产过程中还有一个重要的问题就是任务分配，通过建立5D关联数据库，可以准确快速计算工程量，提升施工预算的精度与效率。由于BIM数据库的数据粒度达到构件级，可以快速提供支撑项目各条线管理所需的数据信息，有效提升施工管理效率，以更精准地安排任务，在一定程度上提升任务成熟度。

2. ERP

企业资源计划（Enterprise Resource Planning，ERP）系统是信息技术高度发展的产物，能够帮助企业实现全方位的管理服务，如人力资源管理、产品制造、供应链管理、原材料采购、产品销售等[2]。它是以业务为中心来组织，根据物流、资金流、信息流的连续运动和反馈来设计，以跨越职能领域的边界来实现整个企业信息的集成，目标是充分协调企业内外部资源，确立企业全面竞争优势。

用户可利用ERP去建立统一且规范的任务数据，包括任务体系、分类标准等，并附上相关业务操作指导。对于任务编码标准化，应从企业角度建立任务编码标准，特别考虑任务类别、任务属性等。通过编码捕获任务，经过模拟与计算，将完成任务的成本和时间反馈给任务发布者。任务确定后，与任务委托者（责任人）建立任务跟踪渠道，及时反馈任务执行的

---

[1] 中华人民共和国住房和城乡建设部. 建筑信息模型应用统一标准：GB/T 51212—2016 [S]. 北京：中国建筑工业出版社，2016.

[2] 陈蔚. ERP系统助力企业加强内控管理应用研究 [J]. 投资与创业，2023，34（3）：121-123.

进度。对接收的任务进行资源需求计划，将完成任务的外在需求也以任务的形式发布出去，然后根据任务投标者的信用、完成任务的成本和时间来选择委托对象，并与委托对象建立任务跟踪渠道，最后根据委托对象完成任务的情况对其信用度进行评价和记录。同时还应建立任务容器，管理任务，协调和解决任务间的冲突。

通过ERP建立任务模型，用以描述任务的处理过程、活动执行顺序和对应的角色，然后在系统运行中由系统大脑根据组织实体资源状态和实时反馈信息动态决定每一项任务活动的参与者，从而建立起组织模型，以最大限度地降低成本，充分挖掘和利用组织内外资源，提高系统对组织结构变化的适应能力。

3. MES

MES（Manufacturing Execution System）是制造执行系统，也可以称为生产管理系统，是一套面向制造业的管理系统。其为ERP系统和控制系统提供关键连接，能自动执行计划层制定的生产计划，从收集的实时数据中提取ERP系统所需的正确信息，使企业中需要相互联系的各信息系统和以产品生产为纽带的各部门紧密联系、协调运作，获得最大的效益[1]。应用MES系统建立标准化生产管理信息平台并实现内控层和管理层之间的信息互联互通，对于提升企业核心竞争力有显著效果。

MES系统主要包括生产计划管理、成本管理、物料需求计划、采购管理、库存管理、质量管理等核心管理系统，进行生产管理系统建设能够提高各组织部分管理的准确性和及时性。图9-7为MES系统架构图，将所有功能进行分层，分别是资源层（基础设施和基础功能）、集成层（跨系统数据集成）、业务处理层（MES各个业务功能）、业务展现层。右侧的技术平台是典型的SOA服务架构，它能搭建企业级的跨系统的工作流整合平台。各系统的有

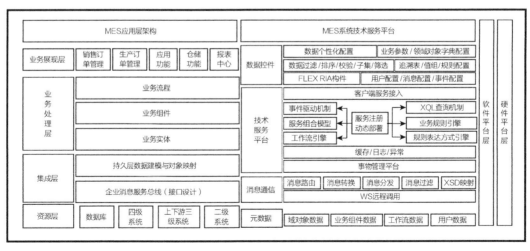

图9-7 MES系统架构图

---

[1] 胡春，李平，宋执环，等. 制造执行系统体系结构中功能模型的研究[J]. 信息与控制，2002，31（6）：561-566.

机集成能较好地实现协同作业，并被共同应用于各种业务。

在提升任务成熟度时MES系统可做到：①查看任务的实时数据和关键指标，快速发现生产过程中的异常情况，及时调整和优化生产任务，提高任务的成熟度。②对任务的相关历史数据进行分析和统计，进行数据挖掘和建立模型，识别出生产过程中的潜在问题和瓶颈，并依据分析结果制定相应的改进计划，从而提升任务的准确率。③集中管理和调度各个生产环节的任务和资源，实现任务的协调和优化，减少任务冗余和资源浪费，提高任务的执行效率。④记录和追溯产品质量的相关数据，包括原材料、工艺参数、操作记录等。通过分析与对比质量数据，可找出质量问题的诱因，并采取相应的纠正措施，以提高任务的完成质量。⑤集中管理和传递生产任务的知识和经验，包括操作规程、工艺流程、技术标准等。建立知识库和培训体系，并对员工进行必要的培训和指导，以提高任务执行的准确性和成熟度。

但值得注意的是，MES系统作为工具和手段发挥了巨大作用，而真正全面提升任务成熟度还需要企业的管理和人员的配合。

4. 人工智能

人工智能被认为是第四次工业革命的核心驱动力量，机器人、自动化、语音识别、智能辅助等人工智能技术的应用正在驱动着新一轮的产业变革。它被定义为系统正确解读外部数据、从这些数据中学习以及通过灵活使用这些学习来实现特定任务和目标的能力，主要是通过模仿、延续与扩张人类的智慧，来帮助人类完成工作[1]，即人工智能领域主要包括两个方面，一个是试图再现人类的能力，另一个是通过利用计算机的力量来扩展延伸人类做出更好决策的能力。

当前，在人工智能领域盛行"大数据、小任务"研究范式。具有全局意识的计算机科学家朱松纯提出将"小数据、大任务"作为人工智能研究的认知架构[2]。其认为"智能是一种现象，表现在个体和社会群体的行为过程中"，智能系统的前提条件之一便是"智能物种与生俱来的任务与价值链条"。智能生命在进化当中为了生存和繁衍顺利地展开，存在与生俱来的任务需求，即智能生命在生存过程中产生派生任务以及更高级的任务。由于任务不同，不同物质对环境中不同变量有不同的敏感度，继而形成不同的模型。即人脑和机器都可以看作一个模型，是由外来数据与内在任务共同构成。

很多学者认为通用人工智能具有实现无限任务、自主生成任务、价值驱动且能实现价值对齐三个基本特征[3]。

（1）实现无限任务：通用人工智能的"通用"强调的是任务泛化，而模型的发展方向也逐渐朝向由处理专一任务转向处理多任务，以实现任务泛化。任务集合的量变虽然可以通

---

[1] 盛晓娟，郭辉，何勤. 人工智能技术运用何以提高员工任务绩效？[J]. 北京联合大学学报（人文社会科学版），2022，20（4）：85-94.

[2] 施芳. 朱松纯：30年潜心研究通用AI[N]. 人民日报海外版，2023-10-9（9）.

[3] PENG Y, HAN J, ZHANG Z, et al. The tong test: evaluating artificial general intelligence through dynamic embodied physical and social interactions [J]. Engineering, 2023.

过人为叠加任务数量的方式来实现,但这却不是通用人工智能所需"通用"的题中应有之义,因为新任务会不断涌现,无法被完全定义。因而完成有限数量的人为定义的任务不能作为衡量通用人工智能的标准,真正的标准应该是在复杂环境中处理无限多项没有预先设定的任务[1]。

(2)自主生成任务:如果智能体的运行完全依赖人类预设的任务目标,即便拥有海量训练数据和更为全面的规则,仍然无法很好地应对难以预料的特殊情况,尤其是意外事件(即算法未接触过的事件)和小概率事件。因此需要其能根据外部环境和自我内在状态的动态变化,自动生成各类任务,进一步通过实际观察和体验来学习、逐步累积经验并塑造认知。

(3)价值驱动和对齐:为了适应人类的生活环境,指导通用人工智能更好地学习和提高能力,更安全、更有效地服务于人类社会,拥有一套合适的价值系统至关重要。这一系统必须融入人类的基本价值观,使智能体有能力学习和理解人类的价值偏好,并最终实现与人类价值的对齐。

价值体系、认知架构不仅是驱动通用人工智能自主生成任务的根本内驱力,也是保障通用人工智能对维护人类社会安全的关键,因而需要对智能体进行"通智测试"。在工程实践中,通智测试平台主要由三个部分组成:DEPSI环境及测试接口、任务生成系统和评级测试系统。其中任务生成系统由基础库和功能组件组成,任务生成器会创建对基础库的资源请求,场景管理器会接收资产和算法模型,为任务建立各种环境。在此基础上利用数据分析功能和预测功能分析大量的数据,并从中提取有用的任务信息,以帮助决策者提升所对应任务的成熟度。

9.2.4 流程引擎与流程管理平台

流程引擎作为组件软件,使任务构成流程且实现管理平台的核心功能。下面以流程管理平台为主讨论两者对于本研究主题的支撑作用。

流程管理平台,也称之为全息流程管理软件,兼具绘图和流程协同管理功能,能够在一个界面上呈现流程中的各种基本要素,也能够实现流程分层呈现及端到端流程的贯通。集合信息化手段与流程管理思想,组织在运营管理中形成了许多经典的流程管理平台。

轻流是通过"无代码"技术重塑系统开发方式,如搭积木般快速、灵活地创造定制化管理系统,轻松实现多元业务场景的流程管理平台。其内部主要功能包括:①表单编辑。有14个基础字段,12个高级字段;可设置表单提交、提醒设置、关联表单、打印模板、扫码录入、表单外链、数据来源标记自定义按钮,支持微信提醒和邮箱提醒;特殊的文字识别OCR功能。②流程编辑。审批、填写、抄送、WEBHOOK等节点;可个性选择动态向上逐级审批或指定通讯录层级主管审批;审批类型支持会签、或签、逐级审批;可配置节点的操作及可见权限;有留言、收集微信信息、自定义按钮文案、流程日记和在线支付、数据来源、

---

[1] MA Y, ZHANG C, ZHU S C. Brain in a vat: on missing pieces towards artificial general intelligence in large language models [J]. ArXiv, 2023.

提交检验、手写签名等丰富的操作。③流程处理。审批流程的节点操作有审批、退回等；可以设置动态流程负责人；流程超时管理；填写审批意见填写；管理流程版本；流程推送提醒。

全球较为领先的企业工作流自动化软件Kissflow，旨在通过流畅的表单、可视化工作流程和访问控制来提高团队生产力。使用者可以设计具有多达20种字段类型、计算、高级查找和灵活布局的完全自定义表单。此外，根据用户角色、级别和表单数据类型定义可见性和职责。使用定制的报告和仪表板获得对业务流程的重要洞察。Kissflow提供量身定制的功能，有助于促进无缝工作流程。此外，它有一个工作流管理器，无需任何代码即可帮助使用人员管理工作流。

BPM与OA是较为经典的流程管理平台，其详细内容在《流程牵引目标实现的理论与方法——探究管理的底层技术》[1]专著中已有介绍，此处仅对两者的思想应用进行剖析。BPM是在业务流程管理体系方法论的指导下打造的具有产品架构的流程管理平台之一。BPM的业务流程管理体系方法论包含流程管理体系建模理论和流程全生命周期管理理论[2]。流程管理体系建模一般采取自上而下和自下而上相结合的方式。自上而下主要保证流程管理体系的全局性、完整性及前瞻性，自下而上主要保证流程管理体系基于现状且可实际落地（L模式）。流程全生命周期管理理论则内含PDCA思想，以企业的战略愿景和目标为中心实现对业务流程的梳理、设计、执行、管理及优化各阶段的"全生命周期"管理，使企业持续发展，主要包括业务流程规划与梳理、建模与设计、部署与执行、分析与监控、优化与改善五部分内容。

办公自动化（Office Automation，OA）是在研究现代组织实践案例和管理理论发展方向的基础上，结合神经网络的研究成果而设计的协同管理系统。它以动态组织为行为主体，以工作流为传导模型，以任务为处理模型，将组织行为的复杂性通过三者的结合充分表现出来，从而帮助组织解决实际管理过程中的复杂课题。企业创造价值是通过三个层次进行体现的，即战略、战术与执行[3]。战略，是领导意志的体现；战术，是管理方式的体现；执行，是操作能力的体现。任何战略和战术意图最终都是通过执行来实现的，但在战略决定战术、战术决定执行的同时，执行也反过来影响战术与战略。遗憾的是，在企业的实际运行中，常常出现的情况是：因为执行环节上出现问题，而最终使战略意图变得面目全非。协同OA将执行中的执行者、目标与过程管控三个要点进行联系：通过动态组织、工作流和任务三者，将执行相关的各种信息和应用紧密集成在一起，并用权变组织、网状沟通、关联结构和控制反馈四个管理模型实现各个执行体之间的融会贯通和统一管理，从而为企业提供实现人力资源、资金资源、产品资源、客户资源、知识资源的高度整合和统一的工具，帮助企业逐步走

---

① 卢锡雷. 流程牵引目标实现的理论与方法——探究管理的底层技术[M]. 北京：中国建筑工业出版社，2020：172.

② 贺波，胡海琴，刘晓鹏. 深入Activiti流程引擎：核心原理与高阶实战[M]. 北京：人民邮电出版社，2023：26.

③ 李锦萍. 浅谈财务信息系统在现代办公系统一体化下的建设[J]. 现代商业，2010（32）：53-54.

向虚拟管理、敏捷办事和互动沟通的高级形态。

因此可以看到，市面上的流程管理平台都是在现实问题的基础上，应用管理思想并结合数字化手段进行打造。从全书来看，核心思想为"提高任务成熟度以改善执行力，达成动态运营中的组织目标"，其实与各大管理平台都有不谋而合之处。需要指出的是，本书的落脚点在于如何提高任务成熟度，前文已经阐述了一些理论上提升任务成熟度的方法，但对于解决现实组织问题仍然并不足够，应当按照组织现实打造出一套管理平台以构成任务成熟度提升路径，并对执行力与组织目标等要素产生直接影响。

流程牵引理论认为"组织以流程为牵引动力，整合资源，达成目标"。组织行为都是有目的性的，将所需资源在以流程为动力的牵引作用下，进行归拢、聚集、整合、融通，指向并实现目标。目标的实现，创造了价值。组织存在的基础就是创造价值[①]。"L模式"是流程牵引理论的具体表达，其组成如图9-8所示。

"L模式"概括起来就是由"四流程组成的流程体系""九要素组成的要素体系""以沟通管理为中心的运营系统"和"管控体系、支持系统"组成的支撑管控体系四大部分组成。流程是任务的有序组合，因此"四流程体系"中的各层级、各条流程都是由或多或少的任务组成；九要素体系则是每项任务的基本构成，它们的完整性、明确性等会对任务成熟度发生影响，进而对流程产生影响。值得指出的是，人（组织、各方）虽然被涵盖在九要素中，但作为任务的执行者其重要性不言而喻，从前述的权重占比中也可看出。因此，四流程体系并不是将人摘除不管，相反是将其更好地融入其中以提升执行力。

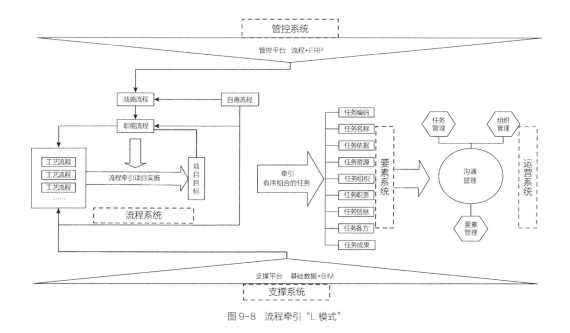

图9-8 流程牵引"L模式"

---

① 卢锡雷. 流程牵引目标实现的理论与方法——探究管理的底层技术[M]. 北京：中国建筑工业出版社，2020：84.

PMBOK第七版提到，项目的成功取决于有效的沟通①。沟通是深入地了解他人的想法，确定干系人想要或应该进行参与的方式、时间、频率和情形，有助于吸收其他观点以及协同努力制定共同的解决方案②。流程牵引的组织以"任务管理为核心，组织管理为中心，要素管理为保障"，达成战略目标，实现企业理念，完成企业使命。目标必须分解和细化为日常的工作，以任务的方式进行分配和布置，要达到高绩效，必须完成对任务的完整理解、彻底执行。因此建立沟通管理中心，实现充分共享，可以在开始执行任务之前不断沟通，完善任务九要素，提升成熟度。沟通的本质是达成多方面各层次的共识。

信息化建设成为复杂管理的必不可少的手段，生产自动化建立在基础数据的支撑之上，管理控制建立在企业管理信息平台之下，两个系统融合成为"大象能否跳舞"的基本形态。"L模式"中应用ERP和BIM提供数据支撑与管控。缺乏支撑的管控是无源之水、无本之木；缺乏管控的支撑是无的放矢、无头之蝇。仅仅有完善的基础数据支撑工艺任务的完成，不足以满足风险防范和目标体系的实现。基础数据为实现企业战略起到支撑作用，才更加体现其价值。而管控则无法离开基础数据，无论做出决策、编制计划，都需要有实际的数量、价格、属性、品类和逻辑关系作为依据。这完全是无法分清主次和先后的整体任务。因此，依照"L模式"构建流程管理平台，以"流程"为纽带连接任务与目标、资源等，直接贯通基本单元到组织的"最高处"，可将组织管理得井井有条。

引擎，是汽车的动力源泉，是发动机的核心部分。作为流程管理平台，为保证良好运作，应当也需要一个"引擎"为平台供能。流程引擎就是"业务过程的部分或整体在计算机应用环境下的自动化"的一种软件。流程引擎应用广泛，在由流程驱动的各种系统中都有应用，例如OA、CRM、ERP、ECM、BI、钉钉等。在企业应用中还有很多产品或平台集成流程引擎，用来处理系统运行过程中发起的业务流程。

流程设计与流程建模是流程引擎应用的核心。在流程设计之前，需要同时考虑并明确组织目标与流程目标，与业务部门、执行人员等进行充分沟通，了解业务需求和流程执行情况，以确保流程设计的合理性和有效性。尽可能简化流程步骤和流程控制方式，提高流程效率和可操作性，流程设计完成后，需要进行审核和优化，不断根据实际情况进行调整和性能优化。"流程银行"是作者团队经过多年实践与收集创编的一项成果。流程银行立足于工程界，以13类工程产品为出发点，以"L模式"四流程为内在逻辑进行分类，共计已达1372条。每条流程都由多项任务按一定逻辑顺序组成并清楚表明负责人、时间节点、依据表单等要素，具有较高的成熟度。以"流程银行"为流程引擎的设计核心可以更好地为平台提供优质内容。

流程建模是将一个过程或系统的工作流程、步骤和相关信息可视化表示的方法。它是通过使用各种符号和图形来描述和分析具体的业务或工作流程，以帮助人们理解和改进流程。

---

① PMI. PMBOK Guide（Seventh Edition）[M]. Newtown square：project management institute，2021：157.
② Project Management Institute. A guide to the project body of knoeledge（seventh edition）[M]. Pennsylvania：Project Management Institute，2021.

处于数字化时代，快速、准确地组织与提供流程，无疑会大大提高组织内部效率，更加快捷与精准处理各项事务以达成目标。本书第9.2.1节讨论的RPA无疑是一个不错的选择，它本身的特性可以自动执行重复且规则性的任务，替代人工操作，提高工作效率；在不中断现有系统或应用程序的情况下执行任务，并且能够处理大量的数据和复杂的业务逻辑。除此之外，RPA的工作是基于预定义的规则和行为，相较于人工操作，它的执行准确度更高，可以减少人为错误的发生。同时，它还可以帮助组织遵守合规性要求，降低操作风险。RPA还可以实时监控流程执行情况，并生成相应的报告和日志记录，以供审计和追溯。这些数据可以用于分析和改进流程，提高运营效率。最重要的是，RPA可以根据变化的需求进行灵活调整和重新配置。当业务规则或流程发生变化时，RPA可以迅速适应，并进行相关任务的调整，减少了对系统的依赖性和开发周期。通过自动化流程，员工可以将更多时间和精力投入到更高价值的工作上，提高效率和生产力。当然，流程引擎的构成远远不止这两项，欢迎相关专业人员进行讨论与完善。

以流程银行+RPA组成流程引擎提供内核动力，以"L模式"为基础构成流程管理平台，通过不同手段多方面、快速提升任务成熟度，以更好改善执行力，完成目标。"谁可以在这个飞速变化的环境中率先适应，谁就可以抢占先机"，显然，由多项有逻辑的任务组成的流程意义非凡。

新技术的发展与应用为任务管理和任务成熟度的提升带来了更高效、更灵活、更智能的方式。新技术形成的工具和平台，以改进任务执行和监督，并加强对任务数据的分析和决策，提升了任务成熟度与执行效果。

9.3 改变任务布置方式

9.3.1 任务布置方式

任务类型众多，在本书第1.4.2节进行了讨论。不同的任务类型，布置方式相差很大，效果也就产生不小的差异。

1. 口头方式

通过口头语言直接传达任务信息的一种布置方式。这种形式灵活便捷，适用于简单明了的任务，例如，一位项目经理可能会在团队会议上口头布置某项任务，简洁地表达任务的关键要点。但也极容易受到信息传递的主观解释和遗漏甚至故意扭曲的影响，因此在执行前需谨慎确认任务细节。

2. 书面布置方式

书面布置方式是一种通过书面形式传达任务信息的方法。在组织运营管理中，这种方式常常体现为较为正式的任务布置。书面任务布置方式在管理中起到了明确任务、保障执行的重要作用，为各阶段的任务落实提供了可靠的依据。例如，在项目启动阶段，项目经理可能会向团队成员分发书面任务说明，详细列出任务的目标、计划、关键要点等。书面方式的任务布置有助于保持任务信息的一致性，减少信息传递误差，团队成员可以通过阅读书面文件来获取详细信息，过程中也可以回溯，结束后便于复盘。

3. 交底方式

是指一方对另一方，上级对下级或者一个组织的代表方对另一个组织的代表方，进行任务交代，但是并不进行充分的讨论，类似于交底的任务布置方式。任务是需要执行的，但是非上下级关系，则可能存在严肃性折扣。为确保任务的准确性，精确化描述任务的要点和关键细节尤为关键。交底可能是口头的，也可能是书面的，不同的是形式上进行了更多的解读和说明，相较于从传递到接收，有详尽的面对面严肃性和释义过程。工程项目管理中，普遍采用的技术、质量、安全施工交底，就是这个方式。

4. 交互方式

对于特殊的、重要的任务，需要进行交互的任务布置方式。直接联络；交互；对要素进行确认：时限、资源、相关方、质量要求等，确保成果与任务要素的一致性。最后，进行重复确认以进一步确保任务的准确性和高质量执行。

5. 其他方式

（1）公告方式：通过书面或电子媒体向广大人员发布任务信息，具有广泛传达的优势。适用于大范围的任务布置，但可能存在信息理解差异，需要保证公告内容明确清晰，以确保一致性和可执行性[①]。

（2）命令方式：通过直接的命令或指示向执行人员下达任务，适用于紧急、迫切的情况。例如，在危机处理或紧急项目情境下，领导可能会通过电话或紧急会议直接下达任务命令。这种方式具有明确性和直接性，但也可能导致下属的被动执行，因此需要在命令中确保任务目标的清晰和合理性。命令方式可以是口头的也可以是书面的，只是无条件服从去执行。

（3）协同方式：该方式强调团队合作和共同制定任务计划，适用于复杂的任务，需要多方协同努力。例如，在跨部门的项目中，项目经理可能组织团队成员进行协同讨论，共同制定任务计划。这种方式能够促进信息分享和创新，但要求团队成员之间的沟通和协作，确保任务目标的一致性和整体协调。该方法在制定任务计划时会耗费较长的时间。

总体而言，任务的布置方式有多种，不同的方式适合不同的任务，有的方式更灵活、省事、简单，有的方式更严肃、慎重、系统。任务布置方式应当根据不同情况和情景进行灵活调整。领导者需要根据任务性质和组织情况判断是否需要特定的沟通方式或信息传递手段，将任务合理分配给适当的执行者。同时，需要建立有效的反馈机制，定期了解任务执行进展，及时发现和解决问题，确保任务在规定时间内高效、高质量地完成。明确、留痕、可追溯、易反馈是任务布置的发展方向。任务能否被布置、以什么方式布置、布置给谁、布置后有什么跟进措施，决定了该任务能否取得预期的结果。这些既是领导力的体现，也是执行力的保障，最终也将影响组织的生存能力。

---

① 李季，潘虹，等. 采用网络公告方式送达卫生行政执法文书的实践与探讨［J］. 中国卫生监督杂志，2022，29（1）：29-32.

9.3.2 改变布置任务方式

在任务布置中,应根据任务性质和人员情况灵活选择合适的方式。有"沟"才要疏通,沟通的主要作用是解决所存在的问题[1],选择适当的布置任务方式是任务管理中的关键环节,面对紧急任务时,更迅速、直接的方式可能被选择,以确保迅速而高效地应对紧急情况。而相对较常规的任务,可用更为系统、有序的方式,以提高执行的规范性。在出现突发情况或紧急任务时,需采取更为紧凑、直截了当的沟通方式,例如通过紧急团队会议或即时通信工具,以迅速传达任务信息,确保团队成员迅速了解任务要求。相对较常规的任务可以选择更为系统、有序的沟通方式,例如通过电子邮件或在线文档详细列出任务的目标、计划和关键要点。分配任务时,要根据执行人员的个体特点进行差异化的布置。对于经验丰富、能力强的成员,可以采用更为简洁、灵活的方式,充分发挥其个人特长。而新手或需要更多指导的人员,可能需要更详细的任务说明和培训支持。这种灵活性和差异化的任务布置方式有助于组织更好地适应多变的工作环境,提高任务执行的整体效率。

同时,为了确保任务布置的高效性和准确性,可以结合信息技术的发展应用ICT新技术。通过在线协作平台,如专业的项目管理软件,团队成员可以通过即时通信、视频会议等方式实现交互,消除时空局限,提高信息传递的及时性,避免口头方式可能存在的主观解释、遗漏、扭曲。例如在团队会议上,项目经理可以利用在线平台发布任务、设定截止日期,并实时监控任务进展,实现任务的精确化布置和全程跟踪。同时,书面布置方式也可通过电子邮件或在线文档得到进一步优化。通过电子邮件发送任务说明或在共享文档中详细列出任务的目标、计划和关键要点,团队成员可以随时访问并了解任务的具体内容,并且能够得到对方阅读、知晓的确认反馈。这有助于降低信息传递误差,提高团队成员对任务的理解和执行的准确性。例如在在线文档平台上,团队成员可以实时编辑和评论,达成共识,更好地协同合作。采用专业的任务管理工具进一步提升任务的可视化管理水平。通过任务流程图、甘特图等形式清晰呈现任务的布置和执行进度,以及各个任务之间的关联关系。在敏捷项目管理中,可以采用看板式任务管理工具直观地展示任务的状态和优先级,提高团队的整体协同效率。

在改变布置任务方式的过程中,通过有针对性的培训和明确的指导,确保团队成员能够充分利用ICT新技术,从而提高任务布置和执行的效率。通过深度思考、实地调研,结合实际案例的运用,全面考虑新的任务布置方式,不仅使任务布置更为精确和高效,而且为团队沟通提供了更为畅通的渠道。这样的优化升级不仅满足了任务的精准需求,更使得团队在信息传递和沟通方面能够更好地适应当前信息技术的发展趋势,发挥出更大的协同效应。

---

[1] 易嘉. 浅论沟通在企业管理中的作用 [J]. 商业文化(下半月), 2011 (1): 89.

9.3.3 沟通的形式与效果

沟通是管理的基础，管理无处不沟通[①]，沟通的形式与效果紧密相连，合理、科学地选择沟通方式对任务执行效果至关重要。7C原则为科学选择沟通方式提供了有力的指导。在沟通中，确保信息清晰（Clarity）、简洁（Conciseness）、具体（Concreteness）是关键，这有助于表达更为清晰、逻辑关系更加明确。同时，考虑受众的需求（Consideration）、确保信息完整（Completeness）、考虑行为方式的合理（Courtesy）、信息传达准确（Correctness）也是7C原则的重要因素，科学选择沟通方式将为任务执行效果打下坚实基础，提升工作效率[②]。

口头沟通和书面沟通在沟通效果的增强中扮演着不同的角色，这也可以从SWOT分析法的角度来理解和加强。口头沟通的快速性和直接性使其具有传递简洁信息的优势，符合SWOT分析法中的优势部分。然而，口头沟通容易受到个体主观解释的影响，这可能会成为其潜在的劣势，因此在任务执行中需要慎重使用，特别是对于复杂或关键性高的任务。相比之下，书面沟通形式明确规范，为信息提供了稳定的依据，有助于减少理解差异的风险，这符合SWOT分析法中对于克服劣势、利用机会的策略。在紧急情况下，尽管书面沟通可能失去口头沟通的即时性，但可以通过其他方式进行补充或弥补，这体现了对于威胁的有效预防和应对。因此，综合运用口头沟通和书面沟通，并根据具体情况灵活选择沟通方式，有助于充分发挥它们在沟通过程中的优势，提高沟通效果，实现任务的高效执行。

交底方式适合紧急而简单的任务，这种方式注重快速而直接的任务传递，适合在迅速决策和行动的背景下，确保任务执行的迅捷性。特别是对于一些紧急任务，领导者可以直接向执行人员传达关键信息，迅速启动任务，降低因多层次传递而引起的信息滞后风险。在采用交底方式时，需确保对任务要点的明确表达，以避免由于信息遗漏而导致执行不到位。交互方式则适用于特别重要的任务，通过直接联络和反复确认提高执行效果，这种方式强调双向沟通，允许执行人员在任务布置过程中提出问题、澄清疑虑，从而更好地理解任务的核心要求。特别是在任务要求复杂或执行风险较高的情况下，采用交互方式能够提高团队对任务的整体理解，并减少执行过程中的误解和偏差。

公告方式作为一种广泛传达信息的手段，具有较大的覆盖范围，但其关键在于确保信息的清晰性。公告方式不能确保人人皆知，也无法确认理解正确。因此，在利用公告方式传达任务信息时，必须注意语言简练、重点突出，以降低信息理解差异的可能性。清晰明了的公告可以有效地向广大人员传递任务要求，但在实际应用中，需要特别关注信息的表达方式和细节，以确保每位接收者都能准确理解任务内容。相较而言，命令方式在传递任务时直截了当，明确简练，适用于紧急情况。然而，这种方式可能导致被动执行的情况。接收命令的执行人员可能出于履行职责的目的而执行任务，而缺乏对任务目标的深入理解。因此，在采用命令方式时，领导者应注重任务目标的明确性，以确保下属理解并能够有效履行任务。协同

[①] 陈幼红. 企业提升管理沟通效果的策略研究［J］. 江苏商论，2023（8）：94-96.

[②] 王妍. 互联网下7C原则在提升外贸函电沟通效率中的应用［J］. 对外经贸实务，2021（4）：72-76.

方式强调团队的合作和共同制定任务计划，有助于促进团队协同努力，解决复杂问题。协同方式也要求团队成员之间的协调沟通，确保任务目标的整体协调。在实施协同方式时，需要注重团队成员之间的信息共享和互动，以建立共识，从而更好地推动任务的执行。

9.4 前沿组织管理理论与技术

管理理论发展经历了一个较为漫长而又复杂的过程，它涉及不同的学科、领域和派别，透射了管理实践和管理思想的演进与革新。一般来说，管理理论的发展可以分为以下阶段：①早期管理思想阶段（18世纪以前）；②管理思想的萌芽阶段（18世纪至19世纪末）；③古典管理理论阶段（20世纪初至20世纪30年代）代表的理论如科学管理理论（F.W.Taylor）、组织管理理论（M.Weber）等；④现代管理理论阶段（20世纪30年代至20世纪80年代）诞生的相关理论包括人际关系理论（Mayo）、需求层次理论（A.H.Maslow）等；⑤当代管理理论阶段（20世纪80年代至今）经典理论包括流程再造理论（M.Hammer、J.Champy）、新科学管理（张新国）、流程牵引理论（卢锡雷）等。组织应用各种理论形成相应技术更好指导实践，泰勒、哈默等人的理论已在组织管理中得到了充分验证。下面基于任务与执行力视角，挑选三个理论对促进任务成熟度或执行力的潜在特质与发展猜想进行探讨剖析。

9.4.1 流程牵引理论与技术

流程牵引理论作为前沿管理技术在任务成熟度方面发挥着重要作用。该理论构成包括五个一：一个流程理念、一套牵引理论、一个L模式、一张流程图形、一组验证案例。结合本书第9.2.4节这里以任务管理视角介绍其功用。"L模式"包括"四流程组成的流程体系"和"九要素组成的要素体系"，以及"以沟通管理为中心的运营系统"和由"管控体系、支持系统"组成的支撑管控体系，这些深刻地影响着任务管理的实践。

流程牵引理论的前沿性在于将任务管理提升到一个更高的层次，强调任务执行不再是简单的线性过程，而是一个复杂的、相互关联的网络。"L模式"所包含的四个部分在任务成熟度的背景下展现了组织管理的全新视角和方式。

第一部分：系统的流程体系建立，在流程牵引中虽提出"流程是任务的有序组合"，上一项任务的成果需要让下一项任务的执行者满意，可以有效提高流程的优度。但在任务成熟度相关理念未提出之前，难以让"满意"具象化，在任务成熟度的理念下，系统的流程体系不仅是将传统的职能式组织结构转化为流程型组织结构，更是一个在动态环境中进行组织变革的可能性。强调以目标为导向的组织方向和以任务为协同节点的协同管理，有助于提高企业的信度和效度。通过减轻职能的割裂和协调难的问题，使得组织更具灵活性和适应性。这种流程体系的建立为组织提供了适应变化和提高执行效率的机会，体现了任务成熟度对于组织灵活性和效能的重要性。四流程体系的关系也正昭示着组织内部的任务可分为这四类。从横向来说，同类型（如都是工艺任务）任务可以达成每一个小目标；而从纵向来说，不同层次、类型的任务可以让各级人员宏观地看到从筹划到完善、完成的各阶段，进而对自己的任务有更好的理解与执行。

第二部分：任务要素的分解过程，在任务成熟度的框架下，任务要素的分解过程不仅是计划工作的开始，更是责任明确的起点。通过任务的系统分解和结构的合成，可以确保任务的执行和管控的有效性。任务要素的细度成为分解与合成的尺度标准，有助于明确每个任务的执行路径和责任人，提高任务执行的透明度和可控性。任务成熟度的理念促使组织建立"流程总集"和"范本体系"，充分利用知识资产，为任务的有效执行提供支持。任务要素的分解昭示着组织内部各项关键要素的建立与完善。这包括素材的积累、知识库的建设等方面。从素材的收集和分类开始，逐步结合这些要素，最终办成一件事，实现了组织底蕴的全面积累。同时，这一过程也促使组织在内部建立了广泛而完备的素材库，系统性地收集、分类和整理各类资源和知识。这不仅使得组织具备了更为深厚的底蕴，还为未来任务的执行提供了可靠的基础。

第三部分：沟通中心的重要性，随着环境的复杂化和高动态化，沟通在管理中成为核心。任务成熟度的理念强调沟通作为一种形而上的管理方式，用以清晰目标、明确任务、强化协同和跟踪绩效。沟通中心在"L模式"中扮演关键角色，通过提供清晰的沟通渠道和机制，使得组织能够更迅速地响应变化，实现协同管理。这种协同管理不仅是信息的传递，更是一种有效的组织和各方结合的手段。沟通中心的设立和运作使得组织内外的信息流畅地传递，有助于形成一个紧密互动的管理网络。任务成熟度的观念赋予了沟通更深层次的内涵，使其不再只是简单的信息传递，更是一种有效的管理和推动任务执行的手段。通过沟通中心的建设，组织内外的各方能够更加紧密地结合起来，形成高效协同的工作氛围，进一步提高任务的执行效率。

第四部分：IT支撑，前面已经讨论，不再赘述。

综合而言，"L模式"中的各个部分在任务成熟度的引导下，共同构建了一个灵活、高效、透明的组织管理体系。这个体系通过流程体系的建立、任务要素的分解和沟通中心的设立，实现了任务成熟度的提升，为组织在复杂环境中的管理提供了新的思路和工具。

改变任务的组织顺序（即工艺流程）将产生什么影响？我们来看这样一个例子：混凝土拌合的传统工艺，通常的操作流程是按顺序加入砂子、水、石子和外加剂。然而，日本大成公司在云南鲁布革水电站引水隧洞工程中通过深入研究并优化混凝土拌制的工艺流程，成功制定了一种名为SEC法，即水泥裹砂法混凝土拌制的工艺流程，如图9-9所示。

该工艺流程在提高混凝土性能和强度的同时，实现了水泥的节约（约10%）。SEC工艺流程的核心机理在于混凝土强度取决于骨料间的致密性，而SEC通过湿润砂子、在加入水泥后进行搅拌造壳程序等步骤，创造了水泥与砂子充分结合的条件，形成致密的混凝土，显著提高了强度。这一创新性的工艺流程不仅技术指标优越，而且节约了材料，凸显了在科学建造中工艺流程的重要性。

从"L模式"引申到SEC工艺流程的创新，可以看到在项目中成功应用前沿组织管理技术的典范。通过对混凝土拌制流程的深入研究和创新，该公司实现了混凝土性能的全面提

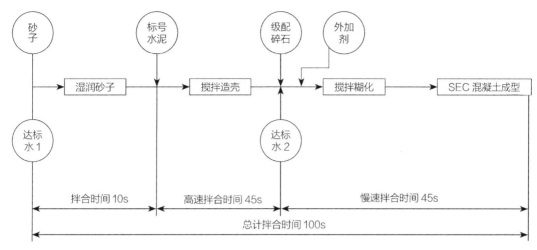

图 9-9 SEC 法混凝土拌制工艺流程（示意图）

升。这也强调了任务成熟度在项目管理中的关键作用，通过对流程的深刻理解和高度优化，才能取得如此显著的性能改进。

该案例带来的启示在于，在相同的材料、加工时间和设备条件下，通过改进工艺流程可以实现巨大的性能提升，而这也是流程牵引和任务成熟度相辅相成的体现。科学建造中的工艺流程不仅仅是技术问题，更是组织管理的一项关键内容，需要不断追求创新和优化，以实现项目的成功实施。这一观点凸显了前沿组织管理技术，特别是流程牵引作为其核心之一，可以为项目的顺利推进提供坚实的支持，确保项目能够在相同的条件下实现更为卓越的性能表现。

9.4.2 精准管控理论与技术

精准管控理论是建立在任务与目标准确关联，任务要素精确计算和精细策划，任务执行与偏差纠正的准确把握，以及执行结果的客观、准确评价操作技术与方法基础上的。

精准管控理论表达为"基于人类实践的追求精准的基本认知和对工商组织外部条件的充分认识，为解决全过程工程管理五个核心环节中，因为不能激励全员参与，由于模糊导致的低效率、浪费导致的高消耗、未能持续改进而踏步不前，导致组织的高成本低效率运营问题，提出以'五精'为基本技术方法架构并构建操作流程，从九个维度开展模糊厘清，利用浪费识别表消除浪费。应用于智能建造模型中指导精准管控的实践应用。"

精准管控是在既有资源约束下，准确制定目标，并以目标为导向，流程牵引理论为指导，结合目标要求达到的程度变化，精准识别关键节点，采用针对性的科学技术、方法和理论，将任务和资源等要素与其一一对应，使目标和结果之间浪费程度不断降低，以最少的消耗达成必要的功能，实现价值工程最大化，从而提高管理效能和保质保量[①]。该理论通过精确计算、精细策划、精益建造、精准管控、精到评价，精确地识别任务的目标和要求，确定

---

① 卢锡雷. 精准管控效率达成的理论与方法——探索管理的升级技术 [M]. 北京：中国建筑工业出版社，2022：6.

合理的资源分配，建立明确的工作流程，以确保任务的顺利进行。通过精准管控，可以优化团队内部协作，减少资源浪费和误差，提高工作效率和执行质量，具体内容如下：

（1）精确计算：采用精确计算对任务目标和要求进行准确的定性定量分析，通过一定的理论方法与技术手段得到任务量的精确、任务责的精确、任务时的精确、任务域的精确、任务资源精确、任务价的精确、任务质量精确、任务响应速度精确以及任务逻辑精确以达成任务的精确，如图9-10所示。

（2）精细策划：在确定任务目标和要求的基础上，根据实际情况和限制条件，制定行动计划和工作流程。在策划过程中，要考虑任务的复杂性、资源约束、风险评估等因素，确保策划方案能够在合理的范围内实现目标和要求，同时在阶段性目标设定时，将任务分解为可管理的小目标，并设定每个阶段的具体目标和关键里程碑，确保每个阶段的完成情况都能及时评估和调整，如图9-11所示。

（3）精益建造：在执行任务过程中，采取高效的方法和措施，确保资源的有效利用和最小化浪费。其中，通过流程优化，识别任务执行过程中的浪费和无效环节，继而，通过实时监控和数据分析，找出任务执行中的问题和改进点，运用PDCA循环（计划、执行、检查、改进）方法，不断优化任务执行流程和方法，提高任务执行的效能，以及为任务执行者提供必要的培训和提升机会，使其具备更高的能力和熟练度，培养专业素质和团队合作能力，提升整体任务成熟度，如图9-12所示。

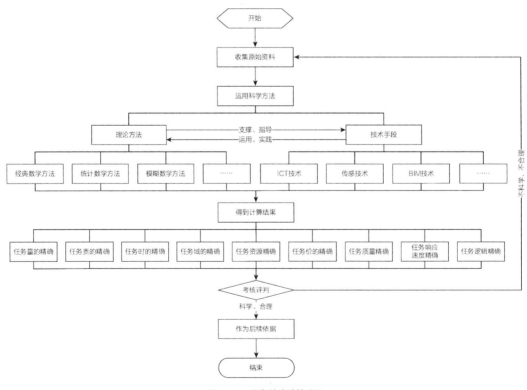

图9-10　任务精确计算流程

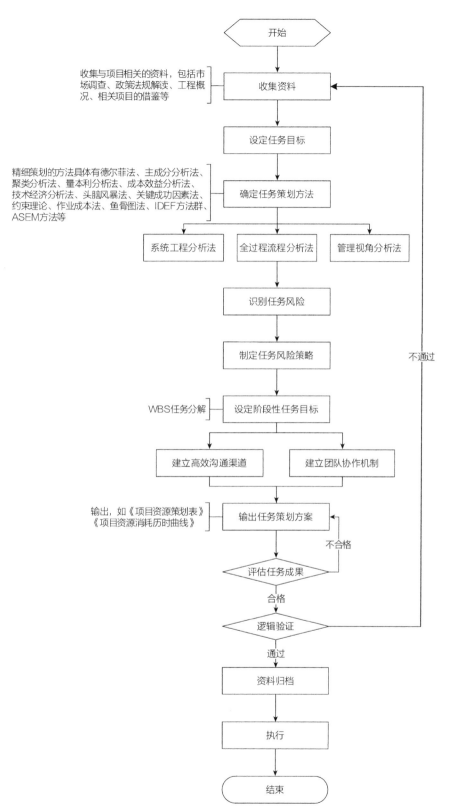

图 9-11　任务精细策划流程

（4）精准管控：对任务执行过程进行全面监控和管理，确保任务能够按照预期完成，并达到预期的质量标准。这包括对资源的监控和调配，对进度和风险的控制，以及对任务执行过程中的关键要素进行监测和评估，通过精准管控，能够发现问题并及时采取纠正措施，保证任务的顺利进行，如图9-13所示。

（5）精到评价：对任务完成情况进行客观和准确的评价，以验证任务是否达到了预期的目标和要求。评价可以基于任务目标达成度、任务绩效效益、事实数据、实际成果、用户反馈等多方面的信息进行，以判断任务执行的成功与否，并为后续的改进提供依据，帮助总结经验教训，提高日后任务的管理和执行能力，如图9-14所示。

精准管控理论具有高度概括力，能够提高任务成熟度保障执行效率，继而提升管理效率，为实现任务成熟度的提升，提供基础性的思想和方法，是管理的升级技术，也是重要的管理理论创新。

9.4.3 特质激发理论与技术

在VUCA时代，不稳定、不确定、复杂和模糊成为新

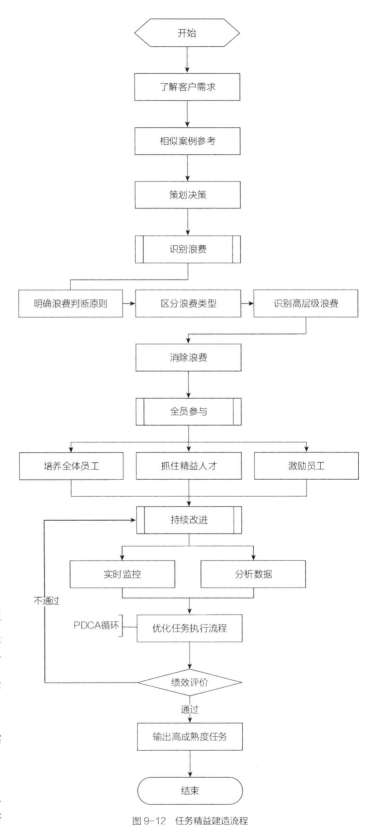

图 9-12 任务精益建造流程

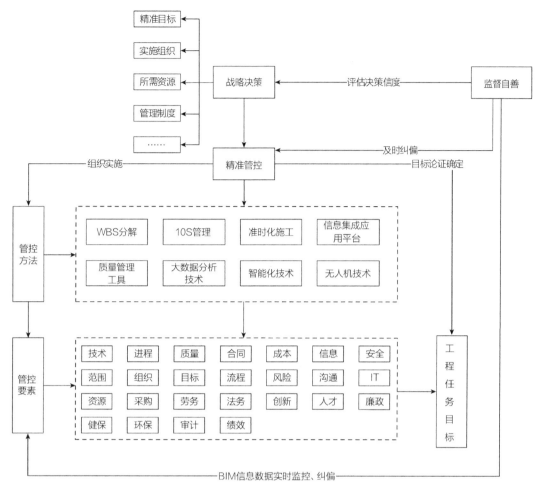

图 9-13 任务精准管控流程

的环境特征。为了应对新的环境变化,员工和企业的敏捷性、创造性与持续学习等要素被上升到战略高度[1]。创新绩效作为员工和企业在工作中的创造性表现,得到了大量学者的关注[2],[3]。因此,如何提升员工的创造性表现,以此增强其创新绩效,在当下拥有巨大的潜在价值。研究发现,Chen和Kanfer[4]在特质激活理论基础上提出的系统特质激活理论有着解决该

---

[1] 宋显广,邵莉,方玲玲. 员工效能感知视角下VUCA环境研发团队全流程敏捷新方法——基于研发过程改进的整合[J]. 中国人力资源开发,2019,36(8):102-113.

[2] SIJBOM R B L, ANSEEL F, CROMMELINCK M, et al. Why seeking feedback from diverse sources may not be sufficient for stimulating creativity: the role of performance dynamism and creative time pressure [J]. Journal of Organizational Behavior, 2018, 39 (3): 355-368.

[3] 张徽燕,姚秦,吴继红,等. 高绩效工作系统、组织学习能力与企业绩效的关系研究[J]. 中国管理科学,2015,23(5):134-142.

[4] CHEN G, KANFER R. Toward a systems theory of motivated behavior in work teams [J]. Research in Organizational Behavior, 2006, 27 (6): 223-267.

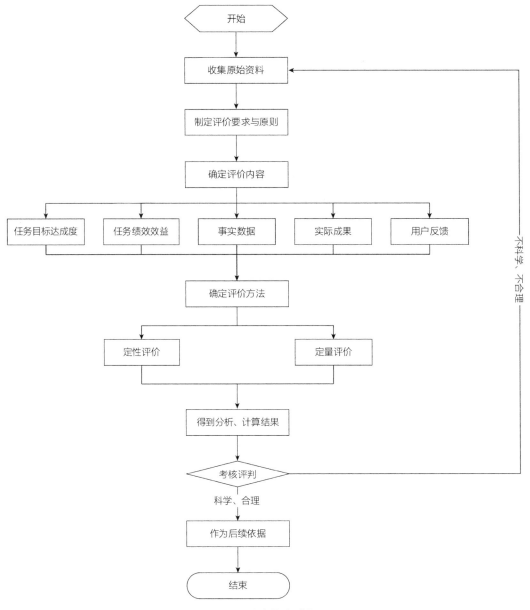

图9-14 任务精到评价流程

问题的潜质。即在工作团队中,个体和团队层面均存在类似"I-P-O模型"[1]的路径(I-P-O模型,I代表Input,意为输入;P代表Process,意为过程;O代表Output,意为团队输出的产出或结果。所有的任务都要经历输入、过程、输出这三个连续环节),个体和团队存在的某个(类)要素输入后能够激发某种"动机或行为"的进程,最终取得一定的结果,这个结果即可认为是潜在的个体和团队的创新绩效。更有甚者,Chen和Kanfer提出的系统特质激活理

---

[1] ILGEN D R, HOLLENBECK J R, JOHNSON M, et al. Teams in organizations: from input-process-output models to IMOI models [J]. Annual Review of Psychology, 2005, 56 (1): 517-543.

论还探讨了人境互动的观点,即个体的行为与情境因素的关联情况,这进一步论证了特质激发理论在管理绩效方面的潜能。

事实上,特质激发理论最早由罗伯特·泰德(Robert Tett)提出,他在2000年发表的《情境特质相关性、特质表达和交叉情境一致性:测试特质激活的原则》以及哈尔·古特曼(Hal Guterman)在2003年发表的《一种基于人格特质的工作绩效互动模型》中,进一步强化了特质激活理论的内涵。再经哈兰德、克里斯蒂安森以及巴里克等学者的发展,使该理论得到了进一步的实证验证与发展。由此形成了较为成熟的特质激发理论作用绩效机理,其中包含了从人格(性格)特质到工作绩效的11条作用机理路径,如图9-15所示。

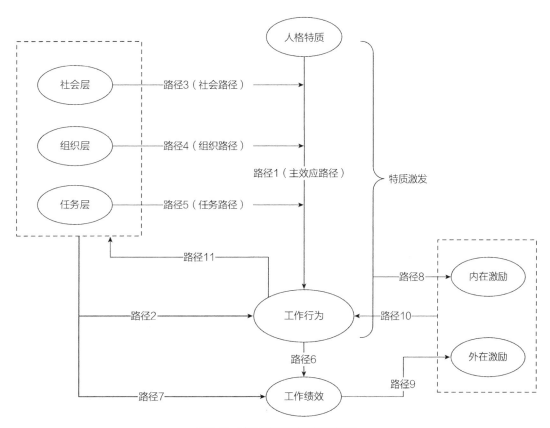

图9-15 特质激发理论作用机理路径图

这11条路径可进一步分为三大关系类型:①人格特质与工作行为的关系;②特质相关线索与工作行为的关系;③激励与工作行为和工作绩效的关系。

1. 人格特质与工作行为的关系

路径1表示人格特质工作行为的相互关系,即人格特质对于工作行为的影响,又被称为主效应路径,是Hogan与Shelton在1998年提出的特质—绩效模型的核心内容。

2. 特质相关线索与工作行为的关系

路径2是从情境到工作行为。特质相关线索(即情境)与个体的工作行为具有双向关系。

情境具有控制和影响个体反应的倾向,这种影响使得所有处于某种情境的个体都表现出一致的反应。特别是前文提到的情境,会使人格特质的作用失灵,使员工的工作行为完全受情境支配。

路径11则是从工作行为到情境。特质激发理论认为,员工的工作行为也并不是完全被动地去顺从环境,员工会通过自己的行为积极地影响甚至改造环境。这一观点与班杜拉(Bandura,1978)的社会认知理论内涵一致。

路径3、路径4、路径5是三种特质相关线索对人格特质与工作行为之间关系的调节。三种特质相关线索不但对工作行为有直接的影响,还会影响人格特质与工作行为之间的关系,即情境会调节人格特质与工作行为之间的关系。如前文所述,该情境包括社会路径、组织路径和任务路径。较强的情境线索下,人格特质对行为的影响会减弱,甚至会消失。只有在弱情境下,个体的人格特质才会对工作行为产生影响。

路径6、路径7是从工作行为到工作绩效,以及情境对工作行为和工作绩效二者关系的调节。路径6是从工作行为到工作绩效。这条路径是最简单的,说明工作行为有可能产生工作绩效,当然也有可能破坏工作绩效。路径7是指工作情境对工作行为与工作绩效关系的调节作用。这表明一种行为是否有价值并不是由行为本身决定的,而是由情境决定的(在这里,情境指社会要求、组织要求和任务要求,也就是上文提到的三种情境线索),如果一种行为满足某种情境要求,这种行为就是绩效行为,如果不满足,就不是绩效行为。因此,特质相关线索调节了工作行为与工作绩效之间的关系。

需要强调的是,由于存在三个层面的情境要求,这就导致了绩效评价标准的复杂化。符合任务线索要求的行为不一定符合社会线索的要求,类似地,符合社会线索要求的行为不见得符合任务线索要求和组织线索要求。

3. 激励与工作行为和工作绩效的关系

路径8是内在激励的产生。路径8可大致认为人格特质是个体的内在需求和驱动力,凡是符合人格特质的行为和做法都会使个体产生满足感,否则会产生缺失感。员工会寻求那些能够给他机会来表现自己独特人格特质的工作任务、组织成员认可和组织环境(即情境线索),这些情境线索在激发员工人格特质的同时,也给其带来了满足感,员工因此得到了激励。

路径9是外在激励的产生,是工作绩效对于外在激励的满足作用。员工的某些特质表现(即工作行为)既可能会受到同事的欣赏、上司的表扬、组织给予的奖励和晋升机会等正面反应,也可能会受到冷落、批评与惩罚等负面反应。因此,对于任何一个员工,一个理想的工作情境(任务、社会、组织)是指那些保证特质行为能够获得组织和同事正面评价的环境。

路径10是从外在激励和内在激励到工作行为。这表明无论是外在激励和内在激励,还是二者的叠加,都会对员工的工作行为产生影响,即催化或者是抑制员工的工作行为。大家不难发现,外在激励其实也是一个情境。过强的外在激励就是一种强情境,此时的外在激励会比自身特质得到彰显而获得的内在激励更能影响员工在行为上的差异。同样,微弱的外在激励就是一种弱情境,此时的外在激励是不确定的或者是微弱的,由员工特质引起的工作行为变化的差异也会达到最大化。

特质激发理论认为，在判定人的行为时，常用特质描述个体差异和综合个体变量，并将每个人的多种特性按程度分类，每一个人都有同类的特性，但程度等级不同。进一步衍生相应的研究推论，如特质激发理论能够对团队绩效动机氛围起到调节作用，即目前绝大多数团队和组织都是基于贡献程度形成个体的绩效评价，并以此进行收入分配。在团队中，绩效指标的完成情况以及优于同事的表现是获取更高绩效评价的关键。在绩效考评的导向下，团队很容易形成绩效动机氛围。但需要肯定的是，工程动机产生需要在一定氛围内酝酿。如果团队绩效动机氛围较高，整个团队为了获取规范性成果便会尽力完成发展型工作挑战所涵盖的任务。根特质激发理论，组织为团队设置的发展型工作挑战和团队绩效动机氛围作为两个"激活"要素同时进入团队进程，在高团队绩效动机氛围下，团队会将发展型工作挑战视为组织规定的任务，于是产生协同效应，更多地借助跨界行为来完成任务，即产生更高水平的团队跨界行为；相反，在低团队绩效动机氛围下，协同效应不仅消失，而且还导致了两种"激活"要素的不一致，破坏了激活作用[①]。而中间介质层的工作行为则是绩效最终实现的重要中转站与推进要素，这进一步说明了任务的重要性，因为任务指令是执行工作行为的重要参考依据，这是不容置疑也不需要解释的规律。

同时，特质激发理论还强调了任务、社交和组织三个层面情境在个体性格与行为之间所发挥的作用。认为管理者可以通过对三个层面情境激发组织中具有不同性格特质的个体，进一步发挥个体性格特质的优势，使个体产生对组织生产发展有利的行为动机。这与任务成熟度推动绩效提升不谋而合，因为任务的成熟度同样影响着员工的工作行为，这一点在上述段落已有详尽的阐述。因此，其中间介质与目标层准则如出一辙，再进一步剖析，任务、社交、组织三个层面其本质可认为是岗位层（任务）、部门层（社交）以及组织层的总结演化。故本书认为基于系统特质激活理论，在探索工作任务挑战对创新绩效的跨层次影响，以及个体、团队和领导跨界行为的中介作用对于团队绩效动机氛围的跨层调节作用，都有着巨大的潜质，亟须进一步挖掘探索。

基于上述分析，组织在对任务进行分派时，可以从系统特质激活理论的视角，系统性地将个体跨界行为、团队跨界行为和领导跨界行为整合在同一模型中，提出了一个包含多层次跨界行为前因、后果及边界条件的系统性分析框架，以此提升任务的成熟度。简而言之，即适当地设置任务差异性，通过差异度与成熟度并存的任务布置方式，让一些成员从事更具挑战性的工作。一般而言，部分从事更具挑战性工作的成员，还会表现出额外的创新绩效。比如，团队在应用某项新技术时，除了团队领导者之外，还可以再选择2~3名"技术顾问"，帮助团队其他成员解决与新技术有关的问题。这样一来，在提高团队整体发展型工作挑战的同时，也兼顾了个体发展型工作挑战的额外提升，不仅能够提高团队创新绩效，还可以激发额外的个体创新绩效。通过提炼人格不同来对应任务与人的关系，以此实现任务成熟度提升所达成的绩效效果。

---

① 宋锟泰，刘升阳，刘晗，等. 发展型工作挑战会激发创新绩效吗？——基于系统特质激活理论的跨层次影响机制研究［J］. 管理评论，2022，34（6）：226-242.

第 10 章
任务绩效考核

本章逻辑图

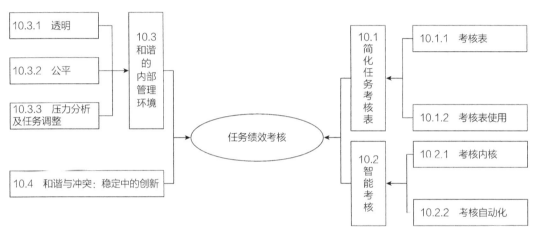

图 10-1　第 10 章逻辑图

高绩效长久以来是组织所追求的，提升绩效也是许多学者、企业家老生常谈的话题，对于提升组织绩效相关的研究也不在少数。

从本书的视角来看，任务是依照特定逻辑、整合相关要素而用于执行的以达成组织目标的基本单元，更是形成流程、达成目标、产生绩效的基本单元。因此，任务不仅存在绩效，且直观影响到流程绩效甚至是组织绩效。孙利虎[①]在《工作任务、社会惰化与工作绩效的关系研究》中以社会惰化为主题，将工作任务和工作绩效分别作为前因变量和结果变量来进行研究，探讨了工作任务有何、为何、如何影响社会惰化，并探究了社会惰化对工作绩效又有何、为何、如何影响，以及在影响过程中的作用机制。借鉴其部分思想，认为任务、执行力、流程绩效、组织绩效等方面的关系如图10-2所示。从前文中应当可以明确这几个概念或关系：①流程是任务的有序组合；②组织以流程为牵引动力，整合资源，达成目标。因此认为任务成熟度的高低与社会堕化呈负相关：成熟度高时，意味着其内部职责、分工、个体贡献更加明确，同时降低了复杂度。而社会堕化现象的出现会直接影响执行力，导致任务

---

① 孙利虎. 工作任务、社会惰化与工作绩效的关系研究［M］. 沈阳：东北财经大学出版社，2016：18-38.

绩效低下。由于关系①和关系②的存在，流程绩效与组织绩效都会正相关地降低。《流程圣经》[①]所指出的岗位、流程和组织绩效的论点，也有异曲同工之处；虽然该书以流程为主体进行三层次绩效的阐述，但依然将流程与其他两个绩效挂钩进行共同阐述。岗位层绩效正可以看作执行者完成任务所产出的效益。因此，作为众多组织要素基本单元的任务，考核与提升绩效刻不容缓。

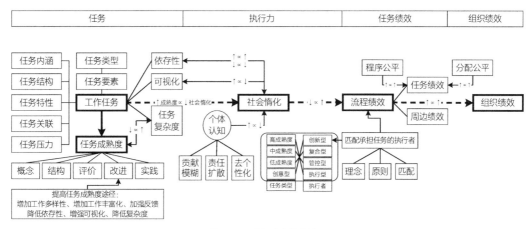

图 10-2　组织内部绩效关系

10.1　简化任务考核表

任务评定系统是一种用于对某个任务的完成情况或绩效进行评估和打分的系统，可以帮助组织或管理者了解员工、团队或项目的表现，评估任务完成的质量和效率，以便做出相应的决策和改进措施。它通常包括设定任务的标准和指标，对任务完成情况进行监测和记录，并根据预先确定的评估标准对任务完成情况进行打分评定。所设计的考核表便是围绕此思想展开。

10.1.1　考核表

管理是组织寻找目标达成的路径，本质在于提高效率，为了验证管理成果，需要对管理绩效进行评价考核，以对管理思想、方法、技术、方案进行优化改进，以便更好地提高效率。任务考核表是企业管理的重要组成部分，指按照一定的标准，采用科学的方法，对任务进行综合评定以得到相应的任务积分，是用于记录和评估个人或团队完成任务的工具，它可以帮助管理者了解任务的进展情况以及每个成员的工作质量，表10-1为简化的任务考核表。

---

① 吉尔里·A. 拉姆勒，艾伦·P. 布拉奇. 流程圣经 [M]. 王翔，等译. 北京：东方出版社，2017：29.

简化的任务考核表　　　　　　　　　　　表10-1

①任务名称（含编码）	②任务基本情况	③责任人		④目标		⑤进度			⑥得分
		主责人	相关人	预期目标	实际完成目标	预期完成时间	实际完成时间	延误原因	
ID××任务									

　　本任务考核表由任务名称（含编码）、任务基本情况、责任人（主责人、相关人）、目标（预期目标、实际完成目标）、进度（预期完成时间、实际完成时间、延误原因）、得分六部分组成。任务考核表明确具体的任务名称和责任人，这有助于员工明确自己的任务职责以及工作重点。任务考核表设置预期目标与实际完成目标是为了评估个人或团队在特定工作任务或项目中的表现和成果。其中设置预期目标为评估提供客观的依据、标准，通过与实际完成目标进行对比，可以帮助员工和管理层分析完成目标的过程，发现问题和改进空间，从而实现不断提升。而实际完成目标的设置则是衡量成果的体现，即验证是否完成了预期的任务和取得了预期的成果，并实现实际反馈，帮助员工和管理层及时调整、改进工作，同时为个人或团队绩效的奖励和惩罚提供了客观的参考依据。

　　进度栏设置主要目的是评估员工或团队的绩效和效率，并帮助组织更好地管理和分配资源，提高工作效率和质量。通过比较预期完成时间与实际完成时间，以便了解任务执行的情况，例如任务是否按时完成、是否需要额外资源或支持、执行过程中是否遇到了问题等。这有助于管理者评估工作的进展和效果，识别出可能存在的问题，并采取适当的措施加以改进。同时，也可用于奖励表现优异的员工或团队，或者对表现欠佳者进行必要的指导和培训。

　　设置得分栏的意义在于对参与者完成任务的表现进行量化和评估。通过设置得分栏，可以对任务完成情况进行客观评定，使得任务考核更加公正、透明，帮助管理者更好地了解员工的工作表现，为制定个性化的奖惩政策提供数据支持。也为任务压力分析和自动考核打基础。

　　任务考核表是为了更好地明确任务责任、促进团队合作、提高工作绩效和实现组织目标而设计的管理工具。考核表的设计要合理、具体，能够客观地评价员工的工作表现，从而为员工提供改进意见和发展空间。同时，考核过程应该建立在沟通和共识基础之上，并实现考核者与被考核者之间的双向确认，最终形成双赢结果。

10.1.2　考核表使用

　　任务考核表是基于预先设定的评估标准和指标提供一种标准化的评估方法，能有效减少主观偏见和不公平的可能性。同时，它能对标员工的工作目标与组织的战略目标，使员工的工作成果与组织目标保持同一方向，实现整体绩效的提升。并在此基础上提供沟通和反馈的平台，让管理者和员工能够就工作质量、过程进行有意义的讨论，共同找到改进和提高的方向。换句话说，任务考核表能为管理提供依据，管理者可通过任务考核表对员工的工作表现进行定量和定性的评估，并与预设的绩效指标进行对比，最后凭借评估结果给予相应的奖惩措施。以下为针对表10-1做出的一些说明：

（1）考核对象：公司（各类各级组织）所有部门及员工。

（2）考核周期：依据任务具体情况而定，建议按月进行。

（3）考核标准：依据任务具体情况而定。

（4）考核内容：员工本人在考核周期内对所负任务的完成情况。

（5）考核方式：实行分级考核，由直接上级考核直接下级，并由分管领导最终评定。即：①公司总经理考核副总经理、总工程师；②公司副总经理考核部门负责人及分管部门；③部门负责人考核部门所属员工，并由分管领导最终评定。

（6）考核流程：由制定任务计划、执行任务计划及任务考核三部分组成，流程如图10-3所示，其中上级部门指下达考核指令的上级相关人员。

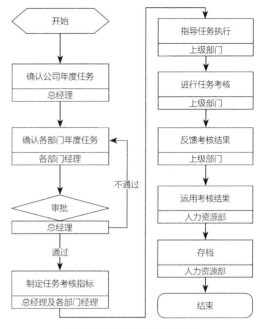

图 10-3 任务考核表使用流程

（7）考核结果及奖惩：考核结果以分数确定，采用百分制，最终转换为A、B、C、D四个等级，以分管领导最终评定为准。各个等级对应分数及基本标准如表10-2所示，奖惩办法直接与负责员工当月绩效工资的发放挂钩：①考核结果为A级，绩效工资按100%发放，并按本人当月考核工资标准的10%另行发放奖励工资；②考核结果为B级，绩效工资按100%发放；③考核结果为C级，绩效工资按60%发放；④考核结果为D级，不予发放绩效工资并留任原职察看。此外，考核结果将作为年度优秀员工评选、年终考核和奖惩的重要参考依据。

任务考核表　　　　　　　　　　　　　　表10-2

最终考核分数	等级	备注
95分以上	A	超额完成任务
85~95分	B	全面完成任务
60~85分	C	基本完成任务
60分及以下	D	未完成任务

（8）其他：考核人员应坚持实事求是的原则，客观公正地进行考核。被考核人认为考核结果严重不符合事实的，可以向有关领导提出申诉处理。

以上是对任务考核表的使用说明，最终目的是促进组织整体任务绩效提升、促使员工的满意度提高与职业发展，实现个人与组织的共同成长与成功。同时利用它为组织提供一种科学的人才管理和绩效管理方法，以支持组织战略目标的实现。

10.2 智能考核

任务信息管理系统已经是组织管理中较为常见的工具。组织管理者可以随时、随地部署和追踪所有任务，可以通过数据对比，整理分析数据，提出有价值的报表信息来及时调整下一步公司发展战略计划；任务执行者能随时了解当前任务情况与相关进度，并进行及时改进当前工作状态。同时可以与组织内部员工绩效考核方案相挂钩，促使企业推动信息化建设，使企业高效运行、员工工作效率达到最大化。智能考核是组织内部对绩效考核无法或缺的手段。将智能化技术应用到绩效考核中可以提高绩效评估的准确性、效率和公平性，使管理更加科学，有助于促进企业和员工的持续发展。智能考核由考核内核与考核技术组成。

10.2.1 考核内核

内核体现的是智能考核的底层逻辑，需要将思考方法与逻辑"告诉"算法，才可以使智能手段更好地服务，辅助使用者达成所需要的结果。

任务绩效是指与工作产出直接相关的，能够直接对其工作结果进行评价的这部分绩效指标。这种绩效是与具体职务的工作内容密切相关的，同时也和员工的能力、完成任务的熟练程度和工作知识密切相关。任务成熟度的提出为考核任务绩效提供了很好的视角。综合来说，绩效本就是从多方面、多维度进行综合评价，TMM则是将任务九要素与执行目的、对象、条件等结合进行评价，具有完备性；从局部来说，TMM要素可以分别对组织中的人、事、物都可以进行细致评价，以往众多的评价绩效是对任务本身评价后需要再考虑执行者的知识储备、能力等方面，而九要素中的"组织"已经将这方面纳入评价范围，即需要具有一定的适配性；更重要的是通过评价结果进行改善，实际上已经为执行者的绩效提升指明道路。因此，选用任务成熟度评价任务绩效具有科学性和可行性。

流程绩效是指衡量和评价一个流程效率和结果的指标，它关注的是流程在实施过程中是否达到了预期目标，并评估流程的运行效率和质量。建立面向流程的绩效考核制度，对执行过程进行管控，可以确保流程的顺利落地。进行流程绩效管理，首先，在流程正式执行之前，企业应当在流程目标的基础之上制定符合企业实际情况的流程指标体系，这是后续考核流程执行情况的依据。其次，制定出合理的流程执行计划，这是一个循序渐进、由浅入深的过程。再次，在流程正式执行后，需要对流程实施情况进行监督、评估。最后，根据情况进行总结与完善，并再次投入到后续流程的应用，实现持续改进。管理的目的之一是追求效率，即追求成效、速率，所以可以从效度和信度两个方面对管理成果进行考核。方向正确、速度快捷，实质就是高效做正确的事。结合上述追求，将流程绩效的综合指标归纳为流程优度，用来表示流程的"优质程度"，其包括流程效度、信度、科学性与完整性等内涵。其中，流程信度是指经过流程的执行靶向目标的程度，是流程与目标的相关程度高低的衡量指标，包含可行性、稳定性和标向性等内涵，主要与战略决策、流程体系设计、执行逻辑相关。流程效度是指流程达到目标的快慢程度，包含速度、效率的内涵。定性和定量的测度方法，均为流程绩效测量和评价所采用，主要与组织配置、沟通效率资源配备、意外处理能力、IT支持相关。流程三度①注重任务间逻辑、目标指向性等方面,而每项任务的可执行程度却是重中之重,因此形成了"任务逻辑、目标指向性……"+"任务成熟度"的一种流程绩效考核的思想,由此也可以看出任务绩效/任务成熟度的是评价流程绩效重要的一环。

组织绩效是管理者运用一定的指标体系对组织的整体运营效果做出的概括性评价。"组织"的大范围、复杂性使得选取指标的人在选取绩效评价指标并不容易。首先,目标是组织绩效的一个最重要指标,也是组织视为重心的;而本书讨论的主题"任务"更注重的是成果,并通过预估成果与组织开始设立的目标进行对比。其次,组织以"流程"为牵引动力,整合资源,达成目标。由此可以看出目标与组织内各个要素的关联性,其可以体现组织内部所有要素的"合力"。除了任务、流程这两项与目标相关度较大的因素外,达成目标的时间、质量、成本也是重要内容。时间、质量、成本被称为组织管理的铁三角,不仅是因为每一项对目标都很重要,更多的原因在于组织/项目三角形强调的就是这三方面的这种相互影响的紧密关系:为了缩短项目时间,就需要增加项目成本或减少项目范围;为了节约项目成本,可以减少项目范围或延长项目时间;如果需求变化导致增加项目范围,就需要增加组织/项目成本或延长项目时间。因此,组织/项目计划的制定过程是一个多次反复的过程,根据各方面的不同要求,不断调整计划来协调它们之间的关系。在项目执行过程中,当项目的某一因素发生变更时,往往会直接影响到其余因素,需要同时考虑一项变更给其他因素造成的影响,项目的控制过程就是要保证项目各方面的因素从整体上能够相互协调。以"时间""质量""成本"铁三角对组织目标进行评价,并通过三者的最"满意"解来评判组织绩效。

考核内核的关系与要素如图10-4所示。

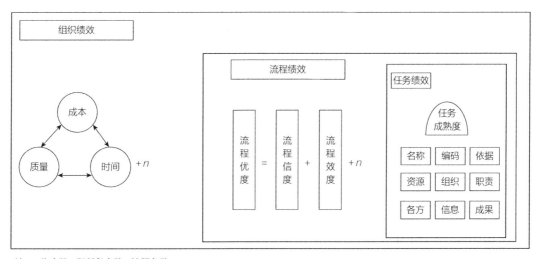

注:n为个数,即任务个数、流程条数。

图10-4 考核内核的关系与要素

---

① 卢锡雷. 流程牵引目标实现的理论与方法——探究管理的底层技术 [M]. 北京:中国建筑工业出版社,2020:127-131.

10.2.2 考核自动化

评价流程的确定，方法、工具的使用以及表格化的呈现无疑为组织中的各种任务、流程等方面的绩效考核奠定了坚实基础。但是处于数字化时代，先进技术已经可在多方面替代人工，考核也不例外。一方面，"云大物移智区元"（云计算、大数据、物联网、移动互联、人工智能、区块链、元宇宙）的出现与发展为考核智能化与自动化带来了可能，数据自动采集、快速分析等手段也应运而生。另一方面，由于传统人工考核存在许多弊端，智能考核存在一定的必要性：其能够节约人力和时间成本，进行数据实时收集、整理与分析，大大提高了考核的效率，使得管理者能够更及时地了解员工表现，并采取相应措施；也可以在一定程度上消除部分主管或人事人员的主观因素干扰，从而更客观地进行绩效评估。这有助于减少人为偏见和不公平现象，从而提高员工对绩效考核的信任感，增强公司内部的公平竞争氛围。

将绩效考核自动化的技术架构分为三个层次。

1. 层次1：数据收集层

数据收集是加强绩效考核管理的关键一环[①]。2021年，知乎上一篇名为《此篇无薪酬绩效之解：数据说话是绩效考核重要的导向》的文章分析了"绩效考核"四个字：绩，结果、成绩；效：效果、效率；考：衡量、考评；核：数据，核算。从中可以看出数据是进行核算、考评效率、得出成绩等的基础，能真实客观反映结果与效果，因此高效率、高准确率地收集数据对绩效考核是最为基础的要求。

前面已基于任务成熟度对任务绩效、流程绩效以及组织绩效考核进行阐述，因此数据收集的对象是任务以及包含的九要素。数据来源可以分为已有数据与实时数据两大部分：已有数据可以通过提取云端储存来实现；实时数据可通过现今较为成熟的信息化手段进行收集与储存、任务测控，对执行过程中的各项指标和关键要素进行系统监测、测量和控制的管理实践，如RFID、传感器、物联网、GPS、爬虫等。

2. 层次2：数据处理层

收集数据是为应用数字化手段进行处理后然后开展绩效评价。组织中的数据处理层也可称为逻辑层，按照组织内部逻辑的规定，将收集来的数据进行处理。考核自动化的内在逻辑可以分为以下三条：

（1）逻辑①：任务绩效A=任务成熟度。

（2）逻辑②：流程绩效B=流程优度=流程信度+流程效度+nA。

（3）逻辑③：组织绩效C=成本+进度+质量+nB。

需要注意的是，现实中的组织是动态运营的，评价手段也是多样的，因此要结合其他数据分析方法和业务背景来综合评估。数字化技术可以较好地对数据进行分析，相关技术在本书第9.2节中已有详细阐述，此处简单列举相关技术在数据处理的应用供参考。使用Excel、

---

① 朱思颖. 新形势下医院绩效管理体系的优化策略研究［J］. 大众投资指南，2023（20）：62–64.

Tableau等数据分析工具可以对收集到的数据进行统计、计算、分类和可视化分析,以获取关键的绩效指标和趋势;使用人工智能(AI)和机器学习(ML)可以从大量的数据中提取有用的信息和模式,预测未来发展趋势,并为决策提供更准确的依据。利用自动化工具,可以自动处理和整理数据,减少人工操作,提高数据处理的效率和准确性。应用数据挖掘技术,可以从大规模的数据集中发现隐含的关联和规律,揭示出隐藏在数据背后的价值洞见,为组织绩效评估提供更深入的洞察力。通过应用文本挖掘和情感分析技术可以从员工的评论和反馈等非结构化数据中提取出情感和主题,用于评估员工满意度和组织氛围等要素。通过应用大数据分析技术,可以处理海量的数据,并从中发现关联和模式,以及为决策提供更精确的依据。利用实时监控和报告工具,可以对绩效数据进行及时跟踪和监管,并生成实时的绩效报告,以便管理层能够迅速做出调整和改进。

3. 层次3:绩效考核层

绩效考核层也可称为表现层,通俗讲就是展现给用户的界面,即用户在使用一个系统的时候,其所见所得为用户提供一种交互式操作的界面。因此拾取用户信息与提供用户所需成为绩效考核层的主要功能。通过识别的脸部特征或声音特征,从后台拾取其身份信息(基层、中层、高层)匹配所需要的绩效类型(任务、流程、组织)。

作者曾提出Construction Enterprise OPS的概念与思考,如图10-5所示,以数字、数据为基础达成智能和智慧。对于层次3的设想与设计也不应当简单停留于上段所说的功能,此处不过多展开。而需要指出的是,无论中间如何"玄妙"(可理解为管理的艺术性和创造性),以任务形成流程达成目标是永远不变的逻辑通途,考核任务、流程以及组织的绩效也是永远所追求的目标。

以内核为底层逻辑,以自动化技术为辅助手段,共同构成了绩效智能考核的架构。通过合理设计语言与整合层次需要用到的技术组件,可以实现从数据收集到结果分析的全流程自动化,提高绩效考核的效率和准确性。

图 10-5 Construction Enterprise OPS 概念图

10.3 和谐的内部管理环境

企业要发展，和谐的内部环境至关重要。企业内部和谐，通常指这个企业处于较高的融洽和协调状态，表现为对抗性因素较少，人际关系和谐，个人与组织和谐等。和谐既是企业发展的根基和前提，也是保障。和谐内部环境的基本要素是利益分配均衡，处理事务公正、透明，沟通交流无障碍，有较强的凝聚力。通过组织的基本单元——任务管理，将其作为实现和谐管理的重要载体和手段，实现内部管理环境的和谐，这是一个崭新的视角和研究领域。下面从透明、公平和压力分析及任务调整三个方面阐述设想。

10.3.1 透明

透明化管理指在坚持"以人为本"理念和可持续发展观的基础上，对企业所有的信息和管理制度实行透明化、公开化管理的现代化管理理念和模式。从内部组织结构出发，实行透明化管理有利于员工充分了解企业发展的全过程，并拥有一定的知情权。当前，许多企业内部管理都努力采用透明化管理模式，如看板管理、人事晋升、财务K3数据、生产人员合理调配、品控ISO管理等，均从不同角度反映出企业的透明化管理尝试。

企业内部通过透明化管理，能够不断提高企业管理的效率，减少经营决策失误率，并在一定程度上让员工对企业管理运营决策、信息以及企业运营管理过程进行了解，从而有效保障员工的知情权和根本利益，进而使得员工从单纯的付出劳动力转变为企业经营管理的参与者，有力地调动企业员工的积极性并激发员工在工作过程中的主观能动性，全面提高企业的管理水平。

1. 透明化管理对企业有重要的作用

（1）增强凝聚力和向心力。透明化管理的本质是营造公平的工作环境，不仅可以提高员工的责任意识，也能提升自身凝聚力，使得员工积极主动地参与企业运营创新，并带动企业持续发展。

（2）优化企业的人力资源管理机制。企业在运营管理中，对员工的绩效考核制度、薪酬水平与晋升奖励等进行透明化和公开化管理，能让员工清晰地了解与自身利益相关的信息，从而使员工能通过自我学习、能力提升等正确途径，增强自身的竞争力，以获取更多的利益，为企业做出更多的贡献。

（3）优化企业管理的流程及信息系统。透明化管理能精简企业运营管理工作的流程，推动企业各项管理制度的制度化、系统化、规范化，增强企业的市场竞争力，促使企业向扁平化方向发展，不断提升企业形象。过程中所形成的集成信息系统能够实现企业内部信息零距离沟通，同时加强内部监督以避免工作拖拉和不作为等问题出现。另外，加强透明化管理也可以优化配置企业各种资源，增加企业经济效益，促进企业运营管理的可持续发展。

2. 为更好地展现企业用人策略，针对实行透明化管理策略提出建议

（1）目标透明、评估透明。确保所有员工都清楚了解自己的工作任务、期望的绩效水平以及相应的评估标准，避免模糊不清的任务设定导致不公平的考核。同时向员工清楚地介绍

绩效评估的流程、时间表和步骤，确保每个人了解评估过程，清楚考核结果，并在评估中发表意见和提供反馈。

（2）加薪透明。绩效考核制度和薪酬激励机制是企业经营发展重要策略，建立透明化的薪酬机制与绩效考核制度，能够促进薪酬分配的公平、公开，发挥薪酬的激励作用和杠杆作用。从现阶段来看，许多企业的薪酬机制是保密的，虽然能在一定程度上减少员工之间的冲突和矛盾，便于开展企业运营管理工作。但从长远发展来看，不利于调动和增强员工的工作积极性、提高自己的业务能力，也不利于留住人才和吸引人才。因此，在企业管理运营中要加强员工薪酬机制的透明化和公开化，激励员工提高工作能力，同时营造出公平竞争的和谐内部工作环境，以更好地与企业的绩效考核制度相结合，充分发挥员工的潜能。

（3）过程透明。企业管理部门与经营部门实现有机融合是进行透明化管理的主要基础，对此管理者需确保运营管理信息的公开化和透明化，在保证机密信息不被泄露的前提下，将部分以往无法获知或者被忽略的信息资源进行直观体现。这样才能使管理人员对管理系统有全方位的掌握，提升管理水平，提高企业管理部门在管理过程中的透明度。除此之外，有必要开展一系列有利于员工身心发展的活动，鼓励和支持员工和上级多沟通，提供能够及时反馈各种信息的渠道，以保持透明化管理过程中的活力。

（4）协同透明。随着信息技术的不断发展，大部分企业内部已建立有效但不健全的信息平台，信息的流通只局限于部门内部，降低了企业部门之间的协同性。要加强部门之间的信息交流和沟通，需及时建立一个内部协同平台，让企业的内部信息能够在公司内部流通，确保员工的知情权，帮助企业管理者达到信息共享的目的。组建协同平台可利用局域网，以建立起具有高度共享性、统一性的知识库。彼时管理人员可在划分和下达企业经营目标的基础上对目标进行分解并形成各部门的计划任务，然后通过协同平台对各部门及人员的工作计划进展、工作效率、工作问题等信息实施跟踪调查。这样不仅能让全体员工明确自己的岗位职责，还能增强企业内部的协调性和一致性，实现企业经营利润的最大化。

加强企业管理运营中各项决策、方针的透明化、公开化，不仅可以改善和优化企业运营管理体系，充分发挥绩效考核制度的激励作用，提高员工的工作热情和积极性，不断提升工作效率，增强企业的市场竞争力，而且也可以促进企业与员工之间的和谐发展，加快企业可持续发展的进程。因此，企业在经营过程中，应实行透明化管理，以统一的信息平台加强部门之间、人员之间的信息交流和沟通，促进企业健康发展。

以任务是组织运营的基本单元来看，从任务的类型、等级、成熟度、分派和执行结果实现透明化，是组织最根本的透明。上述目标、过程、协同等具体协同的要求，都可以通过任务的透明，得到落实。

10.3.2　公平

韩婴有云："正直者，顺道而行，顺理而言，公平无私。"公平一直是人类社会中追求的重要目标。公平性并非是一种客观存在的衡量标准，而是员工个人有限理性的主观判断和心理感受。研究表明，公平性与工作满意度、组织承诺、组织公民行为等对组织有积极意义的行为和认知呈正相关[①]。首先，对于企业建立和谐的内部管理环境而言，公平能够建立信任，当员工感受到公平对待时，会相信企业的决策是公正的，这种信任可以促进员工与领导之间进行良好沟通与合作，减少冲突和矛盾，从而提高工作效率。其次，公平有助于增强团队凝聚力。公平的环境能使员工彼此之间感到平等和公正，更愿意相互支持和合作，从而在团队间形成较强的凝聚力。再次，公平还能提高员工的工作满意度。公平地对待员工有被尊重和重视的感觉，对工作将更有动力和热情。相反，如果员工感到不公平，则会出现不满和失望的情绪，对工作产生负面情绪，从而影响工作质量和效率。最后，公平有助于提高员工的工作效率。公平的环境会让员工感受到公正的回报和认可，这会激发积极性和工作动力，更加专注于工作，从而提高工作质量和效率为企业创造更大的价值。

因此，公平对于构建企业和谐的内部管理环境至关重要。通过建立公平的制度和文化，可以增强员工的信任、团队凝聚力和工作满意度，提高员工的工作效率和绩效，有助于企业实现可持续发展和长期成功。其中绩效考核是员工对公平性感知的关键环节，企业实行绩效考核的目的是进一步提高员工的工作效率和工作业绩，保障组织高效运行，从而高质量、高效率地完成公司经营目标[②]。故对如何实现公平的任务绩效考核做出以下建议以供参考：

（1）分配公平。依据公平理论的观点，员工在评估结果的公平性上会从自身与他人两方面来衡量。如果个人回报投入被低估，通常会出现自我价值保护倾向，即向防止自我价值遭到否定的方向进行归因，否定考核结果，夸大考核过程的不公平性，产生对组织的不信任，降低对绩效管理参与意愿，会产生一定的反向激励作用。因而在进行任务分配时，管理者应尽可能地为员工设定与其职责和能力相匹配的工作目标，即针对不同能力的下属，给予不一样的做事机会。同时对团队或部门内的员工采取相对评价方式，或者与同类岗位的行业标准进行比较，以实现公平而不孤立的评价。

（2）程序公平。考核制度制定过程和执行程序对考核结果公平性的影响较大，因而设定公平的程序是十分必要的，它能为员工通过绩效考核获得与投入相对应的回报提供有力的保障。即可以制定一套明确的评估指标和评分体系，并向所有员工透明公开，同时引入周期性的再平衡机制，及时调整标准和指标，以确保员工的绩效评估始终与组织的长期目标和价值观保持一致。除此之外，对表现优异的员工给予适当的奖励和认可，以激励保持高绩效并鼓励其他员工积极发展。

当然，凡事无绝对，任何企业、机构或者是组织甚至是个人都无法实现绝对的公平。特别是在一些管理不规范、关系错综复杂的人际关系下，做出的决策常受各种影响。和谐的内部管理环境是组织追求的目标，规范管理体系则是重要基础。

[①] 付晨. 绩效考核公平性与员工信任对绩效考核效果的影响［J］. 现代商业，2014（36）：84-85.
[②] 白惠芬，卫翔，白虎伟，等. 企业绩效考核中的公平性问题研究［J］. 内蒙古科技与经济，2020（7）：37-38.

10.3.3 压力分析及任务调整

1. 工作压力

压力是身体为满足需要所产生的一种非特定性反应，或生活环境不能满足个人需要，个人学习、经验无法与现实生活的要求相互配合，所导致的生理或心理失去平衡的一种紧张状态[1]。压力通常有以下特征：①两面性，当压力没有超过临界点时，适当的压力往往会产生积极作用，而压力过高则会导致负面结果的出现。②压力来自多个方面，不同情境、噪声、空气污染、交通问题等带来的物理环境压力；政治、经济、教育、风俗习惯、家庭教养等造成的社会环境压力；饥饿、呼吸、睡眠、疾病等导致的生理压力；焦虑不安，患得患失，权利、地位、金钱等得不到满足所产生的心理压力。

同样地，组织中的执行者在执行任务、达成目标的过程中也会承受来自各方的压力。通过统计发现[2]，员工的最主要压力来源及百分比分别是：生活压力（32.7%）、人格因素压力（31.3%）、工作压力（36%）。其中，生活压力是指正常生活中人们不免会面对由失败、挫折、麻烦或者危机等造成压力；人格因素压力则是因为人格特质的缘故，有些人会比常人有更强的压力感受。例如有些人生来就具有较强竞争意识、对他人敌意、过分抱负、易紧张和冲动，使得其更容易处于充满压力的情况中。

工作压力则是指因工作负担过重、变换生产岗位、工作责任过大或改变等对人产生的压力[3]，其是处于组织运营情境下所产生的一项特有压力。从执行者个体层面出发，超负荷的工作压力会对个人生理和心理健康带来危害，例如情绪变得压抑，产生厌烦、紧张、急躁及精神疲劳等症状，甚至引发精神疾病。而从组织层面出发，较大的工作压力将导致组织生产效率和绩效降低。除此之外，信息超负荷引起的压力过度更可能使员工出现错误，特别是当任务较新，而压力又引起情绪紧张时，个体的绩效就会降低。因此，考虑压力的两面性，认为适度的工作压力有助于员工为将来面对更多的挑战做好心理准备，并可以激励他们去争取更佳的工作绩效。

因此，如何科学分析压力（指标体系的建立）并通过合理手段进行调整压力是保证执行者高效、优质完成任务的前提。压力来源与分析多种多样。大多学者[4~7]在宏观视角下对压力进行分析，徐群等也在《企业员工压力来源研究综述》一文中对执行者压力的实证研究、

---

[1] 李丛聿，吴晶晶. 高校教师压力源与应对方式分析 [J]. 中国证券期货，2013（5）：271.

[2] 林莉，黄鹂，周建平. 现代企业员工压力及管理对策研究——基于安徽省30家中小企业员工压力的数据统计分析 [J]. 华东经济管理，2013（5）：128-133.

[3] 田飞. 企业管理人员工作压力对工作绩效的影响分析 [J]. 市场观察，2016（Z1）：133-134.

[4] 李一卉. 中小企业员工压力应对措施分析 [J]. 现代商业，2020（17）：48-49.

[5] 黄光励. 关于企业社工介入员工压力改善的策略分析 [J]. 中小企业管理与科技（中旬刊），2020（4）：162-163.

[6] 文婧. 商业银行员工工作压力管理研究 [J]. 全国流通经济，2020（3）：99-101.

[7] 蔡贞. 煤矿企业员工压力管理分析 [J]. 财经界，2014（32）：284.

抽象归纳、理论、模型等做了较多阐述[①]。诚然从宏观出发对压力来源与指标进行剖析是具有指导意义的，但难以对现实工作进行实践性指导。基于任务在组织中的重要与基础性地位，从任务和任务成熟度角度出发提出看法，以供组织管理者参考。

任务九要素除了可以判断任务的可执行成熟度外，其实也昭示了压力的来源。不同执行者（组织）在不同时间下（职责）应用不同程度的资源（资源）对不同数量的任务达成不同要求的成果（成果），给予的压力是不同的。因此可以以任务成熟度的部分要素对压力做出评价。但与单纯评价任务成熟度不同是需要重点考虑执行者个人能力的问题，同样成熟度的任务交给不同能力的任务给予的压力显然是不同的。因此在进行压力分析时，需要将执行者以及执行者能力、心理等要素放到主要位置，再结合成熟度进行匹配。

2. 分析方法

"有问题就要解决问题"。工作压力的产生势必会对任务执行与目标达成产生影响。因此需要通过压力分析与评定来解决问题。上节提到任务九要素以及所处成熟度等级会对执行者造成一定的压力，当然在管理中这也是"相对"的。因此，需要在分析与评定任务压力时也需要考虑其他因素。这里提出压力分析的基本思路为：首先给予任务成熟度、难度、复杂性、特性类型等给出综合评价；其次对个人承担工作（任务数量、执行难度、时限等）进行定量化分析，得出当前执行者所处压力状态；最后通过前述两者的综合匹配进行任务调整。在该思路下生成任务压力分析指标表（表10-3）与压力等级划分表（表10-4）。

任务压力分析指标表（初步三等分法） 表10-3

压力分析内容		任务分析因子	任务压力值
任务	任务成熟度	低度，中，成熟	5, 3, 1
	任务创新性	高度，中，常规	5, 3, 1
	综合难度系数	难，中，易	5, 3, 1
	任务复杂性	复杂，一般，简单	5, 3, 1
执行者	预期成果紧迫性	紧迫，中，舒缓	5, 3, 1
	人格因素	紧张，中，抗压	5, 3, 1
	任务数量	多，中，少	5, 3, 1

压力等级划分表 表10-4

压力分级	表征描述	任务调整建议
轻度压力	[7~13)	增加任务、难度以激励
中等压力	[13~29]	适度，动态评价
高度压力	(29~35]	减少任务、降低难度以减压

---

① 徐群，蔡宁伟，龚毅，等. 企业员工压力来源研究综述[J]. 企业技术开发，2006（7）：115-118.

任务成熟度，指对一个任务或项目在其执行过程中所涉及的资源准备、信息充分性、执行计划的明确程度以及相关环境条件的具体描述，分为"低度，中，成熟"三级。均由前述评价方法评价而来，其中低度对应初始级（T1），中度对应成长级（T2）与可执行级（T3）及可管理级（T4），成熟则是对应优化级（T5）。

任务创新性，指在完成任务过程中，是否引入新的思维、方法或技术，以及是否对任务本身进行重新思考和改进，从而实现更高水平的成果和效益，分为"高度，中，常规三级"，依据任务本身而定。

综合难度系数，指通过考虑多个方面的因素来评估任务的难度。这些因素可以包括完成任务的技术要求、时间限制、资源需求、人力需求等。综合难度系数越高，意味着任务越复杂，完成任务所需要的能力、资源和时间也更多，分为"难、中、易"三级，应结合组织的实际情况，考虑经验总结得出，并公布于众。

任务复杂性，指任务的复杂程度和难以执行的程度，强调任务对精神或脑力要求较高，具有挑战性，并且需要员工具备或使用多种复杂的高水平技能[1]，分为"复杂，一般，简单"三级，依据具体任务而定。

预期成果紧迫性，指任务完成的紧迫程度和时间压力，通常与任务要求的截止日期相关，以及相关利益相关方对任务完成时间的期望。当预期成果紧迫性较高时，任务的完成时间会更加紧迫，需要尽快安排并投入更多的资源去完成任务，分为"紧迫，中，舒缓"三级。由组织根据交付时间、重要性、额度等指标确定。应公示于众，周知各人。

人格因素，指执行者的身体健康等物理性因素及荣誉、隐私等精神性因素，分为"紧张，中，抗压"三级，依据执行者状态而定。

任务数量，指同时主责担任和骨干参与任务的数量，分为"多、中、少"三级。具体数值与组织的类型和企业员工素质及经验相关，应当通过统计测量得到。

在得出任务压力后如何进行调整也是"相对性"的重要体现。从"人"与"任务"两方面出发进行综合评定，因此也可以依照组织现实情况对两者进行适当调整以改善任务压力。有趣的是，短时间内可以通过增加执行者或减少压力大的人的任务数量以快速、高质量达成目标；相反地，从长远看如果适当给予执行者一些压力来激发潜力、培养技能，这对组织的生存与发展将起到赓续作用。

压力分析是一项综合性较强的"任务"。尽管最后看到的是一个模糊的定性结论，实际上由于影响因素众多，仍然应当针对分析结论进行具体的剖析，以得到更为贴切的分析成果。能够更好地指导组织的"解压"工作。

3. 调整及舒缓

管理者可通过分析员工的压力来源制定出相应的减压对策，并对员工的工作内容进行分

---

[1] MORGESON F P, HUMPHREY S E. The Work Design Questionnaire (WDQ): developing and validating a comprehensive measure for assessing job design and the nature of work [J]. Journal of Applied Psychology, 2006, 91 (6): 1321-1339.

析，看是否存在不切合员工自身实际情况的任务分配。如果有，则需要重新调整员工的工作目标、内容、时限等，重新设计工作任务，使员工达到减压的效果，从而真正做到制订的工作计划与员工的个人能力相符，达到人岗匹配的要求。同时企业应对招聘策略、薪酬制度、加班措施及对员工的关怀程度等各方面采取合理、科学的手段，预防和减轻员工压力。此外，要加强了解员工的心理状态和不同需求，遵循人性化管理的原则，才能使员工工作压力减小到最低，确保员工的心理安全和健康始终处于稳定状态，从而达到巩固企业稳定和社会稳定的目的。当然，倡导积极沟通、乐观向上、互助协作的工作氛围也同等重要，它有助于建立良好的企业文化。故管理者在帮助员工减缓压力时应遵循适度、具体化、结合岗位、积极引导等原则。

任何组织都会面临外部环境的变化，如市场竞争、科技创新等。在如此动态环境中，成员能力、结构、承担的角色以及任务需求、数量等将随之变化。从而导致现存的组织结构、资源等不满足环境的要求，因而需要对相应的任务进行调整[①]，以提高对外部环境的适应能力，提高工作效率和团队协作能力。对于每天都需完成任务的员工来说，任务的难易程度等会对其带来十分大的压力，而不同压力下所产出的任务成果又会有所不同；因此通过调整任务、调节压力以改善任务成果是个不错的选择。对于管理"人"与"事"是组织中最具灵活性也是最具难度的，需要提前评估任务的优先级，判断其重要性和紧急性，并对任务的要素进行综合考虑。从组织整体来看，需要充分考虑人、任务、组织的目标和战略等之间关联性，确保调整后的任务不偏离组织的长期目标，这可能也是组织中成员压力的主要来源之一。

总的来说，组织的"解压"和个人的解压是互相关联，密不可分的。解压的目的就是使得个人和组织能够在"舒展"的情况下，更好地发挥潜能，获得良好的绩效。无论是从人的压力角度出发调整任务，还是从任务成熟度出发匹配人，其核心思想都是需要以"满意"为主，这样才可以提升执行力与组织绩效。

10.4　和谐与冲突：稳定中的创新

人类社会本身就是在冲突中创新与发展，是古今中外组织赖以生存的动力源泉之一。对于组织内部来说，创新可以增强组织竞争力、促进组织变革与改进以及激发员工创造力与潜力等。组织创新通常通过引入新的理念、方法和工具等重新评估和调整现有的管理体系和流程，以提高效率、质量和绩效。

但是在创新的过程中，冲突是不可避免的。在运营过程中，组织绝不可能将内部打造成一个动荡与冲突的环境，更多的是处于和谐之中；而过度的和谐也许又会阻碍创新。因

---

① 郑延斌，岳明，赵娜. 基于任务的Agent团队组织结构调整[J]. 计算机工程与应用，2009，45（25）：198-201.

此，如何在组织运营与发展过程中辩证看待与处理和谐与冲突，需考虑如何稳中求进、稳中求新。

冲突与和谐作为事物存在的两种状态，是与社会演进相伴而生的，它们相互对立并在一定的条件下相互转化，融突共生，成为社会各类组织演进的动力。从"任务成熟度"角度来说，成熟度越高的任务在执行时就会让人感觉更加和谐，很少会出现执行人与各方扯皮、对任务内容以及依据等方面出现怀疑或者模糊的情况。成熟度主题上升到组织范围时，虽然管理内容会扩大，但是"成熟"与"和谐"思想并不会有太大改变。就如以上所阐述，过度的和谐会阻碍创新，过高的成熟度会使得组织内部产生一些"惰化"行为——当所有事情安排好后，"没脑子"地做就是了。当组织有一些较为紧要的任务时，应用高级人才快速提升任务成熟度高是十分必要的；但当任务并没有这么紧急时，以低成熟度任务进行人才匹配反而可以为组织运营与长期发展起到促进作用：从"沟通障碍"发展到"沟通顺畅、多人沟通"，并在沟通与摩擦中产生新思想；从"缺少资源"到"资源完备"，并在资源收集与组合中产生新结构以更好适应不同环境……因此，冲突对创新起到了无与伦比的作用，过度的和谐只能弱化组织竞争力，导致机能下降，就犹如人身体一样，在不断击打、磨炼的过程中才能使肌肉更加紧实，一味使身体处于"休息"状态只会在打击来临时无法承受导致损毁。

过度的击打练习会使身体提早甚至一次性崩坏，因此冲突也需要有一个"度"。这个度指的就是和谐，此处需要考虑"什么样的和谐"以及"如何打造和谐"。

从任务成熟度视角来看，任务内部要素充分、协调、不过多浪费、责任到人等都可彰显任务内部的和谐。因此组织中的和谐是什么样，可以从任务要素中发现端倪：人与人的沟通交流无疑是和谐的重要条件之一，各部门和成员之间需要开放的沟通和有效的合作，这包括分享想法、听取意见以解决冲突，并在取得共识的基础上共同努力；合适的奖惩机制对组织内部和谐也十分重要，及时与准确的奖励和认可能够激励组织成员更加努力地工作；任务成熟度中的职责明确性以及成果可测性等方面为构建和谐组织打造了坚实的基础。近些年对于打造企业文化以创造内部环境也是研究热点，但可以发现依然逃不出任务的要素，且"打造企业文化"又何尝不是一个任务，这也再次印证了"任务是组织的基本单元"的深刻见解。

那么如何打造和谐的组织环境呢？在本书第9.4.2节中提出了精准管控，其理念是"全员参与、消除模糊、清除浪费、持续改进、高效运营"，在这种务实的理念与思想的指导下，准确制定目标，并以目标为导向，结合目标要求达到的程度和效果，精准识别关键节点，采用针对性的现代技术、方法和理论，将任务和资源等要素与其一一对应，排斥大而化之、笼而统之地抓工作，减少目标和结果之间的浪费，以最少的消耗达成必要的效果，更好打造和谐的组织。席西民等[1]将"和谐"分开阐述：谐是指通过对制度、流程等进行理性设计和优化，解决"物"的问题所产生的相对确定性的管理问题，即科学管理，"和"对应人及其心理感受，解决"人"的问题所导致的高度不确定性的管理问题，即常讲的艺术管理。通过

---

[1] 席西民，刘鹏. 和谐管理理论及其应用[J]. 前线，2022（9）：36-39.

"和"和"谐"两种手段进行动态匹配,经济社会发展就会处于相对和谐的状态。刘亚丽[①]在2008年提出打造"五和"理念,即树立"对内促进和谐""对外带动和谐""对己内心和谐""与人增进和谐""人与岗位和谐",以及后续不断有学者针对"打造组织的和谐"提出方法,无疑这是非常好的。

总的来说,如何平衡和谐、冲突、稳定、创新,也许是一个度的问题,或许这也是任务成熟"度"所隐含之意。组织是在冲突与和谐的融突中螺旋上升的。人与自然、人与社会以及人与自身之间的冲突与和谐是人类社会发展过程中的冲突与和谐的普遍存在形式。化解冲突,实现和谐是人类社会发展所要面临的永恒主题,是人类社会发展的内在需要,也是人类不懈追求的价值目标。在当前,努力建立和正确认识冲突与和谐的转化机制、寻找转化工具,对构建和谐组织具有重大的理论意义和实践意义。

本书第10.3节和第10.4节讨论的组织的和谐与冲突、创新和稳定,是任务环境的外在与内在结合的执行文化的宏观的重要议题。限于篇幅,无法更深入地进行研究,但必须强调,对于组织的复杂性、动态性、关联性的执行环境和文化氛围,对任务的完成是有重要影响的。

---

① 刘亚丽. 树立"五和"理念 打造和谐组织工作[N]. 铁岭日报,2008-4-14(7).

附录 1
案例分析

案例 1：国网供电项目前期审批

本案例应用任务成熟度方法开发项目前期审批流程体系，进而帮助提高审批效率。

该项目为SZ公司2023年电力工程前期全过程研究辅助项目，其前期管理一直是电网建设的关键环节，工作的成效直接影响着电网建设的依法合规性和项目推进效率。

对于职能部门而言，完成"任务"达到效果是基本的履职逻辑，这个任务的完成是通过"做什么""怎么做"等来贯穿的。SZ公司追求工程前期工作的限时筹备和高效审批，以及该市"60天开工"的工程筹划时效，都必须借助"前沿思想、卓越技术、精良工具"，这样才能将多元主体、逻辑复杂、繁冗事项（任务）组织得井井有条。在任务管理中，通过流程管理思想、流程牵引技术、BLF表达工具来提高任务成熟度是极其有效的。

BLF是一种在流程牵引理论中，适合前期阶段审批型任务的高效工具。以L（流程）为核心，依据B（标准依据），依照F（范本表单），构成完备的任务管理体系。精准承载"做什么、怎么做、谁做（部门和人员）、依据什么做、什么时间做好、得到什么成果"等任务管理的核心要素，以结果导向、责任明晰、时限准确。

（1）B：依据标准。审批是政策性极强、风险性极大、事务性繁杂的工作，依据的法律法规、地方规章、企业政策是实施审批的依据。

（2）L：流程。体现系统思维思想，可应用承载信息能力强大的流程图。将总工作流程图、子流程图详尽绘制，并将篇幅高度概括，同时将六项基本要素针对性强地呈现出来，任务明晰、责任明确、逻辑明了，无论是用于新人培训、计划工作，还是考核依据，都是极为高效的工具。

（3）F：范本表单。将"做得最好"的立为标杆，成为范本，这是快速"现身说法"以提高效率的捷径。罗列需要用到的表单，以供信息填写、传递、留存、共享和复盘改进。

该项目的核心是将前期工作任务化、流程化，首先将下发的文件进行整体分析，然后将其中的要求及注意事项进行罗列并开展进一步分析。

开始：识别工程类型，将项目分为新建变电站工程与纯线路工程；确定工作阶段，并将其划分为四个子阶段。

阶段一：进行预沟通、绘制五色图等工作。

阶段二：前期工作，比如新建变电站工程在开展办理选址意见书工作时，一般需要经过属地政府市规划和自然资源委员会审核；纯线路工程完成路径协议即可。

阶段三：建设过程中的政策处理问题，比如线路塔基征地、施工临时便道征用、青苗补偿等，提前与属地政府、村委沟通，一般需要提前安排协调会（F：编制会议组织模板，包括会议通知、会议目的、参会人员、会议内容、会议结果等），保证各方均了解并认可项目实施，避免施工遇到阻碍，影响工期。

阶段四：完成施工任务后，开展后期证件办理等工作。比如纯线路工程为避免繁琐，一般不申请核实；新建变电站工程需开展规划验收，开展三方（包含市政管理、人防、环卫）验收（验收子流程、验收会议、验收内容、验收参加人员、验收资料、验收结论），委托测绘单位完成竣工地形图、现状土地勘测图、绿化种植面积测算图、房屋建筑面积测绘成果书、土地勘测报告（F：各种报告范本）。

将文件内容任务化之后，绘制总逻辑图，如图1所示。

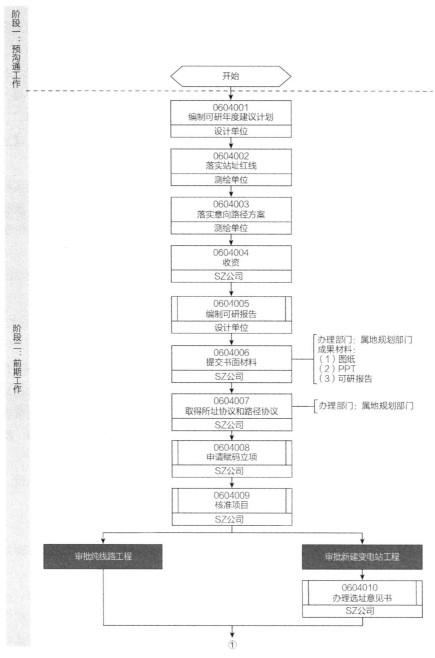

图1 基建项目办证审批工作流程（一）

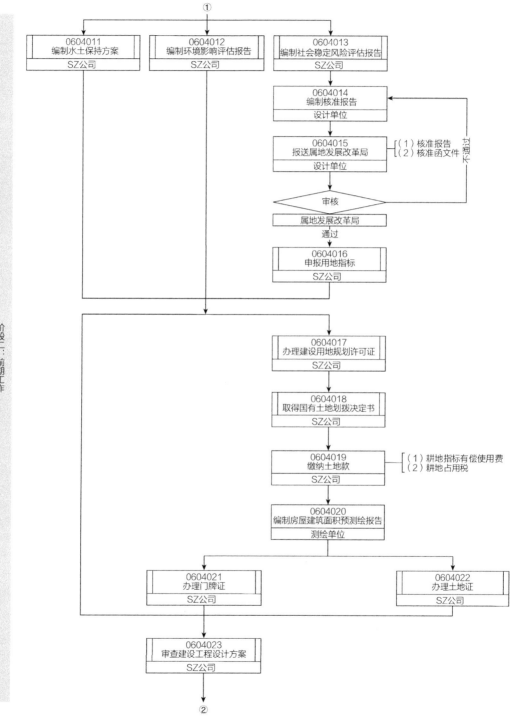

图 1　基建项目办证审批工作流程（二）

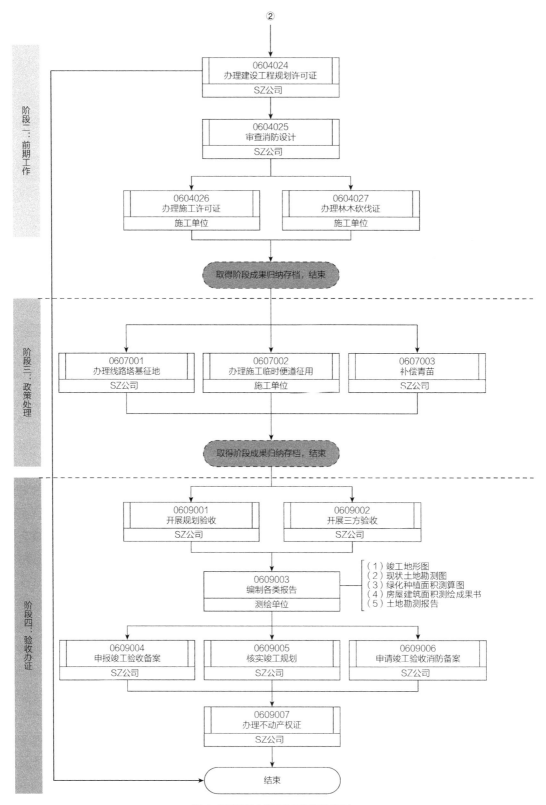

图 1 基建项目办证审批工作流程（三）

SZ公司基建项目办证审批工作围绕纯线路工程和新建变电站工程展开,主要包含审查建设工程设计方案,审批办理建设工程规划许可证、建设用地规划许可证、门牌证、土地证、建设工程规划许可证等工作,同时涉及政府、地方性政策处理问题等。拟以本项目为载体,解决电力工程全过程研究前期存在的理论和技术瓶颈,应用先进前沿的流程理念与方法,构建更加系统、全程、全主体、全任务的电力工程流程体系,满足电力工程管理工作亟待的需求。

上述逻辑图,值得注意的是其中的审批纯线路工程与审批新建变电站工程分别拥有不同的流程,审批纯线路工程需编制水土保持方案以及审查建设工程设计方案等,步骤相对较少,而审批新建变电站工程则需办理选址意见书、编制社会风险评估报告以及编制核准报告等,步骤相对较多,具体如表1所示。与此同时,两个工程的重要证书识别也有所不同,在纯线路工程中,重要证书为办理建设工程规划许可证,而在新建变电站工程中,有办理建设用地规划许可证、门牌证、土地证、建设工程规划许可证、施工许可证、林木砍伐证以及不动产权证等一系列重要证书。

基建项目办证审批任务梳理表 表1

阶段	纯线路工程	新建变电站工程
阶段一	预沟通工作	
阶段二	编制可研年度计划;落实站址红线;落实意向路径方案;收资;编制可研报告;提交书面材料;取得选址协议和路径协议;申请赋码立项;编制水土保持方案;编制环境影响评估报告;编制社会稳定风险评估报告;审查建设工程设计方案;办理建设工程规划许可证	
	—	办理选址意见书;编制核准报告;报送属地发展改革局;申报用地指标;办理建设用地规划许可证;取得国有土地划拨决定书;缴纳土地款;编制房屋建筑面积预测绘报告;办理门牌证;办理土地证;审查消防设计;办理施工许可证;办理林木砍伐证
阶段三	—	办理线路塔基征地;办理施工临时便道征用;补偿青苗
阶段四	—	开展规划验收;开展三方验收;编制各类报告;申报竣工验收备案;核实竣工规划;申请竣工验收消防备案;办理不动产权证

该项目未进行任务化时存在许多问题,如:部门繁杂,针对性弱,流程执行责任、标准、表单不清晰,结构化内容无法达到操作级,流程主体未充分显现等。其中,涉及规范性的问题有:流程体系欠完整、流程执行欠依据、逻辑关系欠清晰、任务要素欠完整、任务命名欠规范、字母流程待优化、流程节点待编制、任务关系待拆解、对接各方待验证、责任时限待明确、任务成果待明晰;在实施中存在的问题有:审批分散、事项繁杂、路径多、耗时多,重复提交、重复填写、材料多、表单多,部门间协调性差、沟通难、共享难,项目全过程管理信息化低、管理难、跟踪难,管理制度不系统不健全、监督难、监控难。通过流程任务化管理,可从宏观角度将流程管理四环境(文化、制度、IT、组织)与流程管理四功用(协同、目标、执行力、标准化),赋能于具体流程之中(目标导向、计划基础、考核依据、精准工具、拆职能墙、培新捷径、协同节点、化单为群、效率保障、风险关键),即从人、时间、资金的计划进行知识管理、同步分解、过程管控、密切协同、评估纠偏、持续绩效。

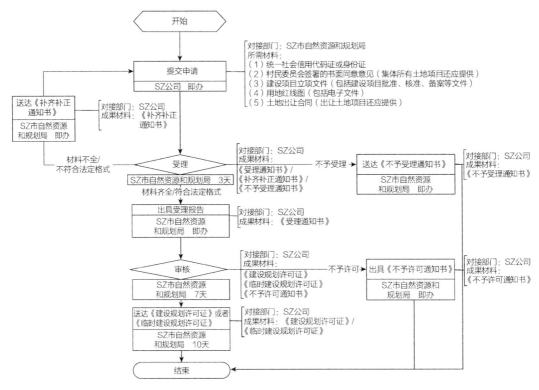

图2 办理建设用地规划许可证流程

缺乏流程化会面临许多问题,如果没有良好的流程体系,则会面临更多风险,如执行效率降低、工作进程停滞、知识积累匮乏、新人培养效微、协同风险增加、项目预算超标、管理氛围低沉等,而以任务九要素为依据的流程体系,可有效解决上述问题,下面将对总逻辑图中的一个任务的流程化进行具体说明(图2)。

从任务角度分析,将全部要素归集在一起,本质上为解决由于部门分割导致的信息不共享、无法协同的管理难题提供了依据和方法。该流程的顺利实施,任务要素分析必不可少。流程规范化和标准化设

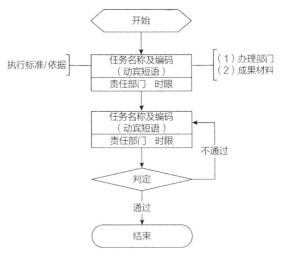

图3 BLF六要素流程图表达方法

计中,所涉及的内容之多、工作之繁琐,很容易导致漏项、缺项等问题的发生,给实际流程运作造成很大的阻扰,因此本项目运用流程牵引理论中的"任务九要素"分析法,对各项审批流程展开要素分析,并形成适用于本项目的"任务六要素体系",如图3所示,进而完善针对每一要素的流程设计。

1. 编码

依照《建筑业企业资质标准》中施工总承包企业资质等级标准分类,电力工程位于第六位,因此将编码首两位设为"06"。图4为团队构建的电力工程项目全生命周期工作内容流程体系。本项目聚焦在前期管理的审批、项目规划上。编码第三、四位分别对应流程体系中的职能阶段的编号。最后三位编码依照"基建项目办证审批工作流程图"的梳理顺序编号。其中,不同依据及表单编码也是不同的,例如B001代表依据编码,F001代表表单编码。该流程有25个子任务,其编码如下:

001 编制可研报告

002 申请赋码立项

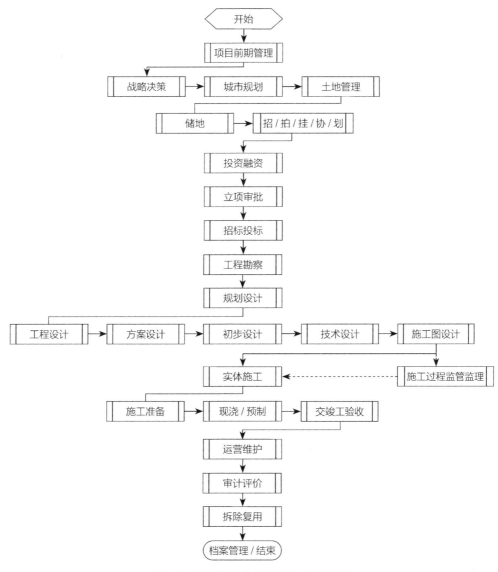

图4 电力工程项目全生命周期工作内容流程体系

003 办理选址意见书

004 编制水土保持方案

005 编制环境影响评估报告

006 编制社会稳定风险评估报告

007 申报用地指标

008 办理建设用地规划许可证

009 取得国有土地划拨决定书

010 办理门牌证

011 办理土地证

012 审查建设工程设计方案

013 办理建设工程规划许可证

014 审查消防设计

015 办理施工许可证

016 办理林木砍伐证

017 办理线路塔基征地

018 办理施工临时便道征用

019 补偿青苗

020 开展规划验收

021 开展三方验收

022 申报竣工验收备案

023 核实竣工规划

024 申请竣工验收消防备案

025 办理不动产权证

2. 任务名称

任务名称是任务的固有属性,在办理建设用地规划许可证的流程中,不同阶段存在不同的任务,如提交申请、受理许可、出具受理报告等。每一个任务都是在前一阶段的基础上进行深化、加工,具有很强的继承性。其任务如表2所示。

建设用地规划许可证办理阶段的任务表 表2

任务名称	部门	所需材料
提交申请	负责部门:SZ公司 对接部门:SZ市自然资源和规划局	(1)统一社会信用代码证或身份证 (2)村民委员会签署的书面同意意见(集体所有土地项目情况下提供) (3)建设项目立项文件(包括建设项目批准、核准、备案等文件) (4)用地红线图(包括电子文件) (5)土地出让合同(出让土地项目情况下提供)

续表

任务名称	部门	所需材料
受理	负责部门：SZ市自然资源和规划局 对接部门：SZ公司	
出具受理报告	负责部门：SZ市自然资源和规划局 对接部门：SZ公司	《受理通知书》
送达《不予受理通知书》	负责部门：SZ市自然资源和规划局 对接部门：SZ公司	《不予受理通知书》
送达《补齐补正通知书》	负责部门：SZ市自然资源和规划局 对接部门：SZ公司	《补齐补正通知书》
审核标准	负责部门：SZ市自然资源和规划局 对接部门：SZ公司	—
出具《不予许可通知书》	负责部门：SZ市自然资源和规划局 对接部门：SZ公司	《不予许可通知书》
送达《建设规划许可证》或《临时建设规划许可证》	负责部门：SZ市自然资源和规划局 对接部门：SZ公司	《建设规划许可证》/《临时建设规划许可证》

3. 任务职责

职责是任务执行者的职责。办理建设用地规划许可证以SZ公司为执行单位，对接SZ市自然资源和规划局，过程中涉及不同单位与参与方。对于执行单位而言，完成许可证的审批是第一要务，办理过程中需要把控和推进的各个任务节点是基于总目标之上进一步细化的职责内容体现，在此流程中表现为准备办证所需的一系列材料，提交办证申请，推进各个受理、审核节点等，同时依据办证要求进行持续改进。依据流程本身以及对政府和公司职能岗位的分析，办理建设用地规划许可证中的任务职责主要体现在表3中的几个方面。

建设用地规划许可证任务职责表 表3

任务名称	部门	职责
提交申请	负责部门：SZ公司 对接部门：SZ市自然资源和规划局	提交办理申请，SZ市自然资源和规划局对接，提交对应的材料
受理	负责部门：SZ市自然资源和规划局 对接部门：SZ公司	受理SZ公司提交的申请，按照提交的材料进行审核
出具受理报告	负责部门：SZ市自然资源和规划局 对接部门：SZ公司	将《受理通知书》送至SZ公司
送达《不予受理通知书》	负责部门：SZ市自然资源和规划局 对接部门：SZ公司	将《不予受理通知书》送至SZ公司，阐述原因
送达《补齐正确通知书》	负责部门：SZ市自然资源和规划局 对接部门：SZ公司	将《补齐补正通知书》送至SZ公司，公司按照法规要求补齐材料
审核标准	负责部门：SZ市自然资源和规划局 对接部门：SZ公司	对材料进行审核
出具《不予许可通知书》	负责部门：SZ市自然资源和规划局 对接部门：SZ公司	将《不予许可通知书》送至SZ公司
送达《建设规划许可证》或《临时建设规划许可证》	负责部门：SZ市自然资源和规划局 对接部门：SZ公司	将《建设规划许可证》或《临时建设规划许可证》送至SZ公司

4. 成果

成果即最后得到的建设用地规划许可文件。办理建设用地规划许可证文件需要提交的材料有：统一社会信用代码证或身份证、村民委员会签署的书面同意意见（集体所有土地项目还应提供）、建设项目立项文件（包括建设项目批准、核准、备案等文件）、用地红线图（包括电子文件）、土地出让合同（出让土地项目还应提供）。提交相关材料经过审核后得到建设用地规划许可文件。

5. 依据

《中华人民共和国城乡规划法》第三十七条、第四十四条以及《浙江省城乡规划条例》第三十二条、第三十五条。

6. 时限

任务时限性是效率的标准，既是办结设定要求也是考核衡量指标。任务的时限性可以促使人们采取行动，并确保任务按时完成。明确设定截止日期，并制定一个时间表或计划来管理和监督任务的进展。合理地分配时间和优先级，可以更好地应对时限性任务。由流程图可知，办理建设用地规划许可证总时长为10天，其中SZ市自然资源和规划局受理申请时限为3天，审核时限为7天。

根据前文的分析，基于流程牵引理论，对建设用地规划许可证的办理流程任务进行分析。明确目标是首要步骤，即建设用地规划许可证的成功办理。在明确了目标之后，需要提出一条合适的审批路线，以确保办理流程的顺利进行。在明确目标的过程中，需要考虑建设用地规划许可证的具体要求和条件。例如，了解需要提交的申请材料、审批机构、审批程序等方面的信息，以确保申请符合规定并能够顺利进行。明确目标的同时，还应考虑时间、成本和资源等方面的因素，以制定出一个合理的办理计划。在提出审批路线时，需要综合考虑各种因素，包括审批机构的职责和权限、相关部门的配合程度、审批流程的复杂程度等。可以通过与相关部门的沟通和协商，了解整个审批流程的具体步骤和所需时间，并将其纳入审批路线中。此外，还可以借鉴过去成功的案例，以及参考其他类似项目的经验和教训，来优化审批路线。在制定审批路线的过程中，还需要考虑可能出现的风险和挑战，并制定相应的对策和预案。例如，如果在审批过程中遇到了难以解决的问题，可以寻求专业人士的帮助或寻找其他途径来解决。此外，及时的跟进和反馈也是确保审批流程顺利进行的重要环节。总而言之，明确目标和提出审批路线是建设用地规划许可证办理流程中的重要环节。通过合理制定目标和审批路线，能够更好地引导整个办理流程，提高办理的效率和成功率。

本项目重点围绕SZ公司电力项目前期的立项审批阶段展开研究，运用流程牵引理论，通过实地勘探、调查、访谈等方式，分析电力工程前期全过程研究的现状，主要包括流程碎片化程度、图形不标准情况、责任明确范围、执行依据的可靠度、表单清晰程度、时限确定性等问题，并对项目各项办证审批工作进行分析、梳理，获得电力工程前期全过程研究现状报告，实现基建项目前期各项审批工作的落实，建立针对SZ公司电力工程前期全过程研究项目的流程管理体系。

案例2：建筑施工成本管理

本案例介绍应用任务成熟度思想分析、改进建筑施工项目成本管理。

成本管理是指企业生产经营过程中各项成本核算、成本分析、成本决策和成本控制等一系列科学管理行为的总称，其主要内容如图5所示。组织运营的动力在于利润的不断产出，而合理合法节约成本是提高利润的重要途径。成本管理是一个复杂、难度大、一贯连续、系统性强的工作。成本管理工作应当包括时间、安全、质量、合同、技术与经济等多方面的集成管理。

施工企业管理以项目管理为基石，项目管理以成本管理为基石，建筑工程企业项目管理以成本管控过程为主线。"两基石一主线"表明成本管控处于建筑企业的核心地位[1]。施工企业最基本的单位是项目，项目效益是企业效益的最根本源泉之一。倘若项目没有效益，那么输送给企业的效益将中断，甚至出现企业处于一直付出的状态，那么企业就会不断亏损，导致企业这个"器官"一直处于负荷状态，长此以往下去这个"器官"将不停地被损耗，最终失去它本身的功能价值，失去了功能价值，企业是无法运转下去的，最后公司面临的可能是宣布破产。这从中也佐证了彼得·德鲁克（PeterF.Drucker）所强调的企业是实现经济成长的器官，企业应该将经济效益放在第一位的重要性。因此，如何更好地管理建筑工程项目的成本是建设企业需要着重思考的问题。

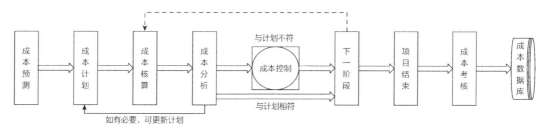

图5 项目成本管理的主要内容

目标成本法是现阶段一项较为先进的成本管理方法。该方法源于目标管理，20世纪50年代由现代管理学之父彼得·德鲁克（PeterF.Drucker）在《管理实践》中最先提出，认为不是有了工作才有目标指南，而是有了目标指南才能确切每个人的工作[2]。目标成本作为一种预计成本，是事先预料好产品的利润和价格，再将产品价格减去产品利润所得出来的成本，即目标利润=价格-成本。这是规划相关利润和成本的一个综合复杂过程，因此设定目标成本时应充分结合企业自身情况，以市场为导向，结合企业自身的生产资料、市场条件等要求，进而生产出满足客户需求的目标产品。作为各国各类企业所广泛使用的一种成本管理方法，其具有如下几个特征：①前瞻性。目标成本是一种对未来生产产品的管理方式，以企业预计

---

[1] 吴丹丹."成本方圆图"在实践应用中的难点［J］.施工企业管理，2017（3）：89-91.
[2] 彼得·德鲁克.管理实践［M］.毛忠明，等译.上海：上海译文出版社，1999：367-382.

生产产品所需支出的费用,作为产品在生产过程中的控制依据。在产品生产之前,就应当结合企业的综合能力进行预测,设定出符合企业的成本目标,进而依据成本目标进行成本规划设计,选择最佳方案,对于存在较大风险的项目预先做好防范措施,确保杜绝浪费,以实现用最低的成本达成客户使用功能,实现价值最大化。②综合性。目标成本管理是一套复杂的综合系统,过程中涉及因素众多,因素之间互相关联,致使想要顺利达到期望的目标值需综合应用成本管理方法、理论与工具,通过集成这些管理技术与方法的优势为目标成本管理的过程控制增效。③全面性。企业采用目标成本管理可以结合自身的组织结构进行责任划分,将目标成本落实到具体的工作部门以及员工当中,使之具有明确的目标与责任。对于本书而言,目标成本法的贴合之处在于以L模式为核心的任务管理,最重要的也是目标达成,因此将目标成本法与L模式结合可以很好地将四流程、九要素、沟通中心以及支撑、管理平台中所需要的成本进行管理与计算,达到精准之义。

对于建筑工程项目的成本管理,本书认为应当分两步走。

第一步,应当厘清多个过程中的各个环节的管理脉络,即成本管理的管理任务,如图6所示。其揭示了工程施工项目成本管理的全部内容及逻辑关系,即由启动过程、计划过程、实施过程、控制过程、收尾过程五大过程组成。其中,启动过程主要工作任务有项目成本预测、成本的实施策划、确定成本管理范围以及确定成本目标。计划过程主要对启动过程中的成本目标进行分解,落实责任成本和制定成本管理措施。实施过程主要从材料消耗、机械、合同等多方面落实成本降低措施,并在月底编制当月核算分析表,盘点实际消耗、费用、实物工作量等。控制过程遵循PDCI[计划(Plan)、执行(Do)、检查(Check)、改进(Improve)]循环并贯穿于计划和实施过程。对实施过程中的月度报表进行分析,检查实施情况和成本盈亏原因,排查成本管理的薄弱环节,制定成本管理改进措施并为下一项目打好基础。收尾过程是通过成本审计最终确定项目的奖罚兑现,包含对工程项目的结算、项目总成本的核算与考核,最后对项目成本管理进行总结、入库,以形成本企业所特有的成本管理库,为后期的项目提供有利的数据[①]。

第二步,结合实际工程项目,将实际工程项目中的流程分解为任务,并细化于任务九要素进行统筹管理。本书采用奉新县文体艺术中心项目作为案例进行成本管理。工程位于江西省奉新县城东新区滨河东路958号,占地面积21385.79m^2,总建筑面积47973.12m^2,其中地上建筑面积36229.78m^2;其为集影(剧)院、工人文化宫、行政服务中心、文化馆、税务办事中心、展览馆、体育馆、单建式地下人防工程于一体的"城市大型文体综合功能体集群建筑",具有功能集约、结构复杂、成本管控庞杂、施工组织难度较大等特点。由于项目较为复杂,任务及要素较多,仅对部分要素进行详细阐述。

1. 任务编码

对任务进行编码是为了便于管理,利用计算机对其进行快速的读取与识别,提高工作效率。编码由12组阿拉伯数字组成,其数字表示含义如图7所示。

---

① 傅静芸. 基于流程牵引理论的建设项目全过程实施流程体系构建研究[D]. 绍兴:绍兴文理学院,2020.

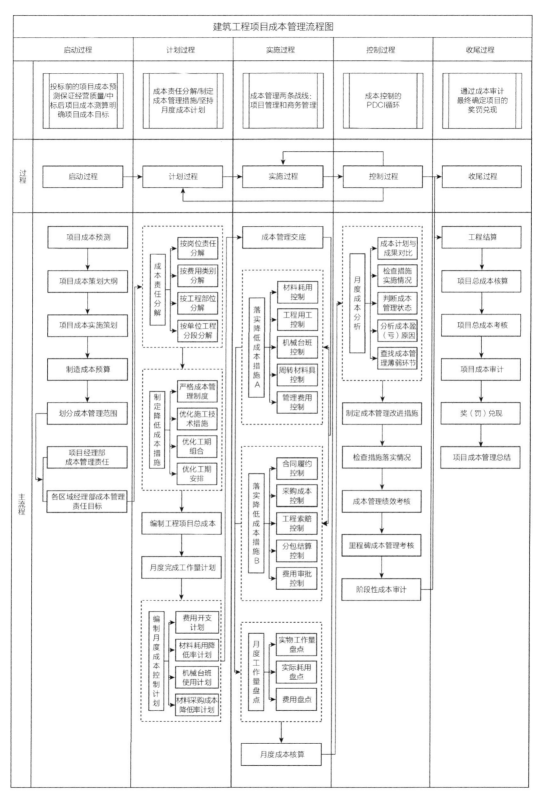

图 6 建筑工程项目成本管理流程

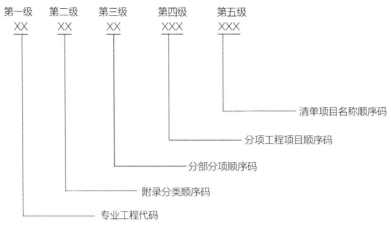

图7 项目编码含义

注：第一级表示代码01——房屋建筑与装饰工程；02——仿古建筑工程；03——通用安装工程；04——市政工程；05——园林绿化工程；06——矿山工程；07——构建物工程；08——构建物工程；09——爆破工程[①]。以房屋建筑与装饰工程为例，其具体含义如表4所示。

项目编码　　　　　　　　　　　　　　　　　　　表4

专业工程代码	附录分类	分部分项	分项工程项目顺序码
01房屋建筑与装饰工程	0101土石方工程	010101土方工程	001平整场地
			002挖土方
			003挖基础土方
01 房屋建筑与装饰工程	0101 土石方工程	010101 土方工程	004 挖冻土方
			005 管沟土方
		010102 石方工程	001 预裂爆破
			002 石方开挖
			003 管沟开挖
		010103 土石方工程	001 土石方回填
	0102 桩与地基基础工程	010201 混凝土桩	001 预制钢筋混凝土桩
			002 接桩
			003 混凝土灌注桩
		010202 其他桩	001 灰土挤密桩
			002 旋喷桩

---

① 张娜. 精细化管理在HD房地产公司工程成本控制中的应用研究［D］. 北京：清华大学，2017.

2. 任务名称

对其各个任务进行命名，方便在执行过程中进行沟通管理，如土方工程、钢筋混凝土工程等。

3. 任务依据

在做任何事时，应当以国家法律法规、各地方技术标准、设计文件等为依据，在确定成本时也不例外，任务成本的确定依据文件如表5所示。

目标成本依据规范/标准　　　　　　　表5

编号	依据
1	《建设工程项目管理规范》GB/T 50326—2017
2	《全国统一建筑工程基础定额》GJD—101—95
3	《建设项目全过程造价咨询规程》CECA/GC4—2009
4	《建设工程工程量清单计价规范》GB 50500—2013
5	《各省建筑工程消耗量定额及统一基价表》
6	《中华人民共和国建筑法》
7	《中华人民共和国招标投标法》
8	《中华人民共和国民法典》（合同编）
9	《基本建设财务规则》
10	《基本建设项目建设成本管理规定》

4. 任务资源

完成任何任务都离不开资源，资源的消耗水平已经成为企业在竞争市场中的核心竞争力，对资源的管理慢慢地成为企业管理中的重要内容。其中，资源包含各个方面，如人力资源、知识资源、物质资源等。

其中最主要也是最频繁的当属物资管理，在对物资进行采购之前应先对材料进行分类，使相关人员在购买各类物资时具有较强的针对性，本书采用卡拉杰克分类法将工程项目物资分为战略物资、杠杆物资、瓶颈物资、常规物资四类，站在供货商与购买者的双重角度，同时结合市场环境与企业自身条件选择最佳采购方式，尽可能地降低采购成本，达成成本最低。并通过物资的采购、入库、库存清点以及物资领取四项主要任务对成本进行管理。

为方便将物资进行分类，将战略物资记成其英文首字母SI，杠杆物资记成LI、瓶颈物资记成BI、常规物资记成NI，将工程物资进行分类如表6所示。

物资分类　　　　　　　　表6

序号	工程物资名称	供应风险程度	物资主要程度	物资归属
01	水泥	低	高	LI

续表

序号	工程物资名称	供应风险程度	物资主要程度	物资归属
02	砂子	低	高	LI
03	石子	低	高	LI
04	钢筋	低	高	LI
05	瓦	低	高	LI
06	砖	低	高	LI
07	木材	低	高	LI
08	石灰	低	高	LI
09	钢化玻璃	低	高	LI
10	防火门	低	高	LI
11	双层无机布特级防火卷帘门	低	低	NI
12	抗静电地板	高	低	BI
13	花岗岩板踢脚线	低	低	NI
14	花岗岩面板	高	低	BI
15	纤维增强水泥穿孔吸声板	高	低	BI
16	玻璃纤维网格布	高	低	BI
17	瓦垄铁皮	低	低	NI
18	酚醛调和漆	低	低	NI
19	酚醛防锈漆	低	低	NI
20	VRF室外机	高	高	SI
21	物化全程水处理器	高	低	BI
……	……	……	……	……

对材料入库进行合理规划，其流程与任务如图8所示，进而对成本等方面进行计算与管理，从而降低消耗与成本。

5. 任务组织

在执行任务之前，应该依据任务的难易程度进行组织分工，这里的分工指的是依据每个任务进行职能的划分，职能划分的好与坏直接关系着目标能否实现。在目标成本的驱动下，依据目标成本组建项目组织架构。图9是奉新文体艺中心依据目标成本结合现场实际情况，组建的以项目经理为首的施工现场项目部组织结构。

从图8中可以看出该组织结构主要由预算部门、技术部门、材料部门等八大部门和项目经理、项目总工程师等六大管理人员组成，其具体分工如表7所示。

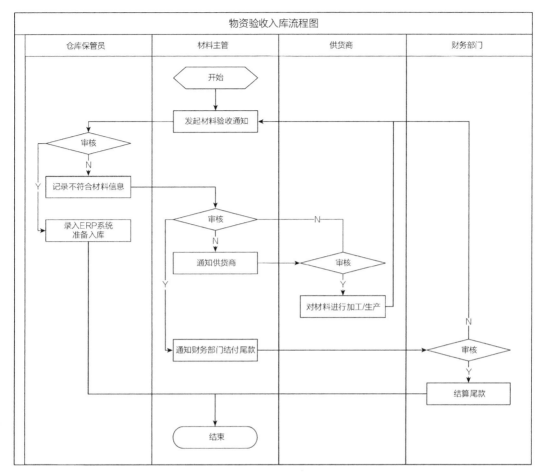

图 8　物资入库流程

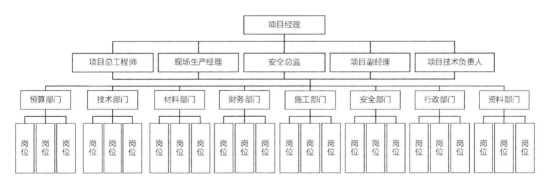

图 9　项目部组织结构

各部门任务分工内容　　　　　　　　　　　　　　　表7

部门	职责
项目经理办公室	（1）负责项目质量、安全、工期等指标的设定，协调各职能管理，建立健全体系，确保各职能管理在成本范围内 （2）对项目全过程进行组织和管理，按预期交付项目的成果 （3）负责项目合同的经济技术履约要求指标，组织协调现场 （4）根据目标成本进行责任划分，确保对合同执行情况
预算部门	（1）掌握施工合同，深入了解施工现场进展情况，为支付工程款做准备 （2）对实际工程与预算工程量进行对比分析，审核进度款 （3）收集变更资料，对变更工程量进行审核，防止出现不合理工程变更 （4）协助项目经理办公室，做好成本前期规划与后期成本控制、成本决算
技术部门	（1）严格督促工程按照工程技术规范，确保工程质量，减少工程返工返修，降低质量成本 （2）根据现场施工环境提出有效的技术组合措施，防止出现工程质量问题 （3）负责施工工艺管理，确定项目关键工序并组织编制技术措施，降低成本支出
材料部门	（1）依据施工进展及时组织材料、构件的购买，确保项目正常进行，监督材料加工过程，避免不规范操作而造成的间歇 （2）对进场材料进行量、质的严格检查，结合现场施工情况，合理安排材料堆放与存储 （3）在施工过程中严格遵循限额领料制度，控制材料消耗，杜绝材料浪费现象
财务部门	（1）联合材料、预算等部门建立工程价款台账及其他往来账目，协调处理好与业主对接账单 （2）结合现场按月编制资金计划，审核项目各项收支，监督项目部 （3）协助项目经理检查、考核各部门、各单位以及各施工班组责任成本的执行情况，落实责权利结合
行政部门	（1）根据项目经理意见结合现场施工生产要求，合理安排项目管理人员与后勤保障人员 （2）联合财务部门制定标准执行费用与财务制度，控制非生产性费用支出 （3）合理管控好行政办公物资财产，防止损失与丢失，负责办公室环境以及办公用品申购等
施工部门	（1）落实施工组织设计各项计划方案，负责并监督施工全过程质量安全交底和执行情况及技术经济变更的有效签证资料 （2）及时签发施工任务书和限额领料卡，确保工程如约进行 （3）准确记录施工日志，及时办理现场技术经济资料的签证 （4）确保安全生产、文明施工，有效实施方案保持施工场地安全、整洁
安全部门	（1）协助项目经理办公室编写项目安全文明施工组织方案和操作措施，协助完善施工班组安全生产责任制，做好施工全过程的安全教育 （2）定期检查施工过程安全设施、安全防护和安全用具保证齐全、合格、可靠，并认真填写安全记录和整改通知单 （3）收集、整理安全资料，汇总上报安全报表
资料部门	（1）负责工程一切资料的收集、整理工作 （2）负责隐蔽验收，检验批签字整理工作 （3）负责各项目验收前的报验工作

6. 任务职责

在对职能进行分解的基础上，需对各个职能岗位进行责任范围的划分，使得员工清晰地了解到自身的职责是什么。在项目分解和组织分解的基础上，将各个分部分项成本按照各部门或各员工进行精准划分，使之形成责任矩阵式，精准到各个部门或员工，同时也使得每个部门或每个员工都树立成本管控人人有责的意识，而不再是单单财务部门或项目经理的职责所在。图10是将体育馆分部分项分配给各部门或各员工后形成的职责分工矩阵图，使得各分部分项工程精准到相应的部门负责人，达到"人人参与"的成本管控效果，使得员工在执行过程中充分挖掘自身岗位所能带来的效益，将成本控制在目标范围内。

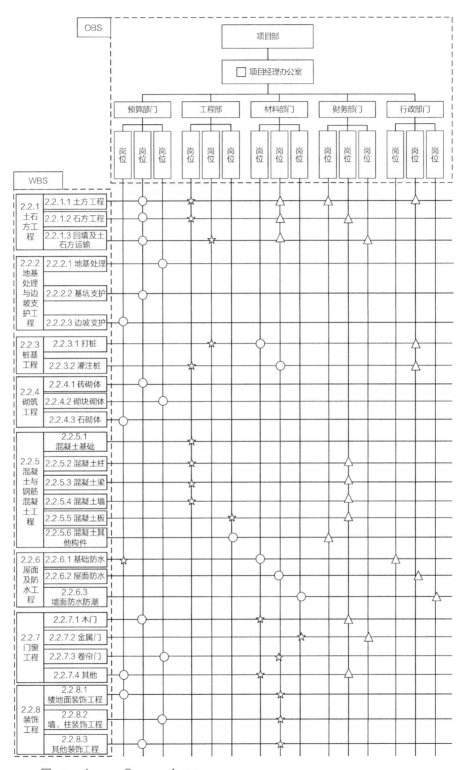

图 10 职责分工矩阵图

一个任务的完成往往需要多方努力，对于各方的利益需求不同、所接受的教育不同，以及各方理解不同，任务相关方的关系在项目管理中往往是最难处理的一部分。任务信息是指完成一项任务需要的各种信息，可归纳为知识类信息、过程信息、成果信息。另外，一个完成的目标往往是由多个任务成果组成的，如果对于目标而言没有成果，则在执行中就没有一个好的参考或依据，在执行过程中也就无从得知是否完成任务。基于项目的复杂性与作者精力，此处不对这几项要素进行详细阐述。

建筑工程作为国民经济的支柱产业逐渐市场化，建筑企业之间的角逐愈加激烈。建筑工程成本管理水平直接关系到企业的创效能力，间接影响到企业的核心竞争力，其他组织亦是如此。将组织目标分解为流程再细化于任务和任务九要素，可以精准、全面地对涉及成本的相关内容进行罗列与计算，既可以在各个任务上选择成本的最佳，也可以通过整个流程对全项目的成本进行管控。

案例 3：保障施工组织设计质量

编制《施工组织设计》是一件相当繁重的任务。本案例介绍应用任务成熟度评价方法，保障施工组织设计质量的具体做法。

施工组织设计作为工程活动的重要指导文件与规范化操作手册，长期以来是工程项目施工活动中的重要指南。其是用以指导施工组织与管理、施工准备与实施、施工控制与协调、资源的配置与使用等全面性的技术、经济文件，是对施工活动的全过程进行科学管理的重要手段。我国将施工组织设计定义为：以施工项目为对象编制的，用以指导施工的技术、经济和管理的综合性文件[①]。并在《中华人民共和国建筑法》《建设工程安全生产管理条例》等建筑业相关法律法规中，都提到了对施工组织设计的具体要求。2009年发布的《建筑施工组织设计规范》GB/T 50502—2009用以规范我国施工组织设计的编制内容。

然而，我国施工组设计在实际应用过程中却不尽如人意。如：2019年4月25日，河北省衡水市翡翠华庭项目施工过程中，由于专项施工方案审批流于形式、把关不严、方案交底和安全技术交底缺失，施工过程中施工升降机轿厢坠落，造成11人死亡、2人受伤，直接经济损失约1800万元。2021年4月1日，浙江省宁波市冠捷精密机械制造有限公司管道改造过程中，由于施工组织设计布置不合理，施工现场易燃性材料的堆放位置较为随意，电焊作业时引发火灾，造成1人受伤，经医治无效，直接经济损失为人民币79.3万元。类似由于施工组织设计不合理或未能严格按照施工组织设计实施导致的工程事故屡见不鲜。

---

① 中华人民共和国住房和城乡建设部. 建筑施工组织设计规范：GB/T 50502—2009 [S]. 北京：中国建筑工业出版社，2009.

通过查阅文献和与专家访谈，当前的施工组织设计管理主要有以下几点问题：①缺乏充分的前期筹备，没有对实际的工作情况进行深入了解；②参与施工组织设计的工作人员缺乏一定的专业技能和专业知识；③对施工组织设计重视不够，走过场、两层皮现象比较突出；④重技术，轻管理；⑤追求形式和厚度，没有深度和程度，内容通用化，千篇一律，缺乏针对性和指导性；⑥施工组织设计的实施力度不够，编制与实施分离；⑦施工组织设计分析、优化工作不到位；⑧缺乏评价标准，技术标评标时依靠专家的经验判断。总结以上几大问题，可以发现施工组织设计评价标准的缺失是其中重要原因之一。施工组织设计缺乏一套评价标准，导致编制出的施工组织设计不规范、不合理，使其不能发挥应有的指导性功能，施工各方也越来越轻视施工组织设计的编制与实施，从而形成恶性循环。科学评价的实质是人们把握被评价对象对科技、社会、经济、环境等方面产生的意义与价值的观念性活动，具有判断、预测、认定、选择、激励、导向、促进、监督等功能，是社会发展自我调节的一种重要方式，也是社会监督和管理的一种重要形式。科学的评价理论能够促进社会的协调发展，反之则会阻碍社会的良性发展。因此，施工组织设计评价标准的缺失会阻碍施工组织设计的实施运用，会降低施工组织设计的可信度与指导性，建立一套合理有效的评价体系对施工组织设计进行精到评价，保证施工组织设计的质量，规范和整治当前的建筑行业乱象，这一行动迫在眉睫。

通过上述分析，梳理出施工组织设计的体系框架，可以知道施工组织设计中各部分内容的相互影响关系，据此梳理编制施工组织设计的一级流程，如图11所示。首先通过对相关文件和现场的调查收集其基础资料作为编制的基础，然后编制施工部署确定各项目标，根据施工目标及企业的实际情况，选择场布管理方式和主要施工方法以及对应的进度、资源计划，通过相应的施工管理措施来控制施工过程的正常运行，计算施工组织设计的各项技术经济指标，对施工组织设计的科学性与合理性进行论证，及时调整不合理的内容。

综上分析可知，施工组织设计可归结为一系列任务的排列组合。因此，对其评价归根结底就是对其操作过程中任务的分析评价。基于这一基本原理，引入本书构建的TMFS（任务成熟度要素体系）与EMoTM（任务成熟度评价方法）对其进行科学细致的评价，可为实现施工组织设计规范化、标准化提供高效的落实路径。

基于任务成熟度评价的操作原则，本书落实到具体案例中，选取KY大酒店项目作为施工组织设计任务成熟度评价的具体操作案例，其位于SZ市。该项目为框架剪力墙结构，总建筑面积约13.7435万m^2，其中地上建筑面积约11.1835万m^2，地下建筑面积约2.56万m^2。建筑类型主要有酒店、办公、商业街等。主楼6~12层，14~24层为办公层；13、25、38层为避难层；26~37层为标准层；39~44层为酒店；45层为屋顶平面。主楼屋面高度189.90m，裙楼部分高度22.15m，建成后将成为SZ市第一高楼。图11是该项目的工程建筑效果图。通过指标分析获取施工组织设计的任务清单，如图12所示。

综上分析，得出基于任务九要素的施工组织设计任务的评价指标准则，如表8所示，一共分为8个任务项以及25个任务指标。

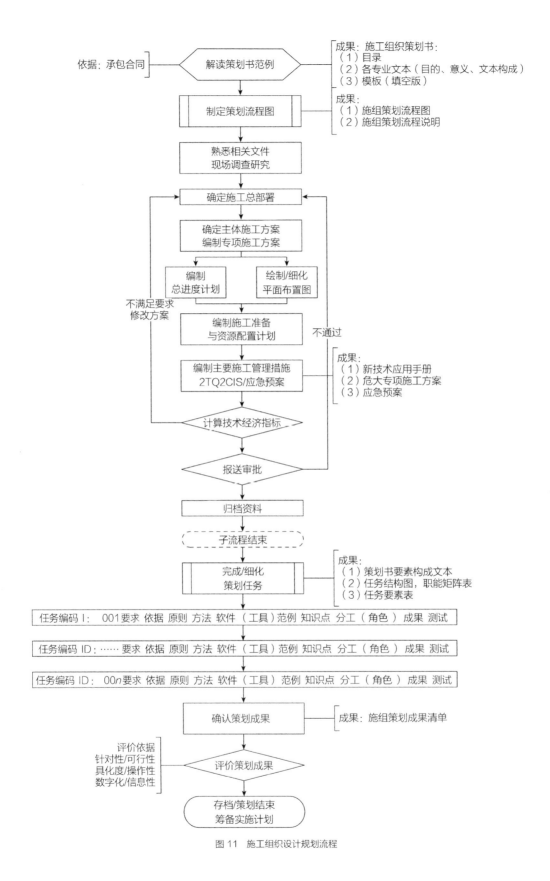

图 11 施工组织设计规划流程

图 12　工程建筑效果图

图 13　施工组织设计任务清单

具体指标评价等级表　　　　表8

指标编号	指标名称	很好	较好	一般	较差	很差
A1	编制依据	编制依据齐全、充分，可以涵盖编制内容的方方面面，有最新的政策、标准	编制依据较全，能够保证施工组织设计编制的科学性	编制依据基本满足规范要求，基本满足施工组织设计编制需要	编制依据有所缺漏，少许参考规范老旧	编制依据缺漏较多，部分规范已过时，可能影响到编制成果的科学性
A2	工程概况	项目资料齐全、充分，施工条件资料科学性高，综合考虑项目周边各种情况	项目资料较全，能够保证施工组织设计编制的科学性，对施工过程中的一些影响因素进行了梳理	项目资料基本满足规范要求，基本满足编制需要	项目资料有所缺漏，项目施工条件不够充分，可能考虑不到施工中会发生的一些问题	项目资料缺漏较多，相关单位等情况不明，施工条件调查情况极不充分
B1	宏观部署	项目目标充分、明确、科学，除规范、合同中要求的基本目标外，还有较大的提高。能够运用流水施工方法，合理安排施工阶段，确保项目连续、高效地完成	项目目标在满足规范、合同的基本要求外，有一定的提高。合理安排施工阶段，能够合理地缩减一些工期或成本	项目目标基本满足规范要求，基本满足施工合同中的要求。对施工进行了合理的划分	合同或规范中要求的项目目标不够明确。施工阶段划分较不合理，可能会影响到施工的有序开展	合同或规范中要求的项目目标有所缺漏或较多目标不明确。没有对施工阶段进行划分
B2	重点部署	对施工过程中的重难点进行了充分、科学的分析与部署。积极响应国家政策，充分讨论各种可使用新技术、新工艺的施工环节并提出了相关部署方案	对施工过程中的一些重难点进行分析部署，保证项目顺利进行。在满足国家或合同相关要求以外，能够主动使用一些新技术来辅助施工，提高施工效率	基本满足规范要求，对项目中一些重难点进行分析并进行部署。新技术方面能够满足国家或合同中的相关要求	项目中的一些重难点没有进行分析。新技术使用方面达不到国家或合同中的相关要求	没有对项目中的重难点进行分析、部署。没有使用国家或合同中要求的一些新技术
B3	组织机构	选用了适合项目特点的组织结构形式，分工明确，组织管理制度全面，组织机构能够高效运行	建立了较符合项目的组织结构，除基础管理制度外还制定了一些常见的管理制度，保障组织机构的运作	构建了基本满足项目要求的组织结构，并制定了一些基础的管理制度，能够满足项目的基本要求	组织结构与项目特点契合度较低，或组织管理制度有缺漏，可能会影响到项目的运作	组织结构建立的不合理或没有建立，或缺乏较多核心的组织管理制度，严重影响项目的正常运作
B4	任务划分	分包范围、分包项目施工单位的资质和能力要求明确，并提出合理、可行的分包管理方式，为分包活动高效进行提供保障	分包范围、分包项目施工单位的资质和能力要求较明确，能够保证分包活动顺利进行	对主要分包项目施工单位的资质和能力做出了基本规定，能够基本满足施工要求	对主要分包项目施工单位的资质和能力做出的规定不充分或不合理	没有对主要分包项目施工单位的资质和能力做出规定
C1	主要施工方法	选取了与施工特点相契合的施工工艺，积极采用新技术，并提出了完善的安全、质量要求与验收标准，确保工程的顺利进行	选取了较为合理的施工工艺，能够满足项目的要求，并在一些方面有一定的提高	选取的施工工艺基本满足项目要求并进行了简要介绍	选取的施工工艺与项目特点契合度不高，可能会造成的工期的延误或成本的提高	选取的施工工艺与项目实际情况和要求不相符，或选取了国家禁止或淘汰的施工工艺，难以满足工程的安全、质量要求

续表

指标编号	指标名称	很好	较好	一般	较差	很差
C2	专项工程施工方法	针对危大工程、使用新技术的工程、季节性施工等工程选取了科学适用的方法,合理安排负责人员,制定安全、质量等各方面的保证措施和应急预案并组织专家进行科学论证	对规范要求的专项工程选取了较为合理的方法,并制定了质量和安全保证措施和应急预案	对规范要求的专项工程选取了相应的施工工艺并制定了相关要求,基本满足施工要求	对规范要求的专项工程选取了相应的施工工艺和要求,但考虑不周,可能会影响施工工期或成本	没有对专项工程制定专项方案,或制定的方案不合理,可能会造成安全、质量事故
C3	新兴技术施工方法	积极响应国家号召,对可采用新技术的环节积极使用,并尝试对现有新技术进行进一步改进或探索性尝试	除国家、规范要求的新技术以外,还尝试使用一些较为成熟的新技术改善施工	新技术的运用基本满足规范、政策的要求	运用了一些新技术,但尚不能满足规范、政策需要	没有按照规范、政策开展新技术的运用
D1	施工机械	使用先进场布方法,科学、合理地布置施工平面布置图中施工机械的位置,能够使材料运输路径最优化,从而缩短工期、降低成本	施工平面布置图中施工机械位置布置较合理,在满足施工需要的基础上能够方便材料的运输	施工平面布置图中施工机械位置基本合理,基本满足施工需要	施工平面布置图中施工机械位置较不合理,可能会需要较多的二次搬运,延迟工期	施工平面布置图中施工机械位置极不合理,不能够满足施工需要,施工过程中还需要临时增加施工机械
D2	临时设施	施工临时设施安排合理,在保证安全、消费和环境卫生的前提下,尽可能地利用了地形条件或已有结构,节约了成本与用地	施工临时设施安排较合理,能够保证生活、办公、生产区域的安全、消费和环境卫生	施工临时设施安排基本满足规范需要,能够满足施工需求	施工临时设施安排较不合理,可能会导致员工的生活、办公或生产环境较差	施工临时设施安排极不合理,具有较大的安全、消防隐患或员工生活、办公环境极差
D3	基础设施	施工基础设施布置合理、安全,除用水、用电设施外,电信、热力等基础设施配备齐全,满足现代工程人员的生活需求	施工基础设施布置较合理,能够保证施工、生活需要及安全要求,除用水、用电设施外,还提供了电信、热力等基础设施	施工基础设施布置基本满足规范和安全需要,能够满足施工需求	施工基础设施安排较不合理,施工中可能需要另接少许管线满足施工需求或生活需要	施工基础设施安排极不合理,不能满足施工、生活需要,或没有配备必需的安全保护用具,具有较大的安全、消防隐患
E1	工程量计算	工程量估算合理,内容详略得当,考虑周全,能够确保进度计划编制的合理性	工程量估算较为合理,能够满足进度计划的编制需要	工程量估算内容基本满足进度计划编制需要	缺少一些附属工程的工程量估算,或主体部位工程量估算有些许偏差	主体部位工程量缺少或明显存在较大偏差
E2	进度计划	进度计划安排合理,单位工程搭接紧凑,合理采用流水施工方法,有效缩短合同中既定的工期,使用了网络计划技术,对进度计划进行了较为清晰的表达	进度计划安排较为合理,部分采用流水施工,使用了网络计划技术,能够确保工程有序、合理地进行,能够保证工期满足施工合同和施工部署需要	进度计划安排基本满足施工合同和施工部署需要	进度安排较不合理,可能会造成工期的延误	进度计划安排混乱,远不能满足施工合同和施工部署中的要求

续表

指标编号	指标名称	很好	较好	一般	较差	很差
F1	劳动力需求计划	运用劳动力曲线图和需要量计划表对各施工阶段进行科学、合理的劳动力管理，且曲线较为平滑，能够有效节约成本	运用劳动力曲线图或需要量计划表进行劳动力计划，计划较为合理，能够保证施工过程的顺利进行	劳动力计划基本满足施工合同和施工部署需要	劳动力计划较不合理，可能会导致窝工或短暂的劳动力不足	没有编制劳动力需求计划或劳动力计划极不合理，可能会导致施工过程的混乱
F2	物资配置计划	物资选择合理，有详细的材料需要量计划表，制定了科学、合理的物资配置、管理计划及相应的用款计划，能够通过合理安排物资进场时间减少库存，有效降低工程成本	物资选择较为合理，有较详细的材料需要量计划表，能够保证施工现场资源的及时供应	物资选择基本合理，物资的进退场、管理计划基本满足工程需要	物资选择或计划较不合理，可能会造成施工过程中物资的供应不及时，导致工期、成本的增加	没有编制物资配置计划、物资选择或配置计划极不合理，极可能导致施工过程的混乱
F3	总体施工准备	依据工程的资源配置计划充分、合理地进行了施工准备，能够保证施工现场的技术、场地、资金需要，确保工程有序、高效地进行	施工准备计划较合理，能够确保工程顺利进行	施工准备计划基本满足工程需要	施工准备计划较不合理，可能会影响施工的顺利开展	没有编制施工准备计划或施工准备计划极不合理，极有可能导致施工技术、场地、资金供应不及时引起停工，引起成本的增加
G1	进度管理计划	有明确、详细的工期目标和完善的进度控制组织机构，且从管理和技术两方面编制了详尽的进度保证措施，运用香蕉曲线、前锋线等管理方法，在保证质量的前提下，合理缩短既定工期	进度管理计划较为详细，能够有效预防一些常见的工期延误问题，并制定了合理的纠偏、赶工措施，控制项目的进度	进度管理计划基本满足规范要求，基本满足工程工期管理需要	进度管理计划不够充分，只从技术或管理角度编制了进度保证措施，或没有考虑到一些常见的工期延误问题，可能会导致工期的拖延	没有编制进度管理计划或计划极不合理，极有可能会导致工期的延误，进一步导致成本的增加
G2	质量管理计划	有明确、详细的质量目标和完善的质量控制组织机构，且运用鱼刺图等管理方法分析质量控制点，从管理技术两方面编制了详尽的质量保证措施，制定了科学的质量检查制度	质量管理计划较为详细，能够有效预防一些常见的工程质量问题，并制定了合理的质量事故处理措施，确保工程的质量	质量管理计划基本满足规范要求，基本满足工程质量管理需要	质量管理计划不够充分，只从技术或管理角度编制了质量保证措施，或没有考虑到一些常见的工程质量问题，可能会导致质量事故	没有编制质量管理计划或计划极不合理，极有可能会导致质量事故，进一步导致返工、返修，引起工期延误或成本增加
G3	安全管理计划	有明确、详细的安全目标和完善的安全管理组织机构，评价识别危险源，从管理和技术两方面编制了详尽的安全保证措施，并制定了科学的安全管控、检查制度和应急预案	安全管理计划较为详细，能够识别一些常见的危险源，并制定了合理的安全事故处理措施，确保工程过程中的安全	安全管理计划基本满足规范要求，基本满足工程安全管理需要	安全管理计划不够充分，只从技术或管理角度编制了安全保证措施，或没有考虑到一些常见的危险源，可能会导致安全事故	没有编制安全管理计划或计划极不合理，极有可能会导致安全事故，进一步导致停工，引起工期延误、成本增加甚至出现员工的伤亡等社会影响恶劣的情况

续表

指标编号	指标名称	很好	较好	一般	较差	很差
G4	环境管理计划	有明确、详细的环境目标和完善的环境管理组织机构,从管理和技术两方面编制了详尽的环境保证措施,并制定了合理的检查与应急预案措施,实现施工过程的"四节一环保",达到高水平绿色施工	环境管理计划较为详细,对施工过程中常见的污染与浪费提出了保证措施与检查制度,能够保证较高水平的绿色施工	环境管理计划基本满足规范要求,基本满足工程环境管理需要	环境管理计划不够充分,只从技术或管理角度编制了环境保证措施,可能会造成环境污染或资源浪费	没有编制环境管理计划或计划极不合理,极有可能会导致环境的污染或资源的浪费,后期需要采取措施对环境的破坏采取补救引起工期延误或成本提高
G5	成本管理计划	有明确、详细的成本目标和完善的成本管控组织机构,在不影响进度、质量等要素前提下将施工总成本控制在合理范围,能够通过科学的成本管理和技术措施合理节约成本	成本管理计划较为详细,能够保证在不影响进度、质量等要素的前提下将施工总成本控制在合理范围	成本管理计划基本满足规范要求,基本满足工程成本管理需要	成本管理计划不够充分,工程后期可能会由于成本的不足导致工期延误、环境污染等问题	没有编制成本管理计划或计划极不合理,极有可能导致在工程后期对工程成本失去控制,引起项目的质量下降甚至停工
G6	其他管理计划	除了基本的管理计划外,能够主动根据项目的特点及复杂程度,结合新兴技术科学、合理制定其他相应的管理计划,从而实现工期成本节约或质量安全提高	能够主动根据项目特点及复杂程度合理,制定一些工程需要的其他管理计划,辅助主要管理计划的实施,常见的计划有:信息管理计划、技术管理计划、合同管理计划等	能够按照合同或主要管理计划所需制定其他管理计划,基本满足工程管理所需	能够按照合同或主要管理计划所需制定其他管理计划,但计划不太合理,可能无法发挥应用的作用	没有编制施工合同要求或项目特点所必须的其他管理计划,极有可能由于其他因素的管理不善导致进度、质量、安全等主要管理目标难以达成
H1	技术指标	施工组织设计技术指标计算科学、全面,通过新技术的使用在满足规范、合同要求基础上有极大提高	施工组织设计技术指标计算较全面,能够确保规范、合同要求	施工组织设计技术指标基本能够保证满足规范、合同需要	施工组织设计技术指标不够充分,可能有少许目标没有达成	没有计算施工组织设计技术指标或计算极不科学
H2	经济指标	施工组织设计经济指标计算科学、全面,通过新技术的使用在满足规范、合同要求基础上能够有效地降低成本	施工组织设计经济指标计算较全面,能够确保规范、合同要求	施工组织设计经济指标基本能够保证满足规范、合同需要	施工组织设计经济指标不够充分,可能有少许目标没有达成	没有计算施工组织设计经济指标或计算极不科学

以KY大酒店项目为案例,对该项目施工组织设计任务成熟度进行综合评价,获取综合权重与得分,在25项任务指标中识别急需改进的任务指标,结合任务成熟度评价与提升的方法,提出对应的改进措施,确保项目的顺利进行。随着时代的进步,建筑行业粗放式、落后的管理方式必将淘汰,施工组织设计在建筑业中的重要地位决定着未来必将受到更多的重视。引入任务成熟度评价方法对施工组织设计进行客观、科学的评定,以指导施工组织设计规范化操作,能够促进施工组织设计水平的提高,从而推动建筑行业更快更好地进步,促进中国建筑业傲立国际竞争丛林。

案例4：工程招标投标实训软件的成熟度分析

本案例介绍应用任务成熟度方法开发设计和分析《工程招标投标》课程实训软件。

分析对象为某大学土木工程专业本科教学开发的《工程招标投标》课程实训软件。该模块的任务成熟度体现在对招标项目各个阶段的系统性管理和科学合理性设计。招标项目涉及招标准备、资格预审、招标投标、开标、评标、定标六个关键阶段。任务成熟度在招标项目中至关重要，因为它直接关系到每个阶段任务的顺利执行。在教师端和学生端，根据各个阶段的流程设计相应的实训任务，这反映了对任务的深刻认知和对任务执行过程的规范化管理。

1. 招标准备阶段

在招标准备阶段，高任务成熟度意味着对项目需求的充分了解、对招标文件的科学设计，以及确保信息传递的准确性。招标准备阶段实施流程如图13所示，具体步骤如下：

（1）成立项目专项小组：线上和线下结合选出项目负责人。教师端发布招标准备任务后，学生点击下一步，在弹出界面里填写"项目专项小组成立会议纪要内容"后上传保存，最后由工程经理确认。

（2）确定招标范围：显示招标法规中的具体条例，并提交"招标范围"。

（3）判定招标条件：招标经理带领项目组成员，审查自行招标的条件是否满足，如不满足，则要进行委托招标。（备注：系统会提醒自行招标和委托招标所需条件，项目负责人最终勾选确定，并提交）

（4）委托招标（自行招标）：项目负责人选择委托招标方式，进行后续工作安排。

（5）签署招标代理合同：选定招标代理公

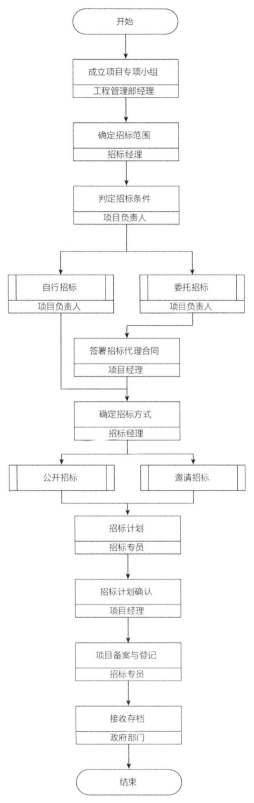

图13 招标准备阶段实施流程

司，交代项目概况和代理工作任务洽谈代理费用，签署招标代理委托书和招标代理协议书。（备注：线上弹出招标代理委托书模板，填写公司名称等内容，下一步弹出招标代理协议书模板，填空；打印盖章线下双方约谈，并签署纸质文件）

（6）确定招标方式：根据招标方式的优劣，项目组商讨确定招标方式。（备注：线上收到任务后，界面显示两种招标方式的优劣点，项目组线下商讨决定后，项目负责人回到线上勾选，最终确定的招标方式）

（7）公开招标（邀请招标）：以公开招标为例，显示公开招标的相关内容。（备注：强制所有人阅读，邀请招标确定按钮灰显，招标经理勾选公开招标进入下一步）

（8）招标计划：招标代理机构编制"招标计划"。[备注：线上弹出招标计划范本，填空，再提交给建设方（甲方）项目经理]

（9）招标计划确认：甲方线上收到招标计划，打开看，有意见驳回，线下沟通，招标专员再提交一次，无异议点确认。

（10）项目备案与登记：招标代理机构招标专员到当地建设行政主管部门办理项目备案与登记手续。（备注：线上填写"工程项目招标备案登记表"填完点击提交自动发送给政府部门，线下盖章打印将纸质登记表交到主管部门窗口，进行备案登记）

（11）接收存档：线上接收，在接到项目备案登记表纸质文件后盖章拍照上传。

2. 资格预审阶段

资格预审阶段需要对投标方的资格进行准确评估，这要求任务成熟度高，能够全面考虑各种因素。资格预审阶段实施流程如图14所示，具体步骤如下：

（1）编制资格预审文件：招标代理招标专员根据资格预审文件范本，在线上任务中填写相关信息并提交。

（2）资格预审文件审核：内部审查，填写资格

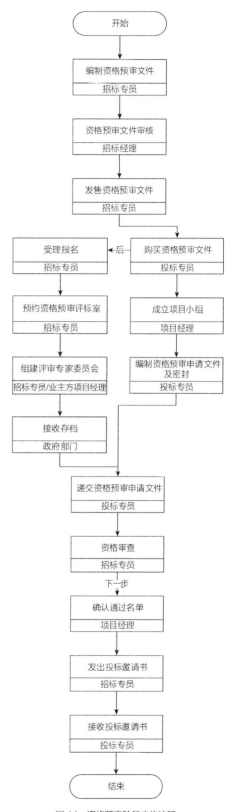

图14 资格预审阶段实施流程

预审文件编制审查表。(备注:线上项目经理收到资格预审文件,下载审查表,线下组织小组成员开会,对照审查表一一审查,并签字拍照上传,点击审查完毕)

(3)发售资格预审文件:将资格预审文件发布到当地政府采购网和中国政府采购网等交易平台,通过在线界面勾选相应网站并点击发布。

(4)购买资格预审文件:投标方投标专员携带"所需资料清单"营业执照复印件、法定代表人授权委托书、拟派项目经理的任命书、身份证、建造师注册证书、安全生产考核B证、投标报名表并加盖公章,去招标投标代理机构现场报名购买,缴纳标书费,并开具标书费发票或收据。线上收到任务后,显示这段文字,点击报名。线下人员去现场购买。

(5)受理报名:收取投标单位的报名资料,统计投标单位基本信息和数量。(备注:报名截止后线上自动获取投标人的报名信息,生成一张已报名的投标单位的表格,线下下载打印名单,用于后面的审查)

(6)成立项目小组:报名成功后,通知公司所有人成功报名,并线下进行选举形成项目小组。

(7)预约资格预审评标室:招标专员在规定时间内向招标投标管理办公室申请预约资格预审评审标室。(系统自动弹出:您已预约成功××年××月××日××开标室,点击确定,线下沟通协调地方)

(8)编制资格预审申请文件及密封:根据范本,填写资格预审申请文件并打印,完成后进行密封。

(9)组建评审专家委员会:在评审前1日,携带所需文件到招标投标管理办公室抽取评审专家。

(10)接收存档:线上接收,在接到纸质文件后盖章拍照上传。

(11)资格预审申请文件的递交:投标专员必须在预审文件规定的递交截止时间前将申请文件送达规定地点,并在"申请文件递交时间和密封及标识检查记录表"上签字确认。逾期送达或未送达指定地点的资格预审申请文件,招标人不予受理。

(12)资格审查:按照资格预审文件的要求,进行符合性检查、强制性资格条件评审、澄清与核实、资格评分等阶段的审查。通常通过资格预审的单位数量不应超过7家,且不应少于3家。

(13)确认通过名单:招标代理机构招标专员收到审查报告后跟建设单位确认符合公司名单。(备注:线上建设方项目经理页面显示通过审查后的几家投标单位,无异议点击确认,给招标专员页面发送消息:显示建设单位已确认,可以发布投标邀请书)

(14)发出投标邀请书:招标专员页面收到消息点开,显示前面通过审查公司名单,点击发送投标邀请按钮。发送给通过审查的投标方投标专员。

(15)接收投标邀请书:投标专员页面收到消息,点开显示贵公司已经通过资格预审,请留意招标公告,点击确认收到按钮。

3. **招标投标阶段**

高任务成熟度的团队能够确保招标方案的科学性,包括招标条件的准确定义、投标文件的清晰规范等。例如在学生端接收到教师发布的招标任务后，任务成熟度高的学生能够按照流程展开工作，确保每一步都得到妥善执行。招标投标阶段实施流程如图15所示，具体步骤如下：

（1）编制招标文件：招标文件的主要内容包括：招标公告（投标邀请书）、投标人须知、评标办法（最低投标价法）、合同条款及格式、工程量清单、图纸技术标准和要求、投标文件格式。

（2）招标文件审核：内部审查，填写招标文件审查表。

（3）招标文件备案：招标文件编制完成后，封面加盖招标代理公司项目负责人职业资格印章，并到当地建设工程招标投标管理办公室进行招标文件备案。（备注：线上，招标专员页面显示招标文件封面，点击签章，点击提交发送给政府部门；线下，招标专员带着纸质招标文件备案）

（4）接收文件存档：政府部门收到消息，点开收到盖章招标文件，盖章拍照上传。

（5）发售招标文件：招标专员通过信息网络发布招标公告及招标文件，例如当地政府采购网、中国政府采购网等。（备注：线上勾选网站，点击发布。所有人界面收到××项目挂网消息，点击可以进入媒体网站界面）

（6）报名及购买招标文件：投标专员在当地政府采购网站看到招标公告后，根据招标公告报名要求带好相关资料到招标代理单位购买标书。（备注：学生在线选择所需资料并填写，提交后显示需到现场购买招标文件，线下投标专员携带资料到现场购买完成报名）

（7）受理报名：收取投标单位的报名资料，统计投标单位基本信息和家数。（备注：报名截止后自动获取报名信息，生成报名单位表格，线下下载打印名单）

（8）项目小组分析招标文件：招标文件分析重点放在投标须知、合同条件、设计图纸、工程

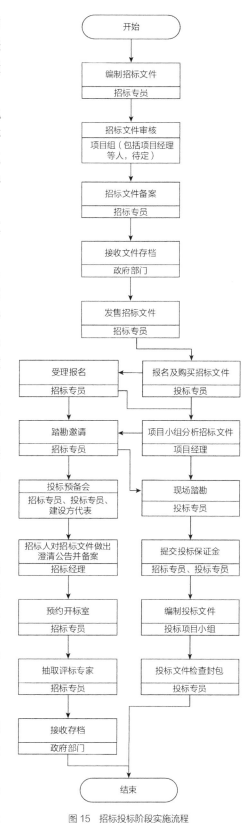

图15 招标投标阶段实施流程

范围及工程量表上。并且决定是否参与投标。(备注：线上投标方项目经理界面勾选招标文件分析的重点内容，在文本框中填写问题，保存。线下，投标方项目小组组织会议，分析招标文件，记录问题写表)

（9）踏勘邀请：招标代理公司根据项目的具体的情况组织现场踏勘，向其介绍工程场地和相关环境的情况。(备注：线上，招标专员界面显示已报名公司基本信息表单，向报名成功公司对应的投标专员发出《现场踏勘邀请函》。招标专员收集踏勘承诺书)

（10）投标预备会：投标预备会是投标人在规定时间和地点参加会议，提出招标文件和现场踏勘的问题。(备注：这些问题以书面形式送达招标代理机构，并在会议中得到澄清和书面意见。招标人接受投标人的问题并以书面答疑或在预备会中答疑。投标人收到投标预备会通知后，确认参加并记录问题，签章后提交。甲方项目经理也确认参加。线下投标专员需将纸质澄清函提交给招标人，并在规定时间参加预备会)

（11）现场踏勘：投标方页面收到消息，打开勾选踏勘的"主要内容"，点击踏勘，线下投标专员参与现场踏勘，再回到页面显示"现场踏勘承诺书"，将前面保存的招标文件分析记录和现场踏勘问题汇总填写"需澄清函"，提交给招标专员。

（12）招标人对招标文件做出澄清公告及备案：招标人可以对已发出的招标文件进行必要的澄清或者修改。澄清或者修改的内容可能影响投标文件编制的，招标人应当在投标截止时间至少15日前，以书面形式通知所有获取招标文件的潜在投标人；不足15日的，招标人应当顺延提交投标文件的截止时间。(备注：线上，招标专员显示"答疑纪要"范本，对招标专员进行的澄清进行记录，发布公告，所有人可以点击查看。同时，招标专员将答疑纪要发送给政府部门，点击备案完成。线下带着澄清公告和答疑纪要到当地主管部门备案)

（13）提交投标保证金：投标保证金是投标人根据招标文件要求提供的担保，以一定金额表示，其目的是防止投标人撤回或中标后无法履约而给招标人带来损失。除现金外，可以是银行保函、支票等形式。投标人需在规定时间内提交保证金，并提供相应凭证。未提交保证金则视为投标无效。线上投标专员通过系统申请借款，经项目经理批准后由财务经理进行打款，同时通知招标代理公司。

（14）预约开标室：招标专员在规定时间内向招标投标管理办公室申请评标室、开标室。(系统自动弹出：您已预约成功××年××月××日×××开标室和×××评标室，点击确定)

（15）编制招标文件：分配任务，根据招标项目的不同、地域的不同，投标文件在组成上也会存在一定的区别，但重要的一点是投标文件的组成一定要符合招标文件的要求。一般来说，投标文件由投标函、商务标、技术标组成。[备注：线上显示投标文件范本（包括学生上传的和资源库的文档）编制完成下载打印；线下导出并打印形成投标文件，并标明正副本，并签字盖章]

（16）抽取评标专家：评审前一天，携带所需文件前往招标投标管理办公室抽取评标专家。评标专家人数应在系统中规范，委员会成员由招标人或其委托的代理机构和相关专家组成，人数不少于5人，其中专家不得少于成员总数的2/3。线上招标专员提交专家抽取申请表，点击抽取专家后生成"专家名单表"。项目经理提交拟派资格预审评审代表资格条件登记表给政府部门，线下招标专员将纸质文件提交给招标投标管理办公室进行抽取。

（17）投标文件检查封包：线上，页面显示投标文件密封要求，下载封皮和密封条；线下，投标专员将投标文件装入包装盒或者档案袋，学生线下打印导出密封条以及封皮等进行填写，完成密封工作。

（18）接收存档：线上接收，在接到纸质文件后盖章拍照上传。

4. 开标阶段

开标阶段任务成熟度的表现在于流程的规范性和透明性。任务成熟度高的团队能够确保开标程序的合理性，包括对投标文件的保密措施、开标过程的公正性等方面。确保开标环节的每一个步骤都按照规范进行，以防止后续问题的发生。开标阶段实施流程如图16所示，具体步骤如下：

（1）开标前准备：招标代理机构的招标专员作为开标会主持人，需要提前准备相关资料，包括《招标公告》《资格审查文件》《招标文件以及答疑和补遗》等。同时还需要准备《现场投标人签到表》《工作人员签到表》《监督人员名单》《评标委员会人员签到表》《原件登记表》《开标程序和工作安排》《随机提取系数记录表》《报价确认表》《评标资料》《评委的评标报告》《评标结果公示格式》等资料。确保开标室设备正常，并进行检查。

（2）签到并递交投标文件：投标单位代表在开标时间前到达现场，递交投标文件并填写《投标人签到表》（备注：线上投标人通过提交按钮递交文件并填写签到表，同时界面设有倒计时按钮。线下投标人携带文件到场签到，并填写供应商承诺函）。

（3）宣布开始：作为开标主持人，招标专员宣布根据招标文件规定，投标文件递交截止时间已到，正式开始开标。

（4）介绍招标项目情况：例如，××

图16　开标阶段实施流程

公司受委托对××项目进行公开招标。报名截止时共有×家企业报名,投标文件递交截止时共有×家投标企业签到并递交了投标文件。

（5）介绍投标人基本情况：根据投标签到表介绍企业基本信息。（备注：线上系统中显示单位签到表）

（6）宣读监督方代表名单。

（7）宣读工作人员名单。

（8）宣读有关注意事项和开标程序：线上显示开标程序、开标纪律，线下宣读开标程序、开标纪律。

（9）宣读评标标准及办法：线上显示评标标准及办法，线下宣读评标标准及办法。

（10）检查投标文件密封情况：招标方专员邀请投标方代表上台检查投标文件的密封情况，确认是否完好，有无破损，封口处是否贴有封条，并检查是否盖章，同时由监标人在旁监督。

（11）密封没有问题、诉投标人技术文件确认投标人身份：收取各投标人的身份证，与标书内授权委托书身份证是否一致，不一致的单位直接宣布该单位废标。所有确认完毕。

（12）唱标：招标专员按顺序宣布各公司的投标报价、工期要求、质量目标和项目经理等情况。

（13）签字确认：投标专员对唱标人宣读的招标文件情况无异议，填写"递交投标文件确认表"。

（14）开标结束：招标专员宣读对以上内容无异议，开标结束、开始进入评标流程，请各家单位在开标时等候询标；线上点击开标结束。

（15）完成开标记录：线上招标专员页面显示开标现场监督表模板，点击确认；线下过程中全记录，招标专员在过程中全程记录，填写"开标现场监督记录表"。

5. 评标阶段

在评标阶段，任务成熟度直接关系到对投标文件的综合评估和评标结果的客观公正。高任务成熟度的团队能够确保评标的标准明确，评标专家的公正性，以及对每一份投标文件的全面而细致的评估。任务成熟度高的团队在面对评标环节时能够迅速而准确地做出决策，确保最终评选结果的合理性。评标阶段实施流程如图17所示，具体步骤如下：

（1）评标准备：评标委员会成员签到后在评标室召开会议，研究招标文件并了解招标要求，掌握评标标准和方法，并进行投标文件的基础数据分析和整理工作。

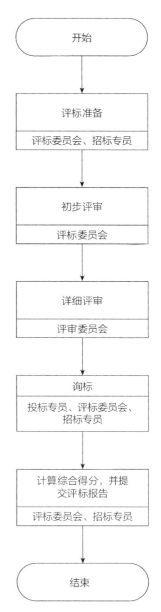

图17　评标阶段实施流程

（2）初步评审：初步评审进行投标书有效性、投标书的完整性、投标书与招标文件的一致性检查。

（3）详细评审：经过资格预审后对技术部分、管理和技术能力的评价、商务法律部分进行评审，核对投标报价，进行价格分析，招标人员应安排专业技术人员携带专业软件协助评标专家进行工程量的核对。

（4）询标：在评标过程中，如果专家发现投标文件中存在不明确的内容与招标文件的细微偏差需进行澄清和确认的，招标专员应通知该投标人前往评标室澄清文件内容。

（5）计算综合得分并提交评标报告：评标专家线下评分技术和商务文件，然后汇总。评标委员会撰写书面评标报告，全体成员签字。推荐的中标候选人应限定在1~3人，列明顺序。招标专员上传评标报告照片。

6. 定标阶段

在定标阶段，任务成熟度直接关系到中标方案的最终确定和合同的签署。高任务成熟度的团队能够确保定标的程序规范，包括对中标方案的审核、合同的谈判等方面。任务成熟度高的团队在定标环节能够高效而明晰地进行每一项工作，确保任务执行的有效性和合法性。定标阶段实施流程如图18所示，具体步骤如下：

（1）确定中标人：根据评标委员会提供的书面评标报告，招标方在线上招标专员界面中选择中标单位，并点击确认为中标人。同时，中标人收到消息并在其界面上显示恭喜成为该项目的中标人。

（2）发中标通知书、未中标通知书及中标公示：招标专员确定中标人后，发送中标通知书和未中标通知书。中标人收到通知书，未中标人收到通知后确认。同时发布中标公示到虚拟媒体网站。

（3）合同谈判：线上投标方项目经理界面填写谈判时间、地点等，发送给招标方项目经理，同时附件中下载打印合同范本。线下双方按照约定见面谈判，并确定合同条款内容。

（4）交履约保证金：中标人需要在正式签订合同之前按照合同草案递交合同规定的履约保证金。一般情况下，履约保证金不超过合同价格的10%。（备注：在线上投标人页面填写"履约保证金申请表"，并提交给项目经理。项目经理审批后，在财务经理页面显示申请借款文档，并在虚拟银行界面上输入账号和信息，点击保存打款信息后发送给甲方的项目经理。同时，投标专员页面也显示打款信息，点击确认）

（5）合同签订：经过合同谈判，双方对新形成的合同条款达成

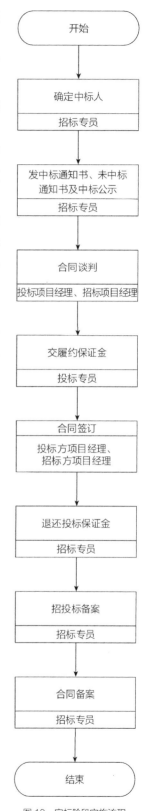

图18 定标阶段实施流程

一致，并形成合同草案，即进入合同签订阶段，双方应在中标通知书发出的30日内签订书面合同。（备注：线上投标方项目经理界面填写签署合同时间、地点等，发送给招标方项目经理，同时附件中下载打印正式合同范本。线下双方按照约定见面签署合同）

（6）退还投标保证金：招标代理公司应在签订合同后5日内退还投标保证金及利息给中标人和未中标人。未中标人和中标人填写退款申请表，招标专员转发给公司财务进行退款处理。

（7）招标投标备案：招标代理公司应当在发出中标通知书之日起15日内，向有关行政监督部门提交"招标投标情况书面报告"（备注：线上招标专员页面勾选招标投标"备案的主要内容"，下一步填写"招标投标情况书面报告"，提交给政府部门，线下带着纸质的书面报告递交有关部门）

（8）合同备案：合同签订后7个工作日，由招标人、投标人双方的合同备案人员（招标专员）完成合同备案手续。（备注：线上招标专员界面显示勾选合同备案应"携带的资料"，提交给政府部门，线下带着纸质版资料交至政府部门）

建筑专业院校可采用该系统对学生进行实际工程项目经验培训，让学生融合多课程知识，更早地接触到建筑工程环节，从而将理论知识与实际操作相结合，提高学生进入企业后的适应能力。通过系统在各个环节严格按照每个阶段的流程进行研发，实现了任务成熟度的科学管理。这种管理方式有助于提高招标项目的成功率，减少潜在风险，确保任务能够按计划高效执行，同时也拉近了学生掌握的理论知识和实际工程之间的距离。

附录 2
任务相关术语辨析

鉴于"任务"一词使用领域的广阔性、内涵界定的宽泛性、逻辑关联的广泛性，同时由于任务管理研究尚不够深入，未形成系统性的任务知识体系，特对与之相关的术语进行辨析，以帮助理解任务内涵并促使加快任务管理研究成果的应用，供读者参考批评。

1. 任务逻辑

目前对任务逻辑的研究主要有三个分支，分别为经典任务逻辑、命题任务逻辑、描述任务逻辑。

任务逻辑的研究方法主要包括文献综述、案例研究、实验研究、模型建立等。任务逻辑的研究内容涉及任务分析、任务规划、资源配置、执行控制等，任务逻辑被广泛应用于项目管理、团队协作、战略规划、流程优化等方面，为企业提高工作效率、降低成本、提高竞争力提供了有力支持。目前任务逻辑的研究热点主要包括任务分解方法、资源配置策略、任务执行控制方法、任务风险管理等。

（1）经典任务逻辑主要应用于知识表示（对任务、任务之间的依赖关系和任务执行状态等进行形式化表示），以及推理算法（通过推理算法自动执行和调度任务）。Japaridze提出的经典任务逻辑定义是指在完成一个任务的过程中，对任务需要达到的目标进行分析和规划，通过将任务拆分为多个子任务，并确定它们之间的依赖关系和执行顺序、执行状态，从而设计出一种合理的计划和执行步骤的方式[①]。

经典任务逻辑包含丰富的内涵：第一，对任务的目标进行深入分析，以确保明确了任务要求和期望的结果，帮助确定任务的范围和关键因素，并为后续的任务规划提供基础，这明确指出了任务作为完成目标的基本单元和完成任务达成目标的组织运营的基本逻辑。第二，对任务进行分解，将任务拆分成多个子任务，并确定它们之间的依赖关系和执行顺序，更好地理解任务的结构和组成部分，并为后续的任务规划提供参考。第三，对任务的资源规划，通过确定完成任务所需的资源，包括时间、人力、物质和技术等，来确定任务的实施方式，并为后续的任务规划提供支持。第四，任务的执行方案，根据任务的目标、任务分解和资源规划，制定实施任务的详细步骤和时间表，避免任务中的瓶颈和风险，并为任务的成功实施提供指导。第五，对任务的执行过程进行监控和评估，以确保任务按照计划顺利进行。这可以帮助及时发现问题和风险，并采取相应措施进行调整和优化。第六，任务的时态性质，即任务在时间上的发生、持续和结束。允许对任务的执行顺序、时间限制和并发性等进行建模和推理。

任务逻辑包括任务之间的依赖关系和任务的前置与后置条件。①任务之间可能存在依赖关系，即某些任务的执行必须在其他任务执行开始或者完毕后才能开始，描述任务逻辑时需要明确任务之间的依赖关系，包括前置任务和后置任务。②任务的前置条件和后置条件，即

---

① JAPARIDZE G. The logic of resources and tasks [M]. University of Pennsylvania, 1998.

任务的执行通常受到一定的前置条件和后置条件的限制[①]。前置条件是指执行任务前必须满足的条件，而后置条件是指任务执行完成后应该达到的状态。描述任务逻辑时，需要明确任务的前置条件和后置条件，以便进行合理的任务规划和控制。

（2）命题任务逻辑是指使用命题和逻辑连接词来表示命题之间的关系，并定义一组推理规则以实现特定的任务目标，特有的内涵包括命题以及推理和验证。命题是一个语句或表达式，可以是真或假。在命题任务逻辑中，任务的前置条件和后置条件由一组命题构成[②]。命题可以是简单的陈述，也可以是复合的逻辑表达式。推理和验证：命题任务逻辑提供了一套推理规则，可以进行任务的推理和验证。通过这些规则，可以根据已知的前置条件和执行过程，推导出任务的后置条件或验证任务是否可行。

（3）描述任务逻辑是指在任务执行过程中，对任务的执行流程、任务之间的依赖关系、前置条件和后置条件等进行形式化的描述。研究者提出的任务描述方法包括任务说明书、任务分解结构、流程图、决策树等。研究者通过任务分析和需求分析的方法，深入研究任务的目标、内容、条件和约束等因素。通过这些分析，可以帮助确定任务的关键要素和执行路径，从而更好地规划和管理任务的执行过程。为了更好地描述和管理任务，研究者开发了各种任务管理系统，如项目管理软件、任务跟踪工具等。这些系统提供了便捷的任务描述和管理功能，帮助用户更好地组织、分配和跟踪任务的执行过程。与此同时，随着人工智能和自动化技术的发展，研究者开始探索通过机器学习和自然语言处理等技术实现自动化任务描述的方法。这些方法可以根据输入的任务信息，自动生成详细的任务描述，提高任务管理的效率和准确性。基于上述研究现状，描述任务逻辑在项目管理、团队协作、流程改进等领域发挥着重要作用，帮助企业更好地理解和管理任务，提高工作效率和质量。

2. 任务规划

任务规划是组织为了达成预设的目标而进行的总体任务的设想和安排。根据任务的性质、优先级、资源需求、时间安排以及责任分配等制定、组织和安排一系列任务，以确保任务能够按时完成，达到预期的目标[③]。

任务规划的内涵（内容）如下：

（1）需要明确任务的目标和期望结果，确保任务与整体目标相一致。

（2）将大型任务拆分成小而可管理的子任务，以便更好地掌握和管理进度。

（3）根据重要性和紧急程度，确定各个任务的优先级顺序，合理安排资源和时间。

（4）进行资源分配，确定所需的人力、物力、财力等资源，并合理分配给各个任务。

（5）合理的时间安排，根据任务的截止日期和优先级，制定合理的时间计划，并设定里程碑和关键节点。

---

① 张会，李思昆. 描述任务逻辑及其应用 [J]. 计算机学报，2006，29（3）：488–494.

② 王国俊，许文艳. 从事实逻辑到任务逻辑 [J]. 模糊系统与数学，2004，18（1）：1–8.

③ HUANG T, WANG Y, CAO X, et al. Multi-UAV mission planning method [C] // 2020 3rd International Conference on Unmanned Systems (ICUS). IEEE, 2020: 325–330.

（6）明确责任分配，确保任务有明确的执行者和监督者。

（7）需对监控任务的执行进度进行跟踪，及时调整和处理可能出现的延误或问题。

（8）识别任务执行过程中可能面临的风险和问题，并制定相应的风险应对策略。

任务规划的类型有：

（1）基于约束满足的任务规划：这种方法使用约束满足问题（CSP）的技术来解决任务规划问题[1]。通过定义任务和资源的约束条件，将任务分配给执行者并满足各种限制条件，如时间约束、资源约束等[2]。

（2）基于图搜索的任务规划：这种方法使用图搜索算法，如AI算法、Dijkstra算法等，来搜索最优的任务分配方案。通过建立任务和执行者的图模型，并根据图上的路径和权重来确定最优的任务规划方案。

基于启发式搜索的任务规划：这种方法使用启发式搜索算法，如贪婪搜索、遗传算法等，在任务规划问题中寻找近似最优的解。启发式搜索算法通过评估和比较不同任务分配方案的优劣，逐步优化规划方案。

（3）基于智能算法的任务规划：近年来，一些智能算法，如蚁群算法、粒子群算法等，也被应用于任务规划问题。这些算法模拟生物群体的行为和进化过程，通过迭代搜索和优化来获得最优的任务分配方案。

3. 任务设计

任务设计是指在实现特定目标或完成特定任务的过程中，对任务的目标、范围、内容、要求以及执行方式进行具体规划和设计的活动[3]。

在任务设计中，需要明确任务的目标、范围和要求，并制定合理的计划和流程，以确保任务的顺利实施和完成。任务设计的内涵如下：

（1）任务的具体目标和期望结果，并与整体目标和战略一致。

（2）任务之间的依赖关系，确定不同任务之间的先后顺序和前置条件。任务之间的依赖关系可以影响任务的工作流程和执行顺序。

（3）分配任务所需的各种资源，包括人力资源、物质资源、财务资源等，以确保任务能够按计划顺利执行。

（4）确定任务的优先级和重要性，根据不同任务的紧急程度、重要程度和资源可用性，合理安排任务的执行顺序。

（5）时间安排：根据任务的工作量、工作内容和资源可用性，合理安排任务的时间表和时间节点，明确任务的开始时间和截止时间。

（6）监控与评估：建立任务执行的监控和评估机制，及时了解任务的进展情况，发现问

---

[1] 刘洋，陈英武，谭跃进. 一种有新任务到达的多卫星动态调度模型与方法［J］. 系统工程理论与实践，2005（4）：35-41.

[2] 姜啸，徐瑞，朱圣英. 基于约束可满足的深空探测任务规划方法研究［J］. 深空探测学报，2018，5（3）：262-268.

[3] 杨小平. 优质问题视角的学科任务设计［J］. 中学政治教学参考，2023（25）：32-34.

题并采取相应的措施进行调整和改进。

（7）任务分解：将大型任务拆分成小且可管理的子任务，以便更好地掌握和管理进度。

任务设计与任务规划是两个相互关联但又有一定差异的概念，任务设计是任务规划的重要组成部分。任务设计和任务规划都是目标导向的，都是为了实现特定的目标或完成具体的任务。任务设计和任务规划都包含任务的具体内容、工作范围和要求[①]。从内容来看，任务设计更注重于任务的具体细节和执行要求，包括子任务的分解、资源分配、时间安排等。而任务规划更注重于整体的计划和安排，包括任务的顺序、时间表、里程碑等。从时间的角度来看，任务设计更侧重于短期的任务执行，注重任务完成的过程和方法；而任务规划则更注重于长期的任务目标和计划，强调整体的时间规划和任务达成的时间要求。从范围的角度来看，任务设计更侧重于具体的任务执行，涉及任务的划分、资源分配等；而任务规划则更涉及任务的整体计划，包括任务目标的设定、任务优先级的确定等。

任务设计内容广泛而复杂，过程交织艺术与科学，需要均衡原则和场景，是跨学科知识的领域。研究者在不同角度和层面开展了探索。在管理学领域，研究人员关注如何合理分配任务，以提高组织和团队的绩效，研究了如何将任务分解为适当的子任务，并确保每个人都能够充分发挥自己的能力和潜力；研究了如何设计任务以激发员工的动机和创造力。在心理学领域，研究人员探讨任务设计对个体的影响，研究了认知任务的复杂性和提供反馈的方式对个体学习和表现的影响；还研究了如何通过合理的任务设计来提高个体的工作满意度和幸福感。在人机交互领域，研究人员致力于设计友好的用户界面和交互方式，以帮助用户完成任务，研究了如何设计任务流程，以提高用户的效率和满意度；此外，还研究了如何通过自适应任务设计来满足不同用户的需求和能力。在教育领域，研究人员致力于设计任务以促进学生的深层次学习，强调任务的意义性和相关性，鼓励学生将所学知识应用到实际情境中；此外，还研究了如何设计具有启发性的任务，以激发学生的思维和创造力，通过设计个性化的学习任务，以满足不同学生的需求和兴趣。

4. 任务分类

任务分类是指将任务按照特定的标准或特征进行分类，以便更好地理解不同任务之间的区别和共性，更好地执行以获得成果。

根据任务不同的特征，会有不同的分类，如常规任务、应急任务、单个任务、多任务。具体内容如下：

（1）常规任务：常规任务是指日常生活中常见、重复性的任务，可以通过固定的方法和流程进行处理和完成。

（2）应急任务：应急任务是指突发事件或紧急情况下需要立即处理的任务，通常需要快速反应和灵活应对。

（3）单个任务：单个任务是指只包括一个具体任务的情况，工作重点集中在完成这一个任务上。

---

① 宋晓春. 优化任务设计驱动深度对话［J］. 名师在线，2023（20）：82-84.

（4）多任务：多任务是指同时面对多个任务的情况，需要在多个任务之间进行合理的时间和精力分配，同时处理多个任务的进展和完成。

Pica等[1]根据完成任务过程中所产生的互相影响把任务分为五类：①拼板式任务；②信息差任务；③解决问题式任务；④做决定式任务；⑤交换意见式任务。任务类型是影响群体绩效的重要因素之一，Steiner[2]提出了一种分类方法，将任务分成四种主要类型：加和类任务、连接类任务、析取类任务和互补类任务。根据任务的复杂程度不同，可将其分为简单任务和复杂任务，参考本书第1.4.2节。

5. 任务分解

任务分解是根据任务的逻辑关系、时间顺序或执行者的专长来划分子任务，将复杂任务拆分为更小、更易管理和执行的子任务或步骤的过程。每个子任务都应具有明确的目标和可衡量的结果。任务分解的目的是提高工作效率、降低风险，并确保任务能够按计划完成[3]。

（1）确定任务目标和范围：首先，在任务启动阶段确定任务目标和范围，了解项目任务和问题，以便能够适当地将其分解为不同的任务和子任务。

（2）确定子任务：根据整体任务的要求和逻辑关系，将任务分解为更小的子任务。每个子任务应具有明确的目标和可衡量的结果。

（3）定义子任务之间的关系：确定子任务之间的依赖关系和逻辑顺序。某些子任务可能需要在其他子任务完成后才能开始，而其他子任务可能可以并行执行。

（4）分配资源和时间：确定每个子任务所需的资源和时间，并根据项目需求和可用资源进行合理的分配。

（5）监控和控制：跟踪每个子任务的执行进度和质量，并及时采取措施解决任何可能的偏差或问题[4]。

研究者们探讨了任务分解的准则和原则，以帮助确定合适的分解级别和子任务。这些准则和原则包括任务的可测量性、可管理性、可分配性、时序关系、资源依赖关系等。任务分解的方法与技术包括WBS（Work Breakdown Structure，工作分解结构）、PDM（Precedence Diagramming Method，优先关系图法）、流程图、甘特图等。这些方法和技术可以帮助项目经理和团队成员在任务分解过程中更加有效地组织和安排工作，在这之中最具代表性的便是WBS，WBS分解原则的基础是将项目分解成可管理的任务和子任务，并确保每个任务或子任务可以被完成，从而把整体工作分解成小的工作单元。WBS完整地体现了任务分解的原则的目的（图1）。

---

[1] PICA T. Research on negotiation: what does it reveal about second language learning conditions, processes and outcomes? [J]. Language Learning, 1994, 44 (3): 493-527.

[2] STEINER I D. Models for inferring relationships between group size and potential group productivity [J]. Journal of Behavioral Science, 1966, 11 (5): 273-283.

[3] 张庆. 基于任务分解的小学编程课程教学模式研究 [D]. 重庆：西南大学，2023.

[4] 锁啸天、杨雅婷、嵩天. 面向空间分布式计算的动态任务分解及长时保障机制 [J/OL]. 计算机科学与探索，1-14.

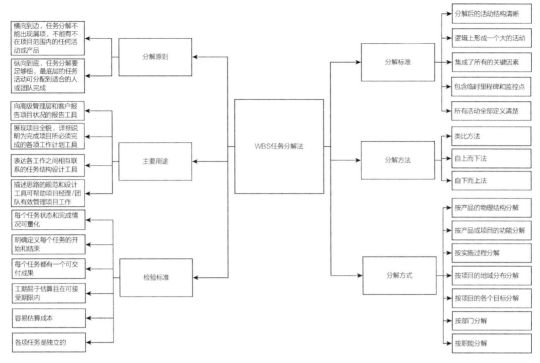

图 1　WBS 任务分解法

6. 任务合成

在项目管理和团队协作中，任务合成是指将项目的各个分解的子任务或子目标按照任务之间的依赖关系、优先级、资源约束等因素以一定的逻辑和顺序组合起来，形成一个整体的工作计划，以确保任务的顺利执行和达到预期的目标[①]。任务合成通常由项目经理或团队负责人进行，并依据项目的需求和约束条件进行调整。

任务合成是将多个分解的子任务或子目标整合在一起，形成一个完整的任务或目标的过程，并且合成任务需要考虑到任务之间的依赖关系、优先级和资源约束，满足项目或团队的要求和目标。

任务合成的内涵包括如下内容：

（1）任务排序和优先级确定：根据任务的依赖关系和重要性确定任务的优先级。有些任务可能需要在其他任务完成之后才能开始，而一些紧急或关键任务可能需要优先完成。

（2）任务关联和依赖关系确定：确定任务之间的逻辑关系和依赖关系。某些任务可能需要在其他任务完成后才能开始，有些任务可能会依赖于其他任务的成果或输出。

（3）资源分配和约束考虑：考虑项目或团队可用的资源和约束条件，如时间、人力、财力等。根据资源的可用性，调整任务的排期和分配资源给相应的任务。

---

① 任送莲．孙海权，靳鹏．基于任务合成机制的多星调度问题［J］．系统工程与电子，2021，43（1）：171-180．

（4）任务合并和构建工作计划：将排好序的任务按照逻辑和顺序组合起来，形成一个完整的工作计划或项目计划。这份计划应该能够指导团队成员进行相应的任务工作，并达到项目的预期目标。

在项目管理领域，任务合成通常被视为项目计划的核心步骤。在项目管理方法PERT（项目评审与评估技术）和CPM（关键路径法）中提供了任务合成技术[1]。该方法通过分析任务之间的依赖关系和优先级，帮助制定项目计划，确保任务按照正确的顺序和时间完成。在运筹学领域，任务合成通常被视为优化问题。研究人员使用线性规划、整数规划、动态规划等方法，来求解任务合成问题中的最优解。考虑不同任务之间的约束条件，如时间约束、资源约束等，以及目标函数，如最小化总体成本或最大化效益，来制定最优的任务合成方案。

7. 任务分配

任务分配是指将一个或多个任务分配给个体或团队，以完成特定的工作。任务分配是决定任务执行效率的重要一环。任务分配通常包括确定任务内容、工作的标准和要求、工作的时间安排以及资源的分配等，目的是将工作合理分配给适当人员，以提高工作的效率和质量。

在现实生活中，执行者能否高质量完成任务与其对任务的偏好有很大的关系。Zhao等[2]首次考虑时间偏好对任务分配的影响，设计了一个基于历史数据的张量分解算法HCTD预测操作者的时间偏好，进一步基于偏好将任务分配问题转化成最小费用最大流问题；除此之外，他们进一步将上述工作扩展到多人小组任务分配[3]，利用模糊逻辑求出组中工人可容忍的等待时间，在此基础上生成有效的工人组并计算小组共识，最后使用树分解算法进行任务分配以最大化组时间偏好与小组共识。分配任务时考虑匹配的问题在本书第7.2节进行了讨论。

8. 任务分发

任务分发是指将某项工作、任务或责任分配给特定的个人或团队，以便完成所需的任务。

Wang等[4]通过尽可能地将现有任务序列与用户的移动规律对齐，提出了一种新颖的MCS任务分配框架。基于移动重复模式发现的过程，将原始任务分配问题转化为模式匹配问题，将所涉及的优化目标转化为模式匹配长度和支持度指标。一般来说，用户间的稳定关系以及相互之间的依赖性，能更好地协作完成感知任务，感知用户间频繁接触，可使用户间形成良

---

[1] 庞海龙，王文豪，胡盛华，等. 基于任务合成技术的目标分配问题研究［J］. 电光与控制，2015，22（8）：48-53.

[2] ZHAO Y, XIA J, LIU G, et al. Preference-aware task assignment in spatial crowdsourcing［M］. AAAI Press, 2019：2629-2636.

[3] ZHAO Y, ZHENG K, YIN H, et al. Preference-aware task assignment in spatial crowdsourcing: from individuals to groups［J］. IEEE Transactions on Knowledge and Data Engineering, 2020.

[4] WANG L, YU Z W, GUO B, et al. Mobile crowd sensing task optimal allocation: a mobility pattern matching perspective［J］. Frontiers of Computer Science , 2018, 12（2）：231-244.

好的偏好关系,挖掘用户之间友好关系对任务分发的影响,可以提升任务分发的准确度[①]。任务分发、分配、分派,有相似的意义,都是将规划好的并经过设计与确认的任务分送给执行者的操作过程,只是在使用领域有所区别。

9. 任务驱动

任务驱动是指在特定环境中,个体或系统已完成特定任务为目标,通过执行一系列的操作和决策来达成该目标的过程。任务驱动强调目标导向性,即个体系统通过对环境的观察和理解,主动采取一系列行动来实现任务要求。

任务驱动是具有建构主义理论特质的任务完成范式,以任务设计—任务实施—任务探究—任务评价为主要流程,在任务执行过程内部要素间产生关联、相互作用,生成特定的操作步骤和模块结构,具有较强的目的性和实践性。任务运行过程中,各模块紧密围绕共同的目标。在行政命令及关键任务的驱动下,进行自主探索并产生自我发展的内生动力[②]。

10. 任务引领

任务引领是指以任务为中心、以实现特定目标为导向的工作方法和管理理念。这种方法强调将资源和精力集中在完成任务上,并通过合理的组织和协调,以达成高效、高质的任务成果。

教学领域,任务引领是指任务的设计能够融合学科知识去解决问题,凸显教学内容、社会生活与学生经验之间的联系,达成跨学科理解的目标[③]。任务引领教学法以具体的任务为学习目标或动力,按照企业工作任务或工作情境组织教学[④]。

11. 任务安全性

安全性:对系统或部件进行的保护,以防止其受到意外的或蓄意的存取、使用、修改、毁坏或泄密。

任务安全性[⑤]:系统或装备在任务执行过程的任意时刻,通过控制与风险相关的行为,确保任务成功执行的能力[⑥]。简而言之,任务安全性是指系统在任务执行过程中避免事故发生且确保任务成功的能力。区别于系统安全性仅关注硬件故障及故障传播机制[⑦],任务安全

---

① 张力,张书奎,张海,等. 基于用户关注度以及时间监督的任务分发[J]. 计算机研究与发展,2022,59(4):813-825.
② 刘卓雯. 任务驱动视角下高素质教育人才培养实践探索[J]. 教育评论,2023(11):133-138.
③ 郑娇娇,尹少淳. 中小学美术大单元设计"三样态"与实施路径[J]. 课程·教材·教法,2023,43(7):133-138.
④ 徐盛燕,杨玲,孙玉婧. 任务引领教学法在高职院校"食品营养与安全"课程教学中的应用研究[J]. 兰州职业技术学院学报,2023,39(2):82-84.
⑤ 牛浩田,马存宝,韩佩,等. 面向航电系统任务安全性的形式化建模与验证[J]. 系统工程与电子技术,2023,45(5):1553-1569.
⑥ CHEN YJ, XU JH, KAN LJ, et al. Equipment mission safety evaluation method based on function-structure[J]. IEEE Access, 2021, 9: 71356-71371.
⑦ SULTANA S, OKOH P, HAUGEN S, et al. Hazard analysis: application of STPA to ship-to-ship transfer of LNG[J]. Journal of Loss Prevention in the Process Industries, 2019, 60: 241-252.

性侧重于分析系统的任务过程，研究任务过程中由人机交互等动态特性产生的危险致因，而非在系统全寿命周期内开展安全性分析。

谢石木林等[①]提出基于5G+MEC的电网边缘计算平台任务安全性调度方法，该方法结合5G网络的优势，实现MEC服务器与边缘计算设备之间的任务调度，并且，在边缘计算设备端构建安全等级模型，用于保证任务调度过程中的安全性。田文杰等[②]使用STPA方法开展重装空投任务的安全性分析，通过对重装空投过程建模，梳理重装空投中的不安全控制行为和致因因素，并对装备在货舱运动这一阶段进行动力学仿真，选取具体的不安全控制行为作为研究对象，基于定量计算验证STPA开展重装空投任务安全性分析的有效性。姚博清等[③]提出基于分层安全控制结构的导弹装备安全性动态评价方法，实现长期贮存任务情境下安全性的准确评价。陈凤熹等[④]针对空间站运营管理中保证航天员和平台安全的需求，从与人机工效相关的安全性工作、有效载荷安全性认定、以安全性为中心的维修、风险量化分析与控制、建立运营任务安全性规范体系五个方面提出了空间站运营任务的安全性评估工作思路，为我国空间站工程安全性技术体系的建立提供借鉴和参考。

任务安全性的研究多基于计算机领域。

12. 多任务

多任务：同时处理或完成多个任务的能力。

曾魁魁等[⑤]提出一种基于元学习优化的轻量化多任务学习网络。基于MobileNetV3构建轻量化多任务学习网络，引入元学习优化上述轻量化网络的训练方式，最后进行齿轮和滚动轴承多元件的实测故障分析。孙倩等[⑥]提出一种基于超粒子引导的自适应知识迁移的多任务差分进化算法（SAKT_MFDE）。能够更好地提高任务之间的正向迁移，提高多任务优化的性能。

13. 大任务

基于教学领域的探索，大任务的五个构成要素[⑦]：

（1）任务形态上，任务有完整的结构、必要的体量、真实的来源；

---

① 谢石木林，白杰，张翔，等. 基于5G+MEC的电网边缘计算平台任务安全性调度方法［J］. 电信科学，2022，38（12）：78-85.

② 田文杰，徐吉辉，王宇，等. STPA在重装空投任务安全性分析中的研究及应用［J］. 电光与控制，2023，30（6）：96-101.

③ 姚博清，陈嘉宇，谷长超，等. 基于分层安全控制结构的导弹装备任务安全性动态评价方法［J］. 航空学报，2024，45（6）：284-303.

④ 陈凤熹，卿寿松，李福秋，等. 空间站运营任务安全性评估工作研究［J］. 载人航天，2016，22（4）：507-511.

⑤ 曾魁魁，郑直，姜万录，等. 基于改进多任务学习网络的零样本故障诊断［J］. 机床与液压，2023，51（23）：218-224.

⑥ 孙倩，王磊，徐庆征，等. 一种基于超粒子引导的自适应知识迁移多任务差分进化算法［J］. 控制与决策，2024，39（1）：26-38.

⑦ 张卓玉. 大观念、大任务是理解和落实新课标的重中之重［Z］. 2022.

（2）任务对学生有吸引力、挑战性和适切性；

（3）任务的解决蕴含知识、能力和学习；

（4）任务的解决有助于培养学生的思维方式和行为方式（大观念）；

（5）任务的解决有社会进步意义，有助于培养责任感，满足成就感。

印小红[1]建构了"大任务驱动，小任务联动"的单元整体教学模式，推动和实施单元教学，以此优化单元教学方式，实现学生习作能力的提升与素养达成。

14. 双重任务

双重任务：两方面任务。

王向清等[2]解析了高校思想政治理论课教学承担"化理论为方法、化理论为德性"的双重任务。郑世刚等[3]探讨了双重任务下地方政府的资源配置选择和中央政府的房价调控策略，从而解释了繁荣阶段中央政府房价调控失效的原因。孙麒惠等[4]设计了双重任务卸载方案，即自上而下的任务分配以及停车簇内部任务分配，保证服务器尽量按时完成卸载的任务，最大限度地提高停放车辆的收益，降低停放车辆执行卸载任务的能耗开销。

15. 任务群

任务群：整体规划，相互关联的一系列任务集合。

"任务群"相关研究现状大多都集中在"学习任务群"。

学习任务群[5]：是义务教育语文课程的内容组织与呈现形式，由一系列相关的学习任务所构成，最终指向学生语文核心素养的发展，具有情境性、综合性和实践性的特点。

郭传福等[6]将协同增益模型和FCA相结合，建立了作战任务群聚合模型（PFCM），着力解决互联、互通、互操作能力逐步增强条件下各个作战单元协同效应的实现，是提高联合编队作战协同能力的有效途径。仇恒石等[7]提出以作业链的形式参与学习任务群建构和教学实施，加强学习任务群视域下的作业群组系统建构。

16. 任务链

任务链：将多个任务有机链接起来的任务集合。

---

[1] 印小红. "大任务驱动，小任务联动"习作单元教学探究[J]. 小学语文，2023（12）：29-34.

[2] 王向清，欧明容. "化理论为方法、化理论为德性"——高校思想政治理论课教学的双重任务[J]. 当代教育理论与实践，2021，13（5）：46-52.

[3] 郑世刚，严培胜. 双重任务下地方政府资源配置与中央政府房价调控研究[J]. 湖北经济学院学报，2021，19（1）：34-42.

[4] 孙麒惠，朱金奇，花季伟，等. 停车辅助的车辆边缘计算中的双重任务卸载设计[J]. 计算机工程与设计，2023，44（2）：364-371.

[5] 李家瑶. 基于学习任务群的初中回忆性散文教学研究[D]. 沈阳：沈阳师范大学，2023.

[6] 郭传福，汪德虎，姚海涛. 基于协同增益的联合编队作战任务群聚合模型[J]. 指挥控制与仿真，2010，32（1）：37-40，44.

[7] 仇恒石，蒯正聪. 学习任务群视域下作业链模型建构与意义解构[J]. 教学与管理，2023（32）：21-25.

林金国[1]探讨了在小学信息技术机器人教学中应用任务链的方法，提出了"合理分解任务链""引导学生逐步完成任务""融合知识能力与情感教学"以及"组织开展团队竞赛与展示"的具体实践策略。王艺洁等[2]提出基于STEM教育理念的任务驱动教学模式，将科学教育理念融入教师课堂教学，强调多学科的融合，在课堂学习中结合教学内容面向学生设计完整的任务链，进行教学全方位驱动。雷航[3]提出了以实时多任务系统中的任务链为组件，任务链运行时间比例作为组件的权重系数，建立实时多任务软件的可靠性建模方法。

17. 任务有序组合（流程）

任务组合问题的一个关键点在于确定子任务之间的关系，以便节点明确哪些任务先执行，哪些任务的执行需要依赖于其他任务的执行结果，哪些任务与已执行任务的结果是相同的等[4]。组织的工作就是一个任务群的有序组合，任务的每一次分配、接受、检验都需要由专人去负责[5]。通过捕捉任务间的关系流量并基于任务间的信息依赖、协作企业可以对任务的执行能力以及企业间的协同程度实施任务指派提供依据[6~8]。曾昭文等[9]认为任务清单建立是通过对使命任务的层层分解，按照"使命分析""任务细化""任务条件描述"和"任务指标建立"四个阶段对任务细化的开发，可以体现作战活动流程。

丁明等[10]指出业务流程是为完成面向客户增值的目标任务而进行的企业价值链活动的有序组合。蒋文丰等[11]定义廉政教育体系，就是指与廉政教育基本目的和基本任务相关的各种资源、要素和规范的有序组合。卢锡雷[12]从管理学视角提出了任务的有序组合就是流程。"序"，就是秩序，有序，有条理，就是内在的逻辑。把所有工作安排得妥妥帖帖、井然有

---

[1] 林金国. 任务链在小学信息技术机器人教学中的应用探索［J］. 华夏教师，2023（16）：62-64.

[2] 王艺洁，赵东. 基于STEM教育理念的任务链教学模式构建与分析［J］. 长春师范大学学报，2021，40（8）：139-141，158.

[3] 雷航. 基于任务链的实时多任务软件可靠性建模［J］. 电子科技大学学报，2004（2）：158-161.

[4] 李晴，熊庆旭. 基于任务组合的无线传感器网络MAC协议框架［J］. 传感技术学报，2012，25（11）：1527-1532.

[5] 张永权. 区块链背景下招聘中的营销思维［J］. 销售与管理，2019（11）：110-111.

[6] 付广磊，王仲奇，吴建军. 动态企业联盟层任务粒度模糊聚合优化方法［J］. 机械科学与技术，2021，31（3）：402-406.

[7] 张婉君，刘伟，张于健. 供应商参与协同产品开发中的任务指派问题研究［J］. 计算机集成制造系统，2009，15（6）：1232-1235.

[8] VEGA W F D L, LAMARI M. The task allocation problem with constant communication – ScienceDirect［J］. Discrete Applied Mathematics, 2003, 131（1）：169-177.

[9] 曾昭文，张胜. 基于任务清单的通信与指控系统装备军事需求分析研究［J］. 数字技术与应用，2021，39（2）：38-41.

[10] 丁明，张书玲，张琛. 业务流程建模与测试方法研究［J］. 西安交通大学学报，2016，50（3）：127-133.

[11] 蒋文丰，岑建冲，陈立蒙. 构建廉政教育体系若干问题研究［J］. 宁波经济（三江论坛），2017（4）：18-22.

[12] 卢锡雷. 流程牵引目标实现的理论与方法——探究管理的底层技术［M］. 北京：中国建筑工业出版社，2020：48.

序，是管理追求的高境界。"序"既是名词的秩序、规律，也是动词的序化。就流程内在来说，就是把诸多的繁复要素，梳理成为有规则的排列，然后按部就班地交付实施，这种"良好的"组合，称之为流程。这个定义中，不仅仅指示了管理的追求，也昭示了管理的方法。需要特别留意的：常说任务是有目的的工作，或者说，任务是目的性更强的工作，以强化工作的追求和消除工作的漫无目的不求效率。管理就是帮助组织高效地达成目标，完成使命。

18. 任务清单

清单，即"检查清单"（Check List），是一种列出工作流程、要点、注意事项的工具，使用清单帮助检查流程、细节。阿图·葛文德[1]在清单革命中指出：清单从来都不是大而全的操作手册，而是理性选择后的思维工具。抓取关键，不仅是基准绩效的保证，更是高绩效的保证。清单能帮助我们记忆关键步骤，并且清晰地列出了操作过程中必不可少的基本步骤，并让操作者明白该干什么。这不仅是一种检查方法，而且还是一种保障高水平绩效的纪律。

学术界对任务清单的理解大致分为三种：

（1）是权力清单和责任清单的统称。

（2）从清单构成要素角度描述任务清单，通过阐述清单涵盖范围的角度，来界定职责任务清单的内涵，为部门应该承担的职责划清界限。孟庆涛等[2]指出任务清单包括职责目录和职责事项信息表两部分内容，主要职责和具体职责事项两部分构成职责目录，而职责事项信息表涵盖了八个要素，主要包括具体事项名称、法定依据、实施机构、职责边界、运行流程、运行要件、责任事项和监督方式。

（3）从描述清单内容的角度对职责任务清单进行解读。某编办从清单编制工作内容的角度探讨职责清单的内涵，认为是将政府部门核心工作职责和内设机构职责以穷尽的方式进行梳理，以条目化的形式进行呈现，编制形成职责任务清单。某区委编办指出，突出主责主业，将政府部门主要职责细化分解到内设机构，具体到岗位责任，并针对梳理的具体业务工作制定业务工作流程图。

陈超等[3]对美军通用联合任务清单做出了解读。对于每一项任务，其都规定了执行的条件（Condition）、衡量尺度（Measure）与标准（Criterion），用以明确在特定条件下执行特定任务时，应达到什么样的执行水准，才能确保作战使命顺利达成。董亚卓等[4]、唐恒[5]也对此有所研究。

---

[1] 阿图·葛文德. 清单革命［M］. 王佳艺，译. 浙江：浙江人民出版社，2012：36-40.

[2] 孟庆涛，丁莺. 建立职责清单制度夯实从严管理公务员队伍基础［J］. 公共行政与人力资源，2016（2）：9-12.

[3] 陈超，王海青，孙裔申. 美军通用联合任务清单解读与启示［J］. 指挥信息系统与技术，2023，14（4）：8-13.

[4] 董亚卓，郭颖辉，王成飞，等. 美军作战任务清单及其度量指标构建方法［J］. 指挥信息系统与技术，2023，14（2）：38-43.

[5] 唐恒. 联合作战任务清单技术综述［J］. 舰船电子工程，2022，42（5）：1-6，22.

周庆誉等[1]对适宜公共健康体系的任务清单进行研究。借鉴政策问题确认的思路、步骤和方法，首次确认现阶段面临的222项公共健康具体任务并形成清单，定量明确每个具体任务的关注程度，以期为决策者、提供者、研究者和公众把握公共健康风险提供全景视野。其对"颗粒化"分解任务形成可操作性，提供了重要基础。

19. 任务效用最大化

在研究任务效用最大化之前首先要理解什么是"任务效用"。国内并未有人对"任务效用"做出专门的解释。有部分学者只在介绍时简要提及，例如袁野等[2]认为效用是与任务质量、执行距离、执行时间所挂钩的；王意[3]提出任务分配效用是指用来衡量任务分配优劣的度量值，通过开发能力与综合匹配度的乘积进行量化。

将任务效用最大化就是指在不同情况下如何处理任务使得其产出成果最大、最优。从众多文献看来，虽然并未对"任务效用最大化"做出明确解释，但核心思想却是指向于此。仲秋雁[4]基于协同过滤的推荐思想，通过TF-IDF主题模型和胜任力理论构建了融合工人兴趣偏好和胜任能力的工作者模型，利用相似性公式来计算工作者的综合相似度以选取近邻集来生成推荐结果。袁野等针对多雷达协同场景下的多任务实时规划问题，提出了一种基于任务效用最大化的多雷达协同在线任务规划模型。其基于最大化任务的"全局效能"，结合启发式贪婪搜索和CRTSD算法进行计算并优化，通过仿真实验证明了提出的任务分配算法可动态适应探测任务性能、任务响应效率、任务重要性等参数变化，自适应地得到全局任务效能最大化的多任务多雷达分配方案。彭鹏等[5]以用户满意作为效用判断准则进行任务分配，并应用IGSO-SSCTA算法进行优化与分配。黎萍等[6]为了提高复杂环境中多机器人系统任务分配的决策质量，获取准确、客观的效用评价，提出了一种基于自适应神经-模糊推理系统（Adaptive Neuro-Fuzzy Inference System，ANFIS）的效用评价算法ANFIS-UE，以更好地执行复杂的全局任务。

在任务效用最大化的研究当中，无论效用主题是谁，学者们几乎都是联系"任务"与"人"进行最大化，并未从任务内部结构的调配、任务之间的逻辑改变进行研究。但值得指出的是，所有的任务效能最大化都是基于"整体""全局"的最大化，而不是单个任务。

---

[1] 周庆誉，施培武，沈群红，等. 适宜公共健康体系的任务清单[J]. 中国卫生资源，2021，24（6）：687-693.

[2] 袁野，杨剑，刘辛雨，等. 基于任务效用最大化的多雷达协同任务规划算法[J]. 雷达学报，2023，12（3）：550-562.

[3] 王意. 软件众包环境下基于效用的多任务分配方法研究[D]. 武汉：湖北大学，2021.

[4] 仲秋雁，张媛，李晨，等. 考虑用户兴趣和能力的众包任务推荐方法[J]. 系统工程理论与实践，2017，37（12）：3270-3280.

[5] 彭鹏，倪志伟，朱旭辉. 基于用户满意效用的空间众包任务分配方法[J]. 计算机应用，2022，42（10）：3235-3243.

[6] 黎萍，朱军燕，杨宜民. 多机器人系统任务分配效用评价算法[J]. 计算机工程与设计，2013，34（9）：3288-3292.

20. 任务群价值评价模型

"任务群"这个词语出现较为频繁的是教育学领域，学科则更集中于语文。《普通高中语文课程标准（2017年版）》中指出：本任务群旨在引导学生学习跨媒介的信息获取、呈现与表达，观察、思考不同媒介语言文字运用的现象，梳理、探究其特点和规律，提高跨媒介分享与交流的能力，提高理解、辨析、评判媒介传播内容的水平，以正确的价值观审视信息的思想内涵，培养求真求实的态度[1]。虽然该概念的提出立足于教育学领域，但"语文学习"与"管理学"的任务管理还是存在众多相似性，例如学习任务群中的"结构化"[2]与组织管理中的任务有相似内核；以任务群为出发点总体了解组织中的结构、问题、内容有助于进一步执行；通过任务群达到整合资源、优化环境、提升能力、多元评价等效果[3]也是组织中所需要的。

谢红旺等[4]提出，任务价值评估是对任务价值的有效性、效度、满意度及推广性等指标进行评估，强调任务的功用及属性要对学生的学习发生相应作用，并建立合适、可行的评价标准。并构建了学习任务群价值评估模型，整个流程逆向而行，从结果出发，基于任务目的、任务内容及任务执行形式评估学习任务的可行性；从学习过程出发，根据学生完成任务目标的效率比，评估学习务的效度；从学生心理出发，根据学生最近发展区，评估任务的满意度；从功用价值出发，通过客观、具体的学习结果实证学习素养达成度，并以此来评估学习任务的推广度，如图2所示。

值得指出的是，研究任务群更加需要注重其组成群组的任务与任务之间的逻辑关系。

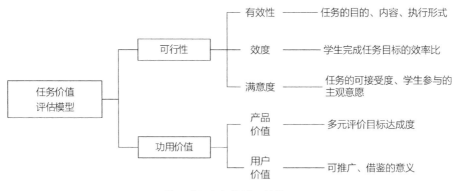

图2　学习任务群价值评估模型

---

[1] 中华人民共和国教育部. 普通高中语文课程标准[S]. 北京：人民教育出版社，2017：13.
[2] 仇恒石，蒯正聪. 学习任务群视域下作业链模型建构与意义解构[J]. 教学与管理，2023（32）：21-25.
[3] 张海. 高中语文"学习任务群"构建与课堂实施策略[J]. 语文教学通讯·D刊（学术刊），2023（10）：19-21.
[4] 谢红旺，何艾琼. 学习任务群价值评估模型的构建与实证——以整本书阅读《乡土中国》为例[J]. 语文教学通讯·D刊（学术刊），2023（11）：8-10.

21. 任务质量评价指标体系

任务质量评价指标体系指的是对任务相关质量进行评价所挑选的多项、成体系的指标。质量评价以及相应的评价指标体系已经司空见惯，在多个领域均有研究。但是关于任务质量评价指标体系的研究在于少数，并且将"质量"细化于完成质量、数据质量等进行研究。

沈莹等[1]通过测控（发射任务跟踪成功率、应急测控任务跟踪成功率、日常测控任务跟踪成功率等指标）、数传（跟踪接收成功率、数据传输成功率、数据平均传输速率等指标）两方面建立了航天工作地面资源保障任务完成质量评价指标体系，针对任务完成质量的全过程进行评价，具有合理性，可操作性强。

王光昊等[2]结合通抗装备试验任务数据的特点和范围，构建了任务数据质量评价指标体系，并运用层次分析法分析各指标权重，为通抗装备试验任务数据质量评价工作提供了新方法。

任靖[3]在《学科任务完成质量评价：原则、路径与标准》一文中提出：任务的选择与设置是否恰当，关系到能否获得被试者预期的行为表现特征，是任务完成质量评价的关键，并包括指向性、选择性、实效性等原则，并将"确定任务核心""构建问题情景""整合内容"等作为任务完成质量评价的基本路径。

任务执行质量、任务构成质量等的研究需要进行，这样才可以在任务运作之前保证任务质量，以更好达成目标。

22. 任务评定系统

任务评定系统是一种用于对某个任务的完成情况或绩效进行评估和打分的系统。它通常包括设定任务的指标和标准，对任务完成情况进行监测和记录，并根据预先确定的评估标准对任务完成情况进行评定和打分。任务评定系统可以帮助组织或管理者了解员工、团队或项目的表现，评估任务完成的质量和效率，以便做出相应的决策和改进措施。这种系统通常在项目管理、绩效考核、员工管理等领域得到广泛应用。

杨德辉等[4]基于领域驱动对航天测控的任务评定系统进行设计与实现。内容包括系统领域驱动模型（图3）和系统设计（图4）等。

任务评定系统的设计满足了对具有不同特点测控任务评定的要求，具有良好的通用性；通过将测控任务评定要素建模，只需依赖少量人力即可对任务进行快速准备定报告生成、审核及上报；并通过测控指挥指令触发，自动开启对测控任务数据的实时评定，并周期发布评定结果为测控指挥决策快速提供智力支持，提升了测控任务评定的自动化水平。另外，系统

---

[1] 沈莹, 龚明书, 郭丹妮, 等. 地面资源保障航天测运控任务质量评价指标体系构建[J]. 载人航天, 2023, 29（4）：521-526.

[2] 王光昊, 白洪波, 李雄伟. 基于AHP的通抗装备试验任务数据质量评价指标体系构建与分析[J]. 工程与试验, 2021, 61（1）：75-77, 96.

[3] 任靖. 学科任务完成质量评价：原则、路径与标准[J]. 思想政治课教学, 2019（9）：78-81.

[4] 杨德辉, 周淦, 李林峰. 基于领域驱动的测控任务评定系统设计与实现[J]. 电子技术应用, 2023, 46（9）：138-144.

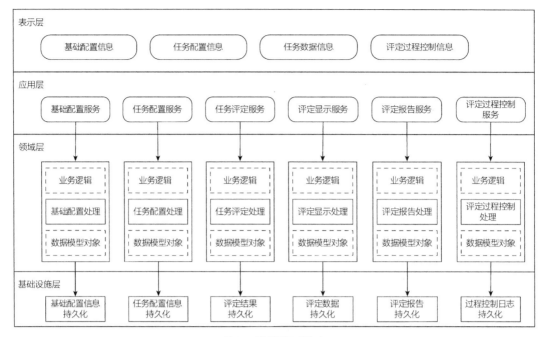

图 3　系统领域驱动模型

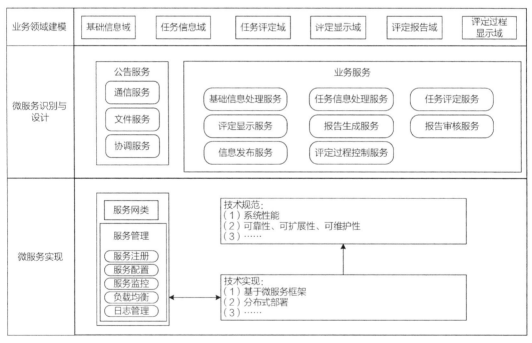

图 4　系统设计

在联调、阶段计划以及任务等关键节点结束后1min内，自动生成可定制的电子版评定报告，快速形成任务闭环。

丁雷等[1]基于B/S信息系统构建了分层树形任务评价模式。文章阐述了基于B/S模式网络信息系统环境下企业各级任务逐层分解、以树形关系管理的流程模式，以及以任务、创新业绩评价指标模型为基础的评价、监督和多级反馈模式。任务的分解、树形关联关系的确立以及多级反馈模式是以企业部门的层次结构为框架、部门所属岗位为基点、人员之间的领导关系为纽带，运用计算机编码技术实现的。该系统以务实的指标体系、实用的评价流程解决了企业对知识型员工工作能力、创新能力评价及趋势分析等问题，为知识型员工评价的客观性、公平性、及时性提供了技术保障。

23. 任务（需求）匹配

任务匹配是人们根据人员、环境、紧急程度等需求变量对任务进行选择、更改与提升后进行匹配。常见的任务匹配有任务—能力匹配[2~4]、任务—资源匹配[5]、任务—技术匹配[6]。

早在1998年，程应辉[7]在《立足任务需求寻找人才培养对策》中就指出需要结合任务方向的调整、预定人才培养对策的思路。因为人才培养的目的就是为承担和完成高水平科研试验任务创造条件，只有结合任务需求、寻找差距，才能在人才培养中做到有的放矢、事半功倍。

陈晓慧等[8]将企业的生产过程看作一个开放的物流网络，各类产品从投入生产到交付使用，分别对应从不同的起始点流向各自指定的终点。在生产流程相对稳定的前提下，关于多种资源与多项任务的合理调配可以描述为多供应点、多需求点的调配问题。

何杏宇等[9]在论文中提出为了保证任务完成效率和质量，如何调整组织网络的连通性以匹配任务需求的一个关键问题。并提出根据任务所在位置和任务所需智能体数量来调整智能体的移动状态，令其形成匹配任务需求的多智能体子网集合以协同执行任务。

在组织中，员工与任务的合理匹配，有利于合理安排企业生产计划，提高员工的工作满

---

[1] 丁雷，沈惠璋，梁镇，等. 基于B/S信息系统的分层树形任务评价模式 [J]. 计算机工程，2008（21）：252-254，272.

[2] 伊洪冰，常春伟. 基于任务—能力匹配的国防交通保障需求开发方法 [J]. 军事交通学院学报，2018，20（2）：1-6.

[3] 王本胜，王涛. 基于任务—能力匹配的联合作战需求建模 [J]. 指挥信息系统与技术，2011，2（3）：5-9.

[4] 段采宇，张维明，叶剑良，等. 装备体系需求开发研究：能力—任务匹配方法 [J]. 系统工程与电子技术，2010，32（3）：527-532.

[5] 李建树. 网络环境下基于任务的军事虚拟物流资源匹配 [J]. 后勤工程学院学报，2010，26（3）：55-61.

[6] 李雷，杨怀珍，谭阳波，等. 任务技术匹配理论研究现状评与趋势展望 [J]. 外国经济与管理，2016，38（1）：29-41.

[7] 程应辉. 立足任务需求寻找人才培养对策 [J]. 继续教育，1998（2）：20-21.

[8] 陈晓慧，石国进. 多项任务需求最优调配策略的数学模型 [J]. 武汉工业大学学报，2000（3）：83-84.

[9] 何杏宇，王怡，杨桂松，等. 基于任务需求匹配的网络连通质量控制方法 [J]. 计算机应用研究，2023，40（10）：3125-3131.

意度和工作效率[1]。如何采用有效的决策分析方法对员工与工作任务进行合理的匹配，是一个值得研究的课题。Herzberg[2]最早提出了员工工作动因的两阶段理论，分析了缺席员工和按时工作员工的工作动因差别以及员工满意度的影响因素。Bassett[3]指出了员工缺席的决定因素，包括工作设计、监督管理、工作的重复性等。陈希等[4]分析了影响员工与工作任务匹配的个体因素及协同因素，构建了考虑个体因素及协同因素的多目标优化模型，通过求解该模型，可得到员工与工作任务的合理匹配结果。

任务与执行人的能力匹配以获得高绩效，是管理的重要课题，参考本书第7.2节。

任务成熟度是一个具有包容匹配等能力的更有张力的思想体系。

24. 任务生成

对于任务生成的大部分研究主要分布于计算机软件、自动化技术等学科领域；少数学者在教育理论与教育管理学科进行了任务生成的研究；相较于计算机领域稍显"直白、机械性"的任务，教育管理学科中任务生成的特点与组织管理学学科相近，故选择从此角度展开讨论。

任务生成的构想，最早来麦里恩博尔的整体性教学设计理论[5]。引起来学界对真实任务的构思，尤其是20世纪80年代建构主义理论盛行后，一些研究者对传统的学习任务的生成上有了看法。张海深等[6]通过分解学习任务，并结合学生需求和兴趣形成个性化任务。管贤强等[7]以核心素养导向学习任务群学习目标为研究对象，探索任务转化机制及生成逻辑。研究发现，学习任务群学习目标需要经历多级任务转化、生成步骤，具体包括：树立学习目标体系、析取学习任务的维度与要义、确定各阶层任务学习目标等。钱锦等[8]提出一种基于多任务学习的生成式阅读理解模型。该模型所生成的任务包含生成答案的主任务，答案抽取和问题分类的辅助型任务。张会英提到：任务生成是任务的产生与形成、是预设的活动任务，还包含了任务的发展与变化，预设之中有生成，预设之外也有生成；生成可能与预设一致，也

---

[1] PETROVIC D S. Decision support tool for multi-objective job shop scheduling problems with linguistically quantified decision functions [J]. Decision Support Systems, 2007.

[2] HERZBERG F W. Work and the nature of man [M]. Cleveland, OH: Word Publishing, 1966.

[3] BASSETT G. The case against job satisfaction—a satisfied worker is not necessarily a productive worker [M]. Business Horizons, 1994.

[4] 陈希，樊治平，李玉花. 个体及协同因素下的员工与工作任务匹配问题 [J]. 工业工程与管理，2009，14（2）：120-124.

[5] 冯锐，李晓华. 教学设计新发展：面向复杂学习的整体性教学设计——荷兰开放大学 Jeroen J.G. Van Merrienboer教授访谈 [J]. 中国电化教育，2009（2）：1-4.

[6] 张海深，吴南中. 基于任务生成的《心理与健康》自主自助考核模式构建 [J]. 湖北广播电视大学学报，2012，32（8）：20-21.

[7] 管贤强，吴欣歆，薛法根，等. 小学语文任务群学习目标的转化机制与生成逻辑 [J]. 天津师范大学学报（基础教育版），2023，24（3）：54-58.

[8] 钱锦，黄荣涛，邹博伟，等. 基于多任务学习的生成式阅读理解 [J]. 中文信息学报，2021，35（12）：103-111，121.

可能超越或完全背离预设,要灵活地处理二者的关系①。

任务的核心要素包含时间、方式、策略等要素,任务的生成虽然具有变化性、过程性和动态性等不确定性因素,但生成不会脱离活动任务最核心的要素和价值取向。不妨将任务生成定义为:根据预设目标,综合考虑影响目标达成的因素而出现的手段、策略。任务生成与任务合成、混合含义有所区别。

25. 任务混合

在国内对于"任务混合"现在研究多集中于计算机领域,并未在组织管理中发现过多研究。而国外略有涉及,如Lanaj等②提出了任务混合对个体工作绩效和工作满意度的影响;Wallace等③研究了任务混合对工作生产力和错误率的影响;Sonnentag等④任务混合对工作压力和心理健康的影响;Kanfer等⑤任务混合对团队协作效果和绩效的影响。

26. 任务执行

任务执行强调的是对任务的整个周期的全面把握,它主要研究如何管理任务的整个生命周期和任务之间的相互关系⑥。任务在执行过程中受到各种因素的影响,如时间、资源等,而STN(Simple Temporal Network)是一种可以表示任务执行关系、任务时间约束的网络。基于此,谢斌等⑦针对任务执行过程中冲突消解人工决策耗时较长的问题设计了一种基于STN的任务在执行过程中的自动消解方法。除此之外,王香能等⑧提出了一种实现航天任务执行可视化管理系统的方案,该系统能展现任务执行的状态与信息,以便更好地管理任务。现阶段的研究多偏向于机器人自动化类任务执行指令的研究。

27. 任务中断

目前研究者对于工作任务中断的概念持有不同的观点,表1整理了以往研究中比较有代表性的定义。通过梳理这些定义,提取了工作任务中断的核心特征,包括:①主要任务的停止。工作过程中由于某些原因导致进行中的任务(主要任务)被停止是工作任务中断的首要

---

① 张会英. 主体合作学习活动任务的预设与生成研究 [D]. 成都:四川师范大学,2010.

② LANAJ K, JOHNSON R E, BARNES C M. Beginning the workday yet already depleted? Consequences of late-night smartphone use and sleep [J]. Organizational Behavior and Human Decision Processes, 2014, 124: 11-23.

③ WALLACE J C, CHEN G, CHAPMAN G B. Sticking it out: individual attributes and persistence in self-regulated learning [J]. Journal of Applied Psychology, 2009, 94 (1), 191-198.

④ SONNENTAG S, FRITZ C. Recovery from job stress: the stressor-detachment model as an integrative framework [J]. Journal of Organizational Behavior, 2015, 36 (S1): S72-S103.

⑤ KANFER R, FRESE M, JOHNSON R E. Motivation related to work: a century of progress [J]. Journal of Applied Psychology, 2017, 102 (3), 338-355.

⑥ 郝永平,王崇海,宁汝新,等. 基于任务执行全过程的工作流建模方法 [J]. 机械工程学报,2002,38 (11):119-123.

⑦ 谢斌,林华,邢昌风. 基于STN的任务执行过程中的资源冲突自动消解 [J]. 火力与指挥控制,2015 (6):48-51,56.

⑧ 王香能,易先清. 航天任务执行可视化管理系统设计与仿真 [J]. 科学技术与工程,2009,9(20):6230-6234.

核心特征，这种"停止"可能仅仅是注意力层面的，也可能是指向主要任务的注意力和行为上的双重停止。②意外性。意外性是指工作任务中断的发生不在员工的预期范围之内，对员工来说，工作任务中断更像是一种突发事件。③暂时性。工作任务中断发生后，员工只是将注意力暂时地转移到其他任务上，员工在这一过程中保持着返回主要任务的意图，在其他任务结束后会选择返回执行主要任务。基于以上观点，认为任务中断是指进行中的任务意外暂停，这种暂停既可能仅表现在注意力上，也可能同时表现在注意力和行为上。

任务中断定义　　　　　　　　　　　　　　　　　　　　　　　　　　表1

定义	来源
外部随机产生的，破坏了对主要任务认知重点连续性的离散事件	Speier等[①]
导致正在进行的活动停止和推迟的事件，其典型特征是在一定时间后恢复主要活动	zijlstra等[②]
一种需要人们的注意并停止与主要任务交互的次要活动	Li等[③]
由于需求或次要任务的出现，与任务相关的行为暂时停止	Li等[④]
中断是指事件导致某人将其注意力从当前任务完全而暂时地转移到另一个任务，之后又将注意力转回到主任务中	Sanderson和Grundgeiger[⑤]
所有使注意力从工作中正在进行的任务或交流活动中转移出来的事件	Myers等[⑥]

针对工作任务中断的评估目前主要有两种方法：主观评价和外部观察。主观评价指由被中断者评估工作任务中断的发生，代表性方法是问卷法；外部观察指的是研究者通过观察被中断者的外在表现来判断工作任务中断的发生情况[⑦]。而目前对于任务中断管理策略研究从阶段管理模型出发衍生出了中断回避与时机选择、中断辅助处理和中断干预改善三大方面的管理策略[⑧]。

---

① SPEIER C, VALACICH J S, VESSEY I. The influence of task interruption on individual decision making: an information overload perspective [J]. Decision sciences, 1999, 30 (2): 337-360.

② ZIJLSTRA F R H, ROE R A, LEONORA A B, et al. Temporal factors in mental work: effects of interrupted activities [J]. Journal of Occupational and Organizational Psychology, 1999, 72 (2): 163-185.

③ LI S Y W, MAGRABI F, COIERA E. A systematic review of the psychological literature on interruption and its patient safety implications [J]. Journal of the American Medical Informatics Association, 2012, 19 (1): 6-12.

④ LIN B C, KAIN J M, FRITZ C. Don't interrupt me! An examination of the relationship between intrusions at work and employee strain [J]. International Journal of Stress Management, 2013, 20 (2): 77.

⑤ SANDERSON P M, GRUNDGEIGER T. How do interruptions affect clinician performance in healthcare? Negotiating fidelity, control and potential generalizability in the search for answers [J]. International Journal of Human-Computer Studies, 2015, 79: 85-96.

⑥ MYERS R A, MCCARTHY M C, WHITLATCH A, et al. Differentiating between detrimental and beneficial interruptions: a mixed-methods study [J]. BMJ Quality & Safety, 2016, 25 (11): 881-888.

⑦ 乔万通，李爱梅，肖晨洁，等. 工作任务中断的双刃剑效应：基于自我控制的理论模型 [J]. 中国人力资源开发，2021, 38 (2): 57-70.

⑧ 陈悦源. 人机交互多任务环境中脑力疲劳对任务中断的影响及机理研究 [D]. 北京：北京交通大学，2022.

28. 任务重塑

任务重塑（Task Crafting）是指员工在工作中自主增加或缩减任务数量、拓宽或缩小工作范围，或改变表现方式。任务重塑可分为增加任务、强调任务和重设任务三类。增加任务指的是员工增加正式工作任务之外的工作内容，从中寻找意义；强调任务指的是员工在自己喜欢且有意义的工作内容中投入更多精力、时间和注意力。

29. 任务卸载

任务卸载常见于计算机学科，是指将部分或全部计算任务从移动设备或终端转移到更强大的计算资源上，例如云服务器或边缘服务器。这样可以有效地分担移动设备的计算负载，提高计算效率和用户体验。在边缘计算中，任务卸载是指将原本需要在云端处理的任务或部分任务，在边缘设备上完成一部分或全部计算工作，从而减少云端负担，降低响应时间和传输成本的过程。

30. 任务处理

任务处理（Task Processing）是对任务进行创建、调度、执行、终止等处理的过程[①]。在现代社会中，多任务处理已经成为一种必要的生活方式。人们在工作、学习和生活中经常需要同时处理多个任务。多任务处理是指同时或近期内处理多个任务的能力。

31. 任务优化（并行化、简洁化）

任务优化是指在任务执行过程中，通过对任务进行分析，寻找合适的方法来完成任务，以有效地提高效率和质量的过程。并行化、简洁化是任务优化的方法之一。任务并行化是一种形式的并行化的计算机代码在多个处理器中并行计算环境。任务并行性侧重于分配不同处理器上的进程或线程同时执行的任务。与涉及在不同数据组件上运行相同任务的数据并行性相反，通过在同一数据上同时运行许多不同任务来区分任务并行。一种常见类型的任务并行是流水线操作，它包括通过一系列单独的任务移动单个数据集，其中每个任务可以独立于其他任务执行。

32. 评价任务

评价是指根据一定的标准和要求，对某些事物或行为进行客观、综合、系统的评估和判断，评价任务则是对评价目标进行具体的评估和判断。评价任务可以是定性的，如通过专家访谈来评价一个产品的品质；也可以是定量的，如通过数据分析来评价一个经济项目的效益。评价任务旨在通过采集、整理、分析相关的数据和信息，对评价对象进行客观、准确的评价。"评价任务"作为一个任务，和去评价任务的概念需要加以区别。

33. 任务分析（方法）

任务分析，就是指通过目标分解、调查、观察等工作分析的基本方法，对构成岗位职责的各项任务逐一归纳与整理，使之清晰化、系统化与模块化的过程。在生活中，管理者需借助一定的手段与方法（基本的工作分析方法与工具），对整个岗位的各种工作任务进行分析分解，寻找出构成整个岗位工作的各种要素及其关系。

---

① 余前帆.《计算机科学技术名词》（第三版）正式公布［J］. 中国科技术语，2019，21（2）：1.

34. 任务相关性分析

任务相关性分析是指不同任务之间的相互影响程度，通常采用一些统计学或者机器学习的方法进行衡量判断。它可以帮助选择合适的任务处理方法或者是算法来提高任务的协同效率和性能，在多任务学习或者优化领域具有重要意义。

35. 任务压力分析（方法）

任务压力分析是指面对工作或学习中的相关任务所带来的压力进行针对性评估和管理的过程。目前压力分析的数学量化方法有很多种，可根据不同的目的和领域，选择合适方法进行评估。目前较为常用的方法包括：

压力值风险（Stressed VaR）：这是一种基于历史模拟法的方法，通过选取历史上发生过的极端事件，计算在该压力情景下的风险价值（VaR），即在给定置信水平和持有期内可能发生的最大损失。这种方法可以用于金融机构的市场风险、信用风险和流动性风险的压力测试。

压力测试模型（Stress Testing Model）：这是一种基于蒙特卡罗模拟法的方法，通过生成大量的随机数，模拟不同的压力情景下的市场变量的变化，计算在各种情景下的风险和损失。这种方法可以用于金融机构的综合风险管理，也可以用于其他领域的压力分析，如工程、医学等。

回归分析（Regression Analysis）：这是一种基于统计学的方法，通过建立回归方程，研究自变量和因变量之间的影响关系，以及其他变量对该关系的调节作用或中介作用。这种方法可以用于分析压力因素对目标变量的影响程度和方向，以及压力因素之间的相互作用。

解释结构模型（Interpretive Structural Modeling，ISM）：这是一种基于系统工程的方法，通过构建层次结构模型，分析压力因素之间的因果关系和相互影响，以及压力因素对整个系统的影响。这种方法可以用于分析复杂的压力系统，如社会、经济、环境等。

任务压力分析可以基于任务承担人或机器、智能体的不同角度。主要指承担人或机器所承受的任务数量、难度与承受能力之间的匹配关系。压力过大、适中和过小是三种分析的结果。对于过大应当采取中止、另派、分解等措施削减压力。过小则应当增加任务数量、难度等调节，以激发绩效。

任务压力分析方法对于提高组织的绩效，是不可或缺的关键环节。

36. 任务积分（管理）

任务积分制管理是在"人本"思想下，通过以奖分和扣分的积分形式对员工的个人能力、行为和业绩等综合表现进行量化考核，并用软件记录和永久性使用的一种新型管理体系。其核心特征就是把员工利益和企业利益进行捆绑，全方位调动人的积极性[①]。

37. 任务调度（任务动态调度）

任务动态调度是指在任务执行过程中，根据任务的到达时间、优先级、资源需求等因素，实时地分配和调整任务的执行顺序和处理器。是为了提高组织系统的效率、可靠性和灵

---

① 王炬，张扬. 人本思潮下的管理模式创新——"积分制"管理［J］. 湖北社会科学，2018（10）：72–78.

活性的同时，满足任务的时间约束和质量要求。

38. 任务要素

任务要素是指作为一个任务基本单元或者任务集合组时必须包含构成的基本元素或组成内容，根据对各领域任务管理、各类别任务构成分析，结合多年的实践检验与执行情况，本研究确立任务要素包含九大类别，即任务九要素，包括：任务名称、编码、依据、资源、组织、职责、信息、各方以及成果。

39. 任务成熟度及模型

已有研究：领导风格、员工成熟度匹配与员工绩效关系的研究[①]；技术成熟度评价方法及其在交会对接任务中的应用[②]。任务成熟度与模型研究是本研究首次提出的新概念。

任务成熟度是一个通过多维对任务执行的准备程度、执行过程的稳定性、执行预期结果进行综合性评价的方法与工具，呈现任务现状与理想状态的相对值，是表征任务可执行程度的衡量标准。内容包括对一个任务或项目（任务集）在规划和执行全过程中所涉及的资源准备、信息充分性、执行计划的明确程度以及相关环境条件的具体描述与评价。其结果反映组织在任务规划、执行及控制等管理方面的水平和能力，为组织提升绩效提供改进的方向与指标。

任务成熟度模型TMM（Task Maturity Model）是由概念体系、要素体系、等级划分方案、评价指标体系、模型构成、评价方法、有效性验证、应用技术构成的完整框架。

本研究的重点是研究提高任务成熟度提升组织执行力，保障组织的执行效率。

40. 任务精确化描述

已有研究：作战任务精确化描述研究[③]；关于后勤军需装备精确化管理的分析[④]；基于精确化管理思想下的全面预算管理研究[⑤]；谈完善小企业精确化成本管理体系[⑥]。

基本定义、内涵：任务精确化是指在任务规划和执行的过程中，对任务进行详细、准确的定义和描述，以确保执行者对任务的要求和期望有清晰的理解。这包括对任务的名称、编码、依据、资源、组织、职责、信息、各方、成果等方面进行透彻的分析和明确定义。

41. 任务序列（优先级排列）

已有研究：任务复杂度与任务序列对话题与话轮管理的影响[⑦]；数学主题活动的表现标

---

① 李跃生，刘国宁，胡云，等. 技术成熟度评价方法及其在交会对接任务中的应用［J］. 载人航天，2013，19（6）：51-57.

② 罗海滨. 领导风格、员工成熟度匹配与工作绩效关系研究综述［J］. 商场现代化，2008，(13)：248.

③ 贾现录，郑盈盈，胡静静. 作战任务精确化描述研究［J］. 火力与指挥控制，2021，46（9）：27-30.

④ 栾超，党丽萍. 关于后勤军需装备精确化管理的分析［J］. 法制与社会，2019，(22)：141-142.

⑤ 郭玉. 基于精确化管理思想下的全面预算管理研究［C］//2009年度中国总会计师优秀论文选. 中国电信集团公司蚌埠分公司，2011：26.

⑥ 熊翅新，林斌. 谈完善小企业精确化成本管理体系［J］. 财会月刊，2006，(31)：10-11.

⑦ 任伟，彭雨晨，吴依蔓. 任务复杂度与任务序列对话题与话轮管理的影响［J］. 中国外语，2023，20（5）：78-87.

准、任务序列及其评分量规——以"时间的认识"为例[①]。

基本定义、内涵：任务序列，也称为优先级排列，是指在项目或组织中，对各项任务按照其重要性、紧急性、复杂度等标准进行有序排列的过程。

42. 任务测控

已有研究：基于领域驱动的测控任务评定系统设计与实现[②]。

基本定义、内涵：任务测控是指对任务执行过程中的各项指标和关键要素进行系统监测、测量和控制的管理实践。

43. 任务型组织

已有研究：任务型组织的产生与运作——基于"社工委"的观察与分析[③]；公共危机背景下的任务型组织研究——基于大同煤矿集团同生安平煤业"3.23"瓦斯爆炸案例的实证分析[④]；新社会组织的任务型管理模式探析[⑤]。

基本定义、内涵：任务型组织是一类以任务为导向的、具有临时性特征的组织，在资源获取、组织结构、运行机制、人力和物力的安排使用、管理的方式方法等各个方面都不同于常规的组织。

44. 任务中心

已有研究：任务中心模式下附条件不起诉对象职业生涯规划能力提升个案研究[⑥]。

基本定义、内涵：任务中心是一个组织或团队对问题的界定、协调任务的中心。

45. 任务信息管理系统

任务信息管理系统是主要用户通过创建由待执行任务分解而来的子任务来实现任务的正常执行，其主要流程为任务创建、任务执行、任务进度监控以及任务执行后期的统计分析[⑦]。

任务信息管理系统是一套标准化解决方案。企业管理者是公司发展的风向标，领导可以随时、随地部署和追踪所有任务，可以通过数据对比，整理分析数据，提出有价值的报表信息来及时调整下一步公司发展战略计划；任务执行者能随时了解当前任务情况与相关进度，并进行及时改进当前工作状态。同时可以与企业内部员工绩效考核方案相挂钩，促使企业信

---

① 刘琳娜. 数学主题活动的表现标准、任务序列及其评分量规——以"时间的认识"为例[J]. 教学月刊小学版（数学），2023，（Z1）：22-26.

② 杨德辉，周淦，李林峰. 基于领域驱动的测控任务评定系统设计与实现[J]. 电子技术应用，2023，46（9）：138-144.

③ 李妮. 任务型组织的产生与运作——基于"社工委"的观察与分析[J]. 广东行政学院学报，2021，33（1）：29-37.

④ 左转宏，刘书明. 公共危机背景下的任务型组织研究——基于大同煤矿集团同生安平煤业"3.23"瓦斯爆炸案例的实证分析[J]. 中国集体经济，2019（11）：46-47.

⑤ 姜宁宁. 新社会组织的任务型管理模式探析[J]. 理论与改革，2018（5）：58-70.

⑥ 汪金熙. 任务中心模式下附条件不起诉对象职业生涯规划能力提升个案研究[D]. 吉安：井冈山大学，2023.

⑦ 徐志凯，金子坚，田艳. 通用任务管理系统分析与设计[J]. 软件工程，2020，23（4）：37-39.

息化建设，使企业高效运行、员工工作效率达到最大化①。

任务信息管理系统以流程管理为整体运行的管理方式，是一套适用于任何协作型组织（如政府机关、企事业单位、项目部等），以从"金字塔"到"扁平化"的一种有序的组织变革过程，其以目标为导向，任务（项目、活动、事务）过程化管理为核心，执行任务（项目、活动、事务）分解而来的子任务来实现任务完成，从而目标达成，是一套具有流程化、标准化、信息化的解决方案系统。

通用任务管理系统分析与设计②、面向任务调度优化的分布式系统信息管理框架③、仿真数据与流程管理系统的研究及实现④、海量动态信息管理系统防冲突任务调度方法⑤、某卫星地面站监控与任务管理信息系统⑥、基于空海任务协同的信息管理系统设计与实现⑦、基于Ext JS的多项目任务管理系统研究与开发⑧、工作任务管理信息系统的设计与实现⑨。

46. 任务作为整体进行分析评价

相关研究和对应主题资料很少，本书试着就任务整体分析作提炼性阐述。

任务作为整体进行分析评价是分析每个职业岗位的典型工作任务，接着分解组合岗位任务，凝练岗位能力，形成系统化的行动领域。本书在遵循教育教学基本理念的基础上，将行动领域转化为与之相对应的学习领域，以学习目标、学习内容、学习方法、教具准备、教学场所等要素，形成工作过程导向的会计专业典型任务评价框架体系⑩。任务是由一系列子过程组成，传统评价过程是将任务子过程独立出来，对其中目标对象的属人性和功能等逐一进行静态评价。忽略了任务的动态性，时空性。任务常常是应急管理。而基于任务的整体评价过程方法，是指在评价过程中要考虑对象实施者所在的环境及其任务，需要在整个任务实施过程中评价目标对象⑪。

任务，应作为整体，进行动态及时性分析评价。任务作为整体是以全局系统性思维进行分析评价，以确定任务的执行效率、落地效果和满意程度。有助于更好地理解任务的流程和

---

① 韩炜. 基于Ext JS的多项目任务管理系统研究与开发［D］. 成都：电子科技大学，2013.

② 徐志凯，金子坚，田艳. 通用任务管理系统分析与设计［J］. 软件工程，2020，23（4）：37-39.

③ 胡亚辉，朱宗卫，刘黄河，等. 面向任务调度优化的分布式系统信息管理框架［J］. 计算机系统应用，2019，28（11）：54-62.

④ 王鑫. 仿真数据与流程管理系统的研究及实现［D］. 西安：西安电子科技大学，2019.

⑤ 张俊材. 海量动态信息管理系统防冲突任务调度方法［J］. 内蒙古民族大学学报（自然科学版），2019，34（2）：104-108.

⑥ 李旭东. 某卫星地面站监控与任务管理信息系统［D］. 成都：电子科技大学，2018.

⑦ 王英伟，向先波，杨运桃，等. 基于空海任务协同的信息管理系统设计与实现［J］. 应用科技，2017，44（5）：79-84.

⑧ 韩炜. 基于Ext JS的多项目任务管理系统研究与开发［D］. 成都：电子科技大学，2013.

⑨ 邢志红，王凤伟，刘晨. 工作任务管理信息系统的设计与实现［J］. 计算机与网络，2013，39（Z1）：139-141.

⑩ 白玉翠，张惠兰，赵佳娜. 高职会计专业典型工作任务实施及评价［J］. 商，2012（6）：64，73.

⑪ 徐进津，王苹丽，傅山. 基于任务的工程设计评价方法研究［J］. 人类工效学，2012，18（1）：59-61.

环节。任务作为一系列相关活动和操作的最小单元，通过对任务的整体分析，可以识别出任务的关键环节、瓶颈和潜在的问题，从而更好地优化任务的执行流程。可以确定任务的目标和标准；通过了解任务的目的和预期结果，可以制定明确的目标和标准，从而对任务进行客观、公正的评价。这有助于确保任务的高质量完成，同时也可以为团队和个人提供明确的指导和激励，形成正反馈。更重要的是，有助于比较不同任务的效率和效果；通过对比不同任务的完成过程、所需资源和结果，可以评估不同任务的优劣和效率，从而为决策者提供有价值的参考信息。综合来看，任务作为整体进行分析评价是十分必要的。

已有研究：高职会计专业典型工作任务实施及评价、基于任务的工程设计评价方法研究。

47. 任务效度

基本上是教育类的研究，和任务效度在管理学上的含义差距很大。任务效度是指任务的实际效果与预期目标之间的符合程度。在流程管理中，任务效度是对任务完成结果进行整体分析评价的一个重要指标。如果一个任务的效度较高，说明该任务能够按照预期目标顺利完成，并且结果与预期目标相符。相反，如果任务的效度较低，说明任务的实际完成情况与预期目标存在较大的差距，需要进一步改进和优化。任务效度的评估通常基于任务的完成时间、资源消耗、质量、客户满意度等多个方面进行综合考虑。通过对任务效度的评估，可以及时发现任务执行过程中的问题，并进行改进和优化，从而提高任务的效率和质量。有助于确保任务按照预期目标顺利完成，从而提高组织的整体绩效。

已有研究：领导风格、员工成熟度匹配与员工绩效关系的研究[①]；技术成熟度评价方法及其在交会对接任务中的应用[②]。

48. 任务信度

任务信度是指任务靶向目标的程度，是任务与目标的相关程度匹配契合的衡量指标，包含可行性、稳定性和一致性的内涵。任务结果与组织目标的一致性，表明信度的高低程度。

任务信度可以简单理解为任务与目标之间的关联程度。

49. 任务细度

描述任务大小的"颗粒"细致程度。任务利用WBS来分层，分解后层级的多少称为任务的细度，任务颗粒度越大，任务分解的层次越少，任务越模糊，越难清晰地执行；任务颗粒度越小，任务分解的层次越多，任务越具体，越容易清晰地执行。任务执行最小的颗粒度是微小的事项。WBS总是处于任务计划过程的中心，也是制定进度计划、资源需求、成本预算、风险管理计划和采购计划等重要任务的基础。要将项目分解成可管理的任务和子任务，并确保每个任务或子任务可以被完成，从而把整体工作分解成小的工作单元。合理的任务颗粒度，它应该是可分配，也需要有交付成果。例如，产品的物理结构、产品或项目的功能、

---

① 李跃生，刘国宁，胡云，等. 技术成熟度评价方法及其在交会对接任务中的应用[J]. 载人航天，2013，19（6）：51–57.

② 罗海滨. 领导风格、员工成熟度匹配与工作绩效关系研究综述[J]. 商场现代化，2008，（13）：248.

实施过程环节、项目的地域分布、项目的各个目标、部门、职能等。利用甘特图项目划分的原则和方法后，列清单和表格来承载不同颗粒度和任务丰富度的数据信息。

任务细度的划分，是管理"艺术"，关涉"度"。

50. 任务可靠度

任务可靠度是指在规定的测试时间内，完成规定任务的概率，概率越高，任务可靠度越高。

内涵：

（1）完整性：一个可靠的任务可以在规定时间内，没有遗漏地完成任务。

（2）准确性：在执行任务过程中准确无误完成任务，达到预期目的目标。

（3）稳定性：在执行任务中，不能仅靠一次成功来确定，而需要多次重复确认。

已有研究：基于智能体的舰船任务可靠度仿真系统设计[1]，多状态多阶段任务系统的可靠度理论计算方法[2]。

51. 任务复杂度

基本定义及内涵：任务复杂度是指对任务进行评估，评估其可能完成的困难程度。

任务复杂度、工作记忆、任务情绪与大学生口语表现[3]，基于主题模型的众包任务复杂度测量研究[4]。

如果将任务视为"系统"（实际上往往就是系统），复杂度可以从四个方面来认识。任务构成要素；要素互相作用；任务目标权衡；任务动态调整。

52. 任务难度

基本定义：任务难度是指完成一项任务所需的认知和技能上的挑战程度。

内涵：

（1）激励作用：提高员工的参与度，激发工作热情和动力。

（2）帮助作用：帮助员工充分发挥自己的潜力，并促进个人能力的提升。

已有研究：中国学生英语写作产出中任务复杂度与任务难度双向量实证研究[5]，人与机器，谁的建议更容易被采纳？不同决策情境下建议者类型对建议采纳的影响研究[6]。

---

[1] 文昊林，狄鹏，陈童. 基于智能体的舰船任务可靠度仿真系统设计[J]. 计算机科学，2023，50（S2）：808-814.

[2] 孙尧，孙志礼，周杰，等. 多状态多阶段任务系统的可靠度理论计算方法[J]. 东北大学学报（自然科学版），2022，43（5）：689-695.

[3] 邢加新，赵海永，罗少茜，等. 任务复杂度、工作记忆、任务情绪与大学生口语表现[J]. 现代外语，2023：1-13.

[4] 刘忠志，赵明. 基于主题模型的众包任务复杂度测量研究[J]. 管理评论，2023，35（9）：142-154.

[5] 郭嘉，张丹，崔思涵，等. 中国学生英语写作产出中任务复杂度与任务难度双向量实证研究[J]. 外语研究，2021，38（3）：66-72.

[6] 惠青山，赵俊峰，姜红梅，等. 人与机器，谁的建议更容易被采纳？不同决策情境下建议者类型对建议采纳的影响研究[J]. 管理工程学报，2023：1-14.

53. 任务适用性

基本定义：个体在面对压力情景或要求较高的工作任务时，根据环境变化与任务目标，调整自我认知与行为，从而更好地适应任务需求。

内涵：

（1）认知：个体对任务的认识过程，包括对任务的理解、分析，并思考其解决方式方法。

（2）行为：个体在任务工程中的行为，包括面对问题的主观能动性与创造性。

已有研究：数字化炮兵营装备体系任务适应性概念模型[①]，飞行器飞行任务适应性评估系统架构设计[②]。

54. 任务满足度

基本定义及内涵：通常是指某个人在组织内进行任务的过程中，对任务本身及其有关方面（包括环境、状态、方式、挑战性等）有良性感受的心理状态。

已有研究：面向任务的装备保障能力需求满足度分析方法[③]，基于QFD的装备体系使命任务需求满足度评估方法[④]。

55. 任务化

任务化，就是将文本、口述、图片、意图、会议纪要、政策文件等描述性的内容转化为结构化有序组合的任务集，使其达到可执行的标准，并能得到预期的合理结果的过程。行动哲学认为，只有任务化，才能采取高效的行动，得到设想的结果。任务化，在管理上的逻辑，就是完成任务实现目标的必需步骤。

以任务化方式输出，可使冗杂的文字序化为目标明确，要素清晰的任务，执行效率将会大大提高。其表达通常简洁精练。找出使动的动词，归纳出被执行内容的名词，构成动词加名词的短句结构，要求语义明确，搭配合理，动作精当，内容简短明了。

任务化水平的高低，标志着构成组织运作体系的能力高低，当前组织升级、转型在管理上应当着力加强"任务化"能力建设。

56. 任务与任务成熟度

任务讨论：见本书第1.1.1节。

任务成熟度讨论：见本书第2.2.2节。

任务成熟度模型：见本书第2.3节。

---

① 陈毅，常婷婷. 数字化炮兵营装备体系任务适应性概念模型［J］. 火力与指挥控制，2020，45（11）：78-81.

② 王玲，宋一凡，胡东飞，等. 飞行器飞行任务适应性评估系统架构设计［J］. 计算机仿真，2018，35（11）：51-55.

③ 赵陆昊，阮拥军，朱应丽，等. 面向任务的装备保障能力需求满足度分析方法［J］. 指挥控制与仿真，2022，44（4）：60-65.

④ 杜占龙，任旭. 基于QFD的装备体系使命任务需求满足度评估方法［J］. 测控技术，2022，41（3）：33-37，67.

结束语

组织的本质是完成任务达成目标而实现使命，组织的社会性团队属性却由一个个个体组成，制定的集体目标交由最终的个人去完成，这种转换：少数主导者的意愿转变为成为组织追求的共识，将共识宣贯到部门直至岗位个体，个体执行任务之后获得成果，集成汇聚为部门及至组织的绩效，正是管理的重要工作和关注焦点，贯穿"少—多—多—少—小—大"过程的就是由目标导向分解而来的任务，以及执行任务集聚的成果。

任务作为组织运营的基本单元，其研究的意义，毫无疑问是举足轻重的。将其作为组织绩效的三部曲之一，实际上是非常关键的。

第三轮创作推进会中团队讨论了"为什么写这本书"和"怎样算是一本好书"两个问题。"为什么写这本书"？回答是：完善理论体系。将组织（实现目标为宗旨）部门（顺畅推动实现目标进程）岗位（完美履责高度执行）构成的组织运营，建立在高水平认知与思维及快速适应的学习型人才培养机制之上。目前已经完成的精准管控效率达成、流程牵引目标实现、认知与思维以及敏捷高等工程教育四部专著，加上这一本《提高任务成熟度的模型与方法——保障绩效的执行力提升技术》就基本完善了如何做事成事的实践理论体系，这是"行动的哲学、过程的智慧和动态的能力"，是达成"知行合一"的途径。"怎样算是一本好书"？让应用这本书中原理的人们，真正获得书中所指的效用。这既是本书宗旨，也是判断标准。要达到这个目的，就必须"明晰观点、表达流畅、易学易用"。而所指，则是全书前言中指出的，任务管理的"理念、理论、技术方法和工具"。这一点，有待出版后读者们的检验，相信绝非虚言。

今天得以完成，心中十分欣慰。作者一直认为，管理基本原理和知能水平的下降（或没有提升）是当下非常危急的一个深渊，而并没有改变的趋势和长远安排。作为有一些管理实践和思考的自己，希望能尽一份心力。

这个问题非常有趣：如此常用的一个基本单元或论题，为什么被大家的研究忽视了？作者不能回答这个问题。虽然，如果站在动态运营的角度，是比较容易想到：组织是通过什么形式"运作"的。实质上，就是任务的产生、建立、布置、传递、完成、反馈，目标得以由小或低层级，累积而成大或高层级，进而实现总体的全部预先设定的目标。

任务贯穿了整个组织的生存、发展过程。而多任务"有序组合"的集成，必然因由内在逻辑构成集成的原则。多任务"并行、串联、循环、跳跃"地集成之后，称之为流程。流程的设计、运行、改善和优化势必分解到任务,流程可以通过任务的不同组织方式优化、再造,而任务则通过其内在要素的组成与整体性、系统性改善,得以提高任务成熟度,这样的流程再造,就有了深入组织运作的"根本"。

发现普遍问题被忽视的窃喜、拉动团队引用管理而奋进的激情似火,交织着"讳莫如深"的批评与自我批判,渴望着"广为人知、广为人用"的期待……在犬儒乐队的摇滚乐《皮囊》中,画上句号。

致谢

致谢跌宕的时代、遭遇的人事、伴随的人们和受益的内容。

1. **致谢跌宕的时代**

所经历的时代,最显著的三个特点是:飞速发展、科技冲击、竞争加剧。

飞速发展。处在飞速扩张的时代,远到浩瀚宇宙探究,细到量子纠缠窥视。在中国,40年的动员、准备、起步、加速过程中,近乎亢奋地度过了青春的反叛、求学的勤勉、入职的拼搏,在"风口"时代,管理室办公桌前,根本也不愁业绩的增长……所经历的住房由小变大、功能扩展,高速高铁从慢到快,民航交通从不许到自由乘行,饮食从短缺到丰富过剩,从无到有的智能移动通信,生活、工作就是从灰白到多彩的变化。发展不等于进步。快速作为时代特征,带来的撕裂、争斗、污染、短缺等问题同样不少,同样挑战了生活在这个时代的人们。一切都在快起来之后变得燥起来了。个人命运与大时局也紧密相连。

科技冲击。新科技令人目不暇接。生存方式急剧转变,生活方式快速转型,大多源自科技发展。新科技助推变化的速率越来越快,因此快、准、清、狠、大、远日益呈现。用颠覆性描述这种变化再不为过。对于中场进入(如"60后"只能算是信息化、数字化的移民,而不是原住民)的人们来说,冲击真切存在,压力无法回避。致谢科技带来的变化,适应冲击的压力。

竞争加剧。竞争无处不在:竞争推动创新,助力发展。国际上兵凶战危,近乎赤膊上阵的格斗正在展开;全球化使得竞争者的距离越来越近,看得越来越清,渗透得越来越深;全方位的、全阶段的、全时空的,社会的、文化的、宗教的、经济的、科技的、金融的、教育的,人力资源、土地资源、矿产资源、油气资源、淡水资源……当一切都围绕生存竞争,物种之内和物种之间,生存与环境之间,竞争无处不在。

致谢这个跌宕的时代,以阅历的宽度而言。

2. **致谢遭遇的人事、伴随的人们**

致谢提携的人,竞争的人,陌生的人。致谢开心的事,糟心的事,梦幻的事。

即使自己不过微尘,也有相伴了几十年的人们。不以权贵而敬仰,不以位卑而忽视。嘈杂构成了世界的真实,世俗的面目。求学中的同学,小学、初中、高中、大学、研究生,职场中的同事,建筑工人、科技人员、硕博教师、管理干部、政府官员,甲方乙方监理检测监督……武打明星和功夫片令我度过迷茫、叛逆的少年时期!"摇滚乐"阐释着真实剖析、内心狂放；安静平和地独处，极端的"不会聊天"的表达以尽快结束话题……

一切皆生于心的感受，偏激的感受。但是，致谢遭遇的伴随的人和事，无论哪一种。

3. 致谢受益的内容

在读书读报中结识的人们，更多，更杂，更远。我常常也不管是什么年代，什么地方的人，只是断章取义地有内容可以共鸣，或摘抄，或引用，或作鼓吹的素材转述与人，或就是用不同的色彩做些记号，表示自己是曾经的看客，留些痕迹，证明给自己看。对于内容的攫取或称借用，远胜过理解别人，共情别人，因之深以为我读过的书，经典或流行，都显得很肤浅，我也就是如浅浅地滑过水面的蜻蜓，其实也留不下什么深刻的痕迹。

但是深深地致谢，这个时代，几乎能够买到、搜到想要的音乐、绘画、书法、运动、仿真、建筑、动画、影视，为即使肤浅的皮囊装扮出各色的雅致、精彩。即使如此，没有深刻的见解，外面的粉饰其实很难遮住虚脱的中干。特别致谢被引用的书籍、论文等资料的作者！

偏偏，作者不愿意浅浅地致谢，却愿意真诚地真实地致谢！

最要致谢的，是我的研究生们，第三个阶段的职场生涯，喜怒哀乐是你们伴随的，一切的成绩，也是你们成就的。谢谢你们让老师的这个"教练员"阶段，在继"16年技术员""11年管理员"之后，有精彩的内容，也将成为我余生酸甜苦辣咸的回忆，老师将饯行约定：见证你们的成长和成功！